Bernd Rudow

Die Arbeit des Lehrers

Zur Psychologie der Lehrertätigkeit, Lehrerbelastung und Lehrergesundheit

Verlag Hans Huber
Bern · Göttingen · Toronto · Seattle

Die Deutsche Bibliothek – CIP-Einheitsaufnahme

Rudow, Bernd:
Die Arbeit des Lehrers : zur Psychologie der Lehrertätigkeit, Lehrerbelastung und Lehrergesundheit / Bernd Rudow. –
1. Aufl. – Bern ; Göttingen ; Toronto ; Seattle : Huber, 1994
ISBN 3-456-82380-0

1. Nachdruck 1995

Druck: AZ Druckhaus, Kempten
Printed in Germany

Inhaltsverzeichnis

Vorwort

Mit "Lehrerstreß" wird ein Problem thematisiert, das in der Psychologie bis heute vernachlässigt worden ist. Pädagogische Psychologen zeigen großes Interesse an Lernprozessen in der Lehrer-Schüler-Interaktion. Dabei werden aber oft die Emotionen des Lehrers kaum beachtet. Arbeits- und Organisationspsychologen widmen ihre Aufmerksamkeit eher vielen anderen Berufstätigkeiten, weil sie die Schule nicht als Betrieb und die Lehrertätigkeit oft nicht als (klassische) Arbeit auffassen.

Demzufolge besteht ein wesentliches Anliegen darin - wie auch der Titel des Buches anzeigen soll -, die Arbeit des Lehrers als gemeinsamen Gegenstand mehrerer psychologischer Disziplinen, besonders der Pädagogischen und Arbeits- und Organisationspsychologie herauszustellen. Arbeit ist vor allem dann human, wenn sie zur Persönlichkeitsentwicklung des Menschen beiträgt. Bei der Humanisierung unserer Arbeitswelt sollte die Lehrertätigkeit besonders beachtet werden. Denn sie hat eine Doppelfunktion in der Persönlichkeitsentwicklung: In dem Maße, wie der Lehrer durch seine Arbeit gebildet wird, kann er auch seine Schüler bilden. Die Lehrertätigkeit ist folglich der Schnittpunkt der Humanisierungsbestrebungen von Erziehungs- und Arbeitswissenschaften.

Im Prozeß der doppelten Persönlichkeitsbildung kommen der Belastung und Gesundheit eine große Bedeutung zu. Deshalb ist es ein weiteres Anliegen, die Belastungen des Lehrers und daraus resultierende positive und negative Beanspruchungswirkungen aufzugreifen. Mit der Darstellung dieser Problematik soll ein wissenschaftlich fundierter, sachlicher Beitrag zu einer in der Öffentlichkeit oft kontrovers geführten Diskussion zur Lehrerbelastung geleistet werden. Einerseits wird die Arbeit des Lehrers oft als Halbtagsjob abqualifiziert. Andererseits ist die Lehrerarbeit ein Modell für Streß und Burnout. Wie sind diese Auffassungen vereinbar? Das vorliegende Buch wäre folglich schon ein Gewinn, wenn es zur sachlichen Beantwortung dieser Frage und damit zum Abbau von Vorurteilen über die für unsere Gesellschaft so wichtige Lehrertätigkeit beiträgt.

Das Buch ist in erster Linie für Lehrer und Studierende, die sich auf die Lehrertätigkeit - gleich welcher Art - vorbereiten, geschrieben. Dabei ist es nicht meine primäre Intention, dem Lehrer und besonders dem Studierenden zu zeigen, mit welchem "Streß" er sich auseinanderzusetzen hat. Es geht mir vor allem darum, ausgehend von einem differenzierten Belastungs-Beanspruchungs-Konzept auf Phänomene ihrer Berufstätigkeit hinzuweisen, denen es vorzubeugen gilt. Es ist unbestritten, daß negative Beanspruchungen wie Streß oder Burnout in der Lehrerarbeit relativ häufig auftreten. Die Ursachen dieses bildungspolitisch wie wissenschaftlich brisanten Phänomens, welche allgemein in der ungenügenden Vorbereitung der Lehrer und Studierenden auf die Bewältigung von täglichen Arbeitsbelastungen und in der unzureichenden Arbeits- und Organisationsgestaltung zu finden sind, werden beleuchtet. Möglichkeiten der Prävention werden skizziert. In dem Sinne versteht sich die vorliegende Schrift auch als Lehrbuch, das einen Überblick über den Themenkreis der Lehrertätigkeit, -belastung und -gesundheit gibt.

Darüber hinaus wünsche ich, daß das Buch weitere Personengruppen zur Lektüre anregt. Das dürfte für alle Erziehungswissenschaftler gelten, deren Arbeitsinhalte einen Bezug zur Lehrertätigkeit nahelegen. Ferner sind diejenigen Arbeitswissenschaftler angesprochen, die auf Fragen zur Belastung und Gesundheit in der Arbeit Antworten geben wollen. Auch Mediziner oder Soziologen dürften besonders im Kontext der Gesundheit Gesichtspunkte finden, die für sie von Interesse sind. Demgemäß kann das Buch die intra- und interdisziplinäre Forschung und Praxis zu dieser Thematik beleben.

Vielen Personen habe ich zu danken, die an der Entstehung dieses Buches direkt oder indirekt beteiligt sind. Manfred Hofer (Mannheim) als Pädagogischer Psychologe, Hans-Georg Schönwälder (Bremen) als Erziehungswissenschaftler und Elmar Baier als Schulpsychologe (Mannheim) haben sich der großen Mühe unterzogen, das Manuskript des Buches zu lesen. Sie deckten durch ihren kritischen Blick aus unterschiedlicher Perspektive Mängel des Textes auf und trugen somit zur Endfassung bei. Gleiches gilt für Peter Birke (Frankfurt/Main), der mich in freundschaftlicher Verbundenheit bei der Beschaffung von Literatur und bei der Durchsicht des Manuskriptes unterstützte. Manfred Berntgen (Bonn) sei gedankt für die Unterstützung beim Layout. Ferner möchte ich mich bei der Max-Traeger-Stiftung (Frankfurt/Main) für die freundliche Unterstützung herzlich bedanken. Und schließlich gilt der herzliche Dank Heide-Rose, Thomas und Stefan, die mich durch die Arbeit am Buch, häufig zum Wochenende, oft entbehren mußten. Deshalb möchte ich ihnen dieses Buch widmen.

Mannheim, Ostern 1994 BERND RUDOW

Kapitel 1. Warum Belastungs-, Beanspruchungs- und Gesundheitsforschung im Lehrerberuf?

Ach, wie hat's der Lehrer schön,
kann mittags schon nach Hause gehn,
verdient sein Geld am halben Tag
und kann treiben, was er mag.

So reden manche Leut' daher,
es trügt sie wohl der Schein.
Der Lehrer arbeitet viel mehr,
doch das tut er daheim.

Daß er muß schaffen bis zur Nacht,
weil er sich Hefte mitgebracht,
oder weil er Stunden plant,
ob das wirklich niemand ahnt?

Wenn man nun rechtet mit der Zeit,
geht uns das wirklich schon zu weit.
Man kann nicht Zeit mit Zeit vergleichen
und noch Vergütungsstunden streichen.

Wer mit jungen Menschen schafft,
braucht viel Zeit und noch mehr Kraft.
Er muß den Beruf schon lieben,
sonst ist ihm kein Erfolg beschieden.

J. R., Lehrerin an einer Grundschule
Baden-Württemberg

1.1. Einführung

Es gibt wohl kaum eine andere Berufstätigkeit als diejenige des Lehrers, bei der die Meinungen über Belastungsart und -intensität oder "Stress" und deren Auswirkungen auf Gesundheit und Leistung so weit auseinandergehen. Ob Erwachsene, Jugendliche oder Schulkinder, jeder von ihnen war bzw. ist in seinem Leben viele Jahre mit der Berufstätigkeit des Lehrers konfrontiert - und hat deshalb eine mehr oder minder differenzierte Meinung über diese Tätigkeit. Dabei wird oft "Belastung" oder "Stress" thematisiert. Die Popularität des Themas findet auch in den Medien ihren Niederschlag. Bekannte Zeitungen und Illustrierte haben die Belastung des Lehrers - oft als große Schlagzeile - wiederholt aufgegriffen. Die spektakulären Schlagzeilen lauteten beispielweise "Tollhaus Schule" (Der Spiegel, 1988, Nr. 15) oder "Horrorjob Lehrer. Nervenkrieg im Klassenzimmer" (Der Spiegel, 1993, Nr. 24) oder "Krankmacher Schule. Die sieben Plagen der Pädagogen" (Rheinischer Merkur, 1993, Nr. 42).

Es überrascht nicht, daß sich die *Gewerkschaft Erziehung und Wissenschaft und andere Lehrerverbände* dem brisanten Thema widmen, besonders unter dem Gesichtspunkt der Arbeitszeit(verkürzung). Am 21.3.1992 gingen beispielsweise in Stuttgart ca. 12 000 Lehrer auf die Straße, um für bessere Arbeitsbedingungen zu demonstrieren. Auf der anschließenden Kundgebung bezeichnete der baden-württembergische Landesvorsitzende des Deutschen Gewerkschaftsbundes, Siegfried Pommerenke, das Verhalten der Landesregierung, die tarifvertraglich vereinbarte Wochenarbeitszeitverkürzung im öffentlichen Dienst "mit Tricks - wie längeren Mittagspausen und zusätzlichen Ferientagen - zu unterlaufen", als Skandal.

Da "Lehrerstreß" in der Öffentlichkeit, in den Medien, in der Gewerkschaft, in Lehrerverbänden usw. seit geraumer Zeit diskutiert wird, ist ebenfalls die *Wissenschaft* aufgerufen, das Problem zu thematisieren. Dies erfolgt nicht zuletzt im Kontext der "Krise helfender Berufe" (vgl. dazu Keupp, 1985). Die Belastung im Lehrerberuf - im weitesten Sinne verstanden - wurde gleichwohl als wissenschaftlicher Forschungsgegenstand mehr sporadisch als kontinuierlich oder gar systematisch aufgegriffen. Demzufolge fehlt eine geschlossene Darstellung der Problematik.

1.2. Perspektiven der Problembetrachtung

Das Thema "Lehrerbelastung" oder "Lehrerstreß" oder "Lehrer-Burnout" wurde bisher von unterschiedlichen Personengruppen thematisiert und problematisiert, wobei sich ihre Perspektiven grundlegend voneinander unterscheiden. Es beschäftigen sich damit:
(1) die Wissenschaft, vorrangig die Erziehungs- und Arbeitswissenschaften,
(2) gesellschaftliche Organisationen, hauptsächlich die Gewerkschaft Erziehung und Wissenschaft und weitere Lehrerverbände,
(3) die Öffentlichkeit, insbesondere die Medien,
(4) die Schüler und die Lehrer als Betroffene,
(5) die Länder und der Bund.

Ad (1): Die Wissenschaft
Forschungen zum Problemkreis "Lehrerbelastung" kamen schon Ende der 20er und Anfang der 30er Jahre dieses Jahrhunderts auf. Offner (1928), dessen Buch noch heute zu den Pionierarbeiten der Belastungsforschung zählt, thematisierte die geistige Ermüdung des Lehrers. Phillips erwähnte 1932 den "Praxisschock" des jungen Lehrers. Hoppock (1935) führte Studien zur Arbeitszufriedenheit in dieser Berufs-

gruppe durch. Auch die seelische Gesundheit des Lehrers fand früh Beachtung (Hicks, 1933). Dann vergingen Jahrzehnte, bis "Lehrerbelastung" wieder Gegenstand wissenschaftlichen Interesses wurde. Nach einer auffallenden Zurückhaltung in den 50- und 60er Jahren erlebte die Lehrerbelastungsforschung in Gestalt verschiedener moderner Konzepte, aber auch zahlreicher empirischer Studien in den 70er Jahren eine wissenschaftliche Reflexion bisher unbekannten Ausmaßes, die etwa bis Mitte der 80er Jahre anhielt. Es waren Arbeiten zur Arbeits- und Berufszufriedenheit, zur Lehrerangst, zum Lehrerstreß, zur Lehrerbelastung i.e.S. und zum Lehrer-Burnout. Darüber hinaus fand die Gesundheit, oft im Kontext von Belastung oder Streß, wissenschaftliches Interesse (Mäkinen, 1982; Scheuch, Rudow & Kessel, 1984). In einigen Ländern wurden sogar größere Forschungsprojekte durchgeführt. Am bekanntesten ist die skandinavische NORDSTRESS-Studie (Haug, 1982). Aber auch in der ehemaligen DDR lief in den 80er Jahren ein interdisziplinäres Forschungsprojekt zum Thema "Lehrertätigkeit und Lehrergesundheit", aus dem, wenngleich oft mit politischen Restriktionen verbunden, zahlreiche Studien hervorgegangen sind (Kessel, Scheuch & Rudow, 1985; Rudow & Scheuch, 1986; Rudow, 1986; Scheuch, 1991).

Der Aufschwung der Forschung zur "Lehrerbelastung" in dieser Zeit dürfte auf folgende Bedingungen zurückzuführen sein:
(1) Mit der stürmischen Entwicklung der Angst- und Streßforschung seit etwa Anfang der 70er Jahre wurde neben anderen Berufstätigkeiten auch die Lehrertätigkeit interessant. Seit ca. Mitte der 80er Jahre ist der Lehrerberuf als sog. Helferberuf insbesondere ein Paradigma der Burnout-Forschung geworden.

(2) Zu Beginn der 70er Jahre wurde der Lehrerberuf in der Öffentlichkeit besonders transparent. Vom Lehrer wurde im Zuge der Propagierung "antiautoritärer Erziehung" erwartet, daß er den Schüler weniger selegiert und mehr qualifiziert. Dabei war partnerschaftliche Lehrer-Schüler-Interaktion statt autoritäre Reglementierung gefordert. Dies führte zur Veränderung der Machtstrukturen in der Schule zu Ungunsten des Lehrers und damit zu neuen, schwierigen Situationen, auf die er wenig vorbereitet war. Diese Erscheinung wurde in der Wissenschaft mit solchen Bezeichnungen wie "Praxisschock" (Müller-Fohrbrodt et al., 1978) oder gar mit spektakulären Schlagzeilen in Zeitungen und Illustrierten reflektiert. Dadurch geriet der Lehrerberuf in ein gesellschaftliches Zwielicht und forderte zur wissenschaftlichen Untersuchung damit verbundener Ursachen, Bedingungen und Erscheinungen heraus.

(3) Die in den 80er Jahren gewachsene und gegenwärtig immer noch zu beklagende Arbeitslosigkeit unter Lehrern hat zumindest die Außenseiter dieses Berufes zu einem Modell von Streß, Krise, Angst oder Hilflosigkeit werden lassen (z.B. Ulich et al., 1985).

(4) Gegenwärtig findet in der ehemaligen DDR ein radikaler Prozeß der Umformierung des Bildungswesens statt, der für viele Lehrer neben den hohen Anforde-

rungen, den sie in nahezu allen Lebensbereichen ausgesetzt sind, zusätzlich eine psychische Belastung darstellt, die häufig "Streß" hervorruft.

(5) Schließlich regte die intensive Forschung im Ausland, besonders in England und in Skandinavien, zur Lehrerbelastung und -gesundheit zu einer Forcierung ähnlicher Forschung im deutschsprachigen Raum an. Die Problematik "Lehrerstreß" wurde hier sowohl in den Erziehungs- als auch in den Arbeitswissenschaften bislang (zu) wenig thematisiert. Dies erscheint kaum verständlich, da die Lehrer die größte relativ homogene akademische Berufsgruppe repräsentieren, eine exponierte Stellung in der Gesellschaft einnehmen und in einer Zeit, in der Entwicklungsintensität und -tempo in vielen gesellschaftlichen Bereichen an den Menschen viele Qualifikationsanforderungen stellen, eine Schlüsselrolle bei der Realisation notwendiger Bildungsmaßnahmen einnehmen.

Das Interesse an der Lehrerbelastung ging Ende der 80er Jahre, zumindest im deutschsprachigen Raum, etwas zurück. Gegenwärtig wendet man sich dem Problem nur sporadisch in einschlägigen Publikationen oder Konferenzen zu, z.B. anläßlich des Deutschen Lehrertages 1991 auf einer Tagung des Verbandes Bildung und Erziehung in Kassel (VBE, 1992), obwohl die empirischen Untersuchungen, die ihnen zugrunde liegenden Theorien oder Konzepte und insbesondere die erbrachten empirischen Untersuchungsergebnisse dem nach wie vor aktuellen Belastungs- und Gesundheitsproblem in dieser Berufsgruppe nur sehr begrenzt gerecht geworden sind.

Weder die für Lehrerforschung in erster Linie kompetente Erziehungswissenschaft einschließlich der Pädagogischen Psychologie, die sich traditionell mehr dem Schüler als dem Lehrer widmet und mit der Thematik der Emotionen bzw. der Belastung wenige einschlägige Erfahrungen hat, noch die Arbeitswissenschaft einschließlich der Arbeits- und Organisationspsychologie und der Arbeitsmedizin, in der die Belastung ein verankerter Forschungsgegenstand ist, haben sich bis heute in angemessener Weise diesem bedeutsamen Thema zugewandt. Scheinbar wird Lehrertätigkeit oder allgemein Erziehung oft noch zu wenig als "Arbeit" verstanden. Deshalb wurde sie wohl bislang von den Arbeitswissenschaften kaum thematisiert. Diesen defizitären Tatbestand drückt Heinz Putzhammer, stellvertretender Vorsitzender des Hauptvorstandes der GEW, polemisch aus, indem er bemerkt: *"Arbeitswissenschaft gibt es. Läßt sich das, was dort an Begriffsinstrumentarien entwickelt worden ist, fruchtbar machen für einen Bereich, dem nicht von ungefähr die gesellschaftliche Anerkennung als Arbeit fehlt?"... "Schulen sind Klein- und Mittelbetriebe..."* (1988, 45).

Mit vorliegender Monographie soll auch der Versuch unternommen werden, die arbeitswissenschaftliche Forschungssituation zur Lehrertätigkeit und zum "Betrieb Schule" kritisch zu sichten, indem neben pädagogisch- und gesundheitspsychologischen Ansätzen arbeits- und organisationspsychologische Aspekte berücksichtigt werden.

Ad (2): Die Gewerkschaft und die Lehrerverbände

Die Gewerkschaft Erziehung und Wissenschaft und weitere Lehrerverbände haben in den letzten Jahren wiederholt das Thema "Lehrerbelastung" aufgegriffen. Dabei wurde vor allem die Arbeitszeit als zentraler Belastungsfaktor problematisiert (GEW, 1981, 1984, 1988; Müller-Limmroth, 1980; Schönwälder, 1983a, 1987, 1989). Eine wesentliche Konsequenz der Diskussion um die Arbeitszeit bzw. Arbeitsbelastung der Lehrer ist die Forderung nach Verbesserung der Arbeitsbedingungen und einer Verkürzung der Arbeitszeit im besonderen. Von der Verkürzung der Arbeitszeit wird eine Verringerung der Belastung des Lehrers, eine Verringerung der Fehlzeiten, eine Abnahme der Lehrerarbeitslosigkeit, eine höhere Qualität der Bildungs- und Erziehungstätigkeit u.a.m. erwartet.

Der Gewerkschaft geht es aber nicht nur um die Arbeitzeit als Belastungsfaktor. Dieter Wunder, Vorsitzender des Hauptvorstandes der GEW, machte an folgenden inhaltlichen und strukturellen Veränderungen der Lehrerarbeit deutlich, daß diese gegenwärtig im Wandel begriffen ist (1988, 5 ff.):

1. Die Erziehungsfunktion des Lehrers ist in allen Schularten beträchtlich gestiegen.
2. Die traditionellen Schularten haben ihre gesellschaftliche Funktion dauerhaft verändert. Während früher die Hauptschule die Normalschule war, sind es heute die Realschule und das Gymnasium. Damit hat sich das traditionelle Selbstverständnis der Schule aufgelöst, ohne daß an dessen Stelle ein neues getreten ist.
3. Die Schule hat als Institution einen gesellschaftlichen Bedeutungsverlust erlitten. Der Glaube an die Nützlichkeit der Schule und das Vertrauen auf die in ihr vermittelten Werte ist gesunken.
4. Gesetzgebung, rechtliche Regelungen sowie Gerichtsurteile und Versicherungsbestimmungen bilden zunehmend einen formalen Rahmen für schulische Arbeit, der vielen Lehrern das Gefühl gibt, eingezwängt zu sein.
5. Politische Eingriffe in das schulische Leben nehmen zu; zuweilen wird individuelles Lehrerhandeln sogar Teil öffentlicher politischer Auseinandersetzungen.
6. Aufgrund der starken Veränderung fachlicher Voraussetzungen für die Ausübung des Berufes in den letzten Jahren ist der Fortbildungsbedarf stark gestiegen.
7. Die Schule bzw. die Lehrer müssen neue Sichtweisen und neue Themen, z.B. ökologische und fremdkulturelle Themen, aufgreifen.

Diese gravierenden Veränderungen sind als neuartige Anforderungen und daraus resultierende psychische Belastungen, welche der Lehrer zu bewältigen hat, zu verstehen.

Ad (3): Die Medien

"Lehrerstreß" hat insbesondere in den Printmedien für Schlagzeilen gesorgt. Ob Boulevardzeitung oder seriöse Zeitschrift, kaum ein Blatt hat in den letzten 15 Jahren das Thema umgangen (siehe z.B. Der Spiegel, 1988, Nr. 15; Stern 1988, Nr. 14; Frankfurter Rundschau, 11.8.1988; BAMS, 28.6.1992; Die Zeit, 2.4.1993; Der Spiegel, 1993, Nr. 24; Rheinischer Merkur, 1993, Nr. 42).

Exemplarisch soll der Beitrag aus der "Frankfurter Rundschau" vom 11.8.1988 erwähnt werden. Am beeindruckenden Beispiel des Lehrers Paul L., 52 Jahre, wird hier demonstriert, welchem Kräfteverlust ein Lehrer im Laufe seiner Berufskarriere unterliegt. Während er in den ersten Berufsjahren Erfolg und Spaß an der Tätigkeit mit dem Schüler hatte, ist er nach 22 Jahren "kampfesmüde", dauererschöpft.

Nachdem die Presse früher besonders den Begriff "Streß" strapazierte, wird gegenwärtig zunehmend "Burnout" gebraucht, um die psychische Situation des Lehrers spektakulär zu kennzeichnen.

Ad (4): Der Lehrer

Ende der 70er und in den 80er Jahren erschienen zahlreiche Lehrertagebücher, in denen die Berufsbelastung reflektiert wird. Dabei wird in manchen Lehrerberichten, besonders aus der linken Szene, der "Streß" dramatisiert. Puritz (1980) gibt beispielsweise seinem Bericht den bezeichnenden Titel "*Ich pfeife aus dem letzten Loch, aber ich pfeife. Schreiben aus dem Schulstreß.*" Ein anderer Titel lautet: *"Wenn ich an die Schule denke, verkrampft sich in mir alles. Drei Lehrer berichten über ihr Unbehagen, ihre Ängste, ihre Gefühle."* (Klaus, Tiebald & Wagner, 1980). Andere Lehrer heben neben den schönen Seiten einer langen Lehrertätigkeit, die sie weniger als Beruf denn als Berufung erlebt haben und deshalb die Arbeit nochmal wählen würden, die große Belastung hervor. Danz (1980, 57) läßt drei pensionierte Volkschullehrerinnen der Jahrgänge 1901, 1902 und 1906 berichten: *"Immer wieder kommt im Interview mit Frau Petzold (eine Lehrerin - B. R.) zum Ausdruck, daß sie halbe Nächte durchgearbeitet hat, um den Unterricht von 32 Vollstunden in Klassen mit zum Teil weit über 50 Schülern und Schülerinnen zu bewältigen. Generell bestand der Wochentag für sie zu 90% aus Arbeit. Freizeit kannte sie kaum: "Man war oft übermüdet. Ja, gerade als junge Lehrerin, man war eigentlich immer nur in der Schule." ... Frau Groß (eine andere Lehrerin - B. R.) hat ebenfalls bis in die Nacht hinein Hefte korrigiert." ... Ich war immer in Hetze. "In den Ferien wollte sie auch nirgendwohin, sondern bloß ihre Ruhe haben." "Der andere Grund, der den Lehrerberuf ... so sehr erschwert, liegt im ständig nagenden Zweifel, ob es sich denn lohnt, sich in irgendeiner Weise besonders einzusetzen. ... Nicht ganz selten verläßt man verdrossen das Klassenzimmer und sagt sich, das war wieder für die Katz; das Bemühen nämlich, Interesse und spontanes Denken zu wecken; die Mühe blieb resonanzlos. ... Daß der Einsatz wegen möglicher Aufstiegschancen nicht lohnt, davon rede ich gar nicht; denn daß diese Chancen durchweg gleich Null sind, das hat sich inzwischen auch bei den Abiturienten herumgesprochen."* (Rumpf, 1967, 106 f.).

Die Zitate belegen nachdrücklich, daß der Lehrerberuf mit einer hohen psychischen Belastung verbunden war und ist. Ermüdete oder gestreßte oder sogar "ausgebrannte" Lehrer gab es schon in früherer Zeit, zumal damals die Arbeitsbedingungen oft viel schlechter als gegenwärtig waren. Allerdings konnten Häbler & Kunz (1985) feststellen, daß nach Meinung vieler deutscher Lehrer (47,1% der 1203

befragten Lehrer) die Arbeitsbelastungen besonders in den letzten Jahren zugenommen haben.

Ad (5) Der Bund und die Länder

Schließlich ist das Problem der Lehrerbelastung und Lehrergesundheit vor allem als finanzieller Kostenfaktor eine Angelegenheit von Bund und Ländern. Epidemiogische Studien bzw. Morbiditätsanalysen machen auf das Problem der Belastung im Lehrerberuf aufmerksam. Es besteht ein Konsens in der Literatur darüber, daß bei Lehrern gehäuft psychosomatische und psychische Störungen bzw. Krankheiten auftreten. Dies konnte von Forschungsgruppen in Großbritannien (Cole & Walker, 1989; Cox & Boot, 1988), in Spanien (Times, 17.2.89), in Frankreich (Le Monde, 16.4.92), in der Bundesrepublik Deutschland (Müller-Limmroth, 1980), in der ehemaligen DDR (Scheuch, 1991), in Finnland (Mäkinen & Kinnunen, 1986), in Schweden (Brenner, 1983), in Norwegen (Mykletun, 1984), in Australien (Otto, 1986), in Israel (Kremer & Hofman, 1985), in Kanada (Hiebert, 1984) und in den USA (DeFrank & Stroup, 1989) konstatiert werden. Als Symptome dominieren Angst, Depression, Burnout und neurotisch-funktionelle Störungen. Sie bedingen einen erhöhten Krankenstand, der sich durch Fehlzeiten nicht nur auf den Unterricht negativ auswirkt, sondern auch für den Staat große finanzielle Kosten bedeutet.

Ferner weisen einzelne Zahlen zum Ausscheiden aus dem Schuldienst wegen Dienstunfähigkeit auf das Belastungsproblem hin. Auf eine Parlamentarische Anfrage des SPD-Landtagsabgeordneten Harald Schweitzer am 19. Februar 1992 machte beispielsweise die Kultusministerin von Rheinland-Pfalz folgende beeindruckende Angaben: Nur knapp jeder zehnte (!) rheinland-pfälzische Lehrer ist in den letzten fünf Jahren wegen Erreichens der Altersgrenze in den Ruhestand versetzt worden. Über 40 Prozent der Lehrkräfte schieden wegen Dienst-, Berufs- oder Erwerbsunfähigkeit früher aus dem Beruf aus, die Hälfte davon trat auf eigenen Antrag in den Ruhestand. Diese Zahlen spiegeln die hohen Belastungen wider, denen Lehrkräfte in ihrem Beruf ausgesetzt sind. Obgleich es zum vorzeitigen Ausscheiden aus dem Schuldienst bundesweit noch keine verläßlichen Daten gibt, sollten obige Zahlen alarmierend sein (vgl. Becker & Gonschorek, 1989). Die prekäre Situation wird von Hoffmann (1988, 50) pointiert beschrieben: *"Während Lehrer früher darauf aus waren, möglichst viele Dienstjubiläen zu feiern, haben gegenwärtig Anträge auf vorzeitige Pensionierung Hochkonjunktur."* Es ist ernsthaft zu bedenken, welche hohen finanziellen Kosten dadurch für Bund und Länder bzw. für den Steuerzahler entstehen.

1.3. Zusammenfassung der Diskussion zur Belastung im Lehrerberuf

(1) Es gibt nicht wenige "harte" Meinungen über die Lehrerarbeit, aber viel weniger harte Fakten (vgl. Schönwälder, 1983b). Die Meinungen reichen von der Kennzeichnung der Lehrertätigkeit als Halbtagsjob bis hin zu "stressend" oder gar gesundheitsgefährdend. Man kann folglich kein einheitliches, geschweige denn einfaches Bild von der Lehrerbelastung (im weitesten Sinne) zeichnen.

(2) Der Belastungsbegriff ist oft eher schillernd als wissenschaftlich exakt definiert. Er wird verschiedenartig gebraucht, wobei er in der Regel a priori negativ akzentuiert ist. Das hat zur Folge, daß die Diskussion zwangsläufig auf "Überlastung" hinaus läuft. Dadurch wird die Diskussion um *die* Belastung im Lehrerberuf häufig einseitig geführt.

(3) Empirische Daten reichen oft nicht aus, um eine objektive Aussage über die Qualität und Quantität der Lehrerbelastung zu treffen. Weder einzelne subjektive Lehrer- oder Schüleraussagen oder Tagebücher noch wissenschaftliche Studien zu Teilaspekten, z. B. zur Arbeitszeit, oder einzelne Daten zur vorzeitigen Pensionierung u.a.m. gestatten eindeutige Schlüsse auf die Lehrerbelastung.

(4) Die Kompetenzen, Intentionen und/oder Konsequenzen der Meinungsbildung über "Lehrerstreß" sind häufig nicht klar erkennbar. Pure Medien-Polemik ist unseriös und deshalb oft mehr Meinungsmacherei als dem Lehrerberuf dienlich. Meinungen von Eltern, Schülern usw. sind in der Regel mehr Eindrücke als Sachurteile. Selbst in der Wissenschaft sind die Ziele empirischer Studien oft nicht scharf genug definiert.

(5) Krankheits-, Absentismus- oder Dienstunfähigkeitszahlen lassen einen Zusammenhang mit hohen Belastungen oder "Streß" in der Lehrertätigkeit vermuten. Es gibt jedoch keine wissenschaftlich gesicherten Erkenntnisse über detaillierte Beziehungen zwischen der Belastung und psychischen bzw. psychosomatischen Störungen/Krankheiten im Lehrerberuf.

1.4. Hauptaufgaben und -ziele vorliegender Monographie

Es ist vorrangig Aufgabe der Wissenschaft, zur Aufklärung des Problemkreises "Lehrerstreß" beizutragen. Dabei sollte sie auf vorhandenen theoretischen, empirischen und praktischen Ansätzen aufbauen. Diese liegen meines Erachtens vor allem in der Theoriebildung zum "Lehrerstreß" und in theoriegeleiteten empirischen Untersuchungen. Auch in wissenschaftlichen Publikationen überwiegen derzeit noch Beschreibungen von "Lehrerstreß" gegenüber theoriegleiteten empirischen Untersuchungen, die stringente Schlüsse auf bestimmte Qualitäten und Quantitäten tatsächlicher Belastungen und ihrer Folgen zuließen. Ausgehend von diesen Defiziten stellen sich folgende *Hauptaufgaben und -ziele*:

(1) Zunächst soll eine theoretische Rahmenkonzeption zur vorwiegend psychologischen Belastungs-, Beanspruchungs- und Gesundheitsforschung im Lehrerberuf entwickelt werden. Dabei wird von tätigkeits-, handlungs- und gesundheitspsychologischen Grundlagen ausgegangen (Kapitel 2). Die Rahmenkonzeption (Kapitel 3) soll (a) eine integrative Funktion für die Darstellung empirischer Untersuchungsansätze zum Problemkreis der Lehrerbelastung, -beanspruchung und -gesundheit und (b) eine Leitfunktion für empirische Studien haben.

(2) Sodann erfolgt eine Darstellung und Diskussion theoretischer und empirischer Untersuchungsansätze und -ergebnisse zur Lehrerbelastung, -beanspruchung und -gesundheit. Im Kapitel 4 werden theoretische und methodische Ansätze zur Erfassung psychischer Belastungen und Ergebnisse entsprechender empirischer Untersuchungen dargestellt und evaluiert. In den Kapiteln 5 bis 7 erfolgt die Thematisierung wesentlicher Beanspruchungsreaktionen und -folgen im Lehrerberuf. Damit wird über einschlägige Arbeiten hinausgegangen, in denen häufig nur *eine* Beanspruchungsreaktion oder -folge, z.B. Streß oder Burnout oder Arbeitszufriedenheit, Berücksichtigung findet.

(3) Es werden Strategien zur Förderung der psychischen Gesundheit einschließlich positiver Beanspruchungsreaktionen und -folgen, zur Prävention und Intervention psychischer Gesundheitsstörungen und Erkrankungen inclusive negativer Beanspruchungsreaktionen und -folgen dargelegt. In dem Kontext erfolgt ein Überblick über Maßnahmen und Methoden effektiver Prävention und Intervention im Lehrerberuf (Kapitel 8).

Ich beziehe mich explizit auf die Tätigkeit des *professionellen* Lehrers in der Schule. Doch ist - da die Lehrertätigkeit in ihrer psychischen Struktur als ein Modell für sozial-interaktive Berufe mit Mehrfachtätigkeiten bzw. Mehrfachbelastungen angesehen werden kann (vgl. Rudow, 1992) - der Geltungsbereich vieler Abhandlungen in diesem Buch weiter zu stecken. Die Rahmenkonzeption der Belastungs-Beanspruchungs-Sequenz, die Einzelkonzepte der Beanspruchungsreaktionen und -folgen und damit verbundene Gesichtspunkte und Probleme sowie insbesondere die Präventions- und Interventionsansätze tangieren auch andere Berufstätigkeiten, wie z.B. die des Erziehers und der Kindergärtnerin, des Hochschullehrers, des Personalentwicklers, des Managers, des Polizeibeamten, des Offiziers usw..

Kapitel 2. Theoretisch-methodologische Grundkonzepte

2.1. Das Tätigkeits- und Handlungskonzept

Als wichtigstes Grundkonzept für die Beschreibung und Erklärung von Belastungs- und Beanspruchungserscheinungen kommt die psychologische *Tätigkeits- und Handlungstheorie* in Betracht. Sie zeichnet sich durch ihre integrative Funktion aus und ermöglicht, menschliches Tun ganzheitlich zu beschreiben und zu erklären. Dabei geht es um die Überbrückung der Kluft zwischen Denk- und Vollzugsprozessen und um eine Integration verschiedener psychischer Prozesse, zum Beispiel perzeptiver, emotionaler und motivationaler Prozesse. Bei der Nutzung der Tätigkeits- und Handlungstheorie für wissenschaftliche Problemstellungen ist es notwendig, sie im Hinblick auf spezielle Phänomene auszudifferenzieren. Es geht darum, entsprechende Konzepte auf ihre Relevanz für die Lehrertätigkeit zu überprüfen. Demgemäß ist es im folgenden das Anliegen, (1) einzelne Phasen der Tätigkeit bzw. Handlung (des Lehrers) in ihrer Beziehung zu Belastungs- und Beanspruchungsphänomenen zu betrachten, (2) die Lehrertätigkeit aus der tätigkeits- und handlungstheoretischen Perspektive zu beschreiben.

2.1.1. Allgemeine Zusammenhänge zwischen Tätigkeit/Handlung und Belastung/-Beanspruchung

Die Tätigkeits- und Handlungstheorie hat für die Beschreibung und Erklärung von Belastungs- und Beanspruchungserscheinungen, unter anderem von "Streß", eine grundlegende Bedeutung. Denn die meisten Ansätze der Belastungs-Beanspruchungs-Analyse beziehen sich einseitig auf Reiz- oder Reaktionseigentümlichkeiten. Dabei bleibt das eigentliche Bindeglied zwischen Person ("Subjekt") und Umwelt ("Objekt") unbeachtet. Es ist nach Leontjew (1982) die *gegenständliche Tätigkeit*, welche durch das *Motiv* bestimmt ist. Besonders auf ihrer Grundlage kann der Einheit und Wechselwirkung von Person und Umwelt hinreichend Rechnung getragen werden.

Neben der Gegenständlichkeit hat die *Zielgerichtetheit*, durch welche sich die *Handlung* auszeichnet, Konsequenzen für die Belastung-und Beanspruchungsanalyse. Hier setzen jene Konzepte an, welche Belastung und Beanspruchung prinzipiell nicht als Zustand, sondern als *Prozeß* auffassen. Die Prozeßcharakteristik wurde in der Belastungsforschung nur unzureichend berücksichtigt (vgl. Schönpflug, 1987). Dies trifft vor allem auf den Umstand zu, daß das Individuum in der Art und Weise, wie es zielgerichtet handelt, auch seine Beanspruchungsprozesse selbst "gestaltet".

Die *Gegenständlichkeit* und die *Zielgerichtetheit* sind allgemeine Tätigkeitsmerkmale, die theoretische und methodologische Konsequenzen für die Analyse von Belastung und Beanspruchung haben. Aus ihnen lassen sich folgende weitere Zusammenhänge zwischen Lehrertätigkeit und Belastung/Beanspruchung ableiten.

(1) Belastung und Beanspruchung sind *notwendig* mit der Lehrertätigkeit verbunden. Bei der Tätigkeit erfolgt eine Konfrontation von objektiven Anforderungen mit subjektiven Leistungs- oder Handlungsvoraussetzungen. Dabei nehmen Anforderungen bei bestimmter Intensität den Charakter von Belastungen an, und es tritt als Wirkung im Organismus die psychophysische Beanspruchung mit positiven und/oder negativen Folgen auf (vgl. Abbildung 1).

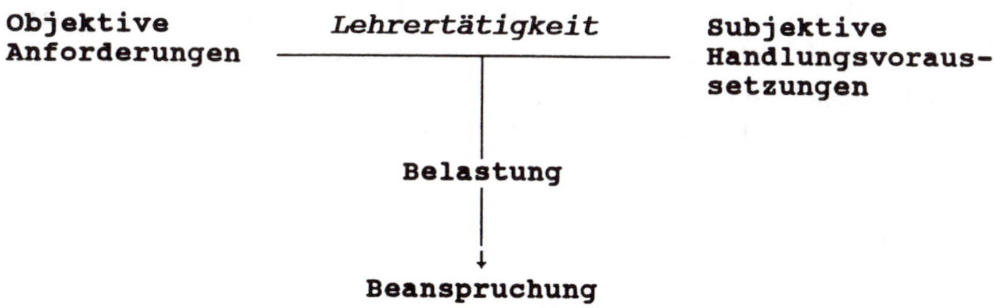

Abbildung 1: Zusammenhang zwischen (Lehrer-)Tätigkeit, Belastung und Beanspruchung

(2) Effiziente psychische Tätigkeits- und Handlungsstrukturen führen zu positiven Beanspruchungsreaktionen und -folgen; demgegenüber resultieren aus ineffizienten Handlungsstrukturen oder Fehl- und Minderregulationen oft negative Beanspruchungsreaktionen und -folgen (vgl. Schönpflug, 1979; Hacker & Richter, 1984). Eine effiziente Tätigkeitsstruktur ist nach Leontjew (1982) dann gegeben, wenn die Tätigkeitsmomente Motiv, Ziel und Bedingungen übereinstimmen. Bei einer effizienten Tätigkeitsstruktur ist Wohlbefinden die Folge; bei einer Diskrepanz zwischen Motiv und/oder Ziel und/oder Bedingungen kann z.B. Streß die Folge sein (vgl. Rudow & Scheuch, 1982; Kannheiser, 1983).

(3) Beanspruchungsreaktionen und -folgen sind ein Ergebnis individuell oder kollektiv bewerteter Handlungsresultate. Das heißt: Wohlbefinden, Zufriedenheit usw. sind die Folge positiv bewerteter Handlungsresultate; negativ bewertete Handlungsresultate führen häufig zu Streß, Angst, Ärger, Unzufriedenheit und dergleichen mehr.

(4) Beanspruchungsreaktionen und -folgen können psychische Tätigkeits- und Handlungsstrukturen beeinflussen. So ist z.B. Wohlbefinden eine Bedingung für die Stabilität psychischer Tätigkeits- und Handlungsstrukturen. Negative Beanspruchungsreaktionen und -folgen können hingegen Handlungsstrukturen deformieren - bis hin zum Handlungsstrukturzerfall bzw. zur Tätigkeitsaufgabe.

(5) Negative Beanspruchungsreaktionen und -folgen wirken, indem sie Bewältigungsversuche auslösen, als Handlungsinitiator oder -moderator. Mit dem Ziel des Abbaus von Monotonie, Ermüdung oder Streß werden Handlungsvariationen vorgenommen, neue Handlungsprogramme entwickelt, oder es wird gar die Tätigkeit gewechselt. Somit tragen negative Beanspruchungsreaktionen und -folgen auf der Grundlage von Lernprozessen zur Herausbildung neuer, effektiverer psychischer Handlungsstrukturen oder neuartiger Tätigkeiten bei.

(6) Psychische Selbstregulationen, d.h. die Beeinflussung von intraorganismischen Zuständen, spielen bei (Selbst-)Belastungen und Beanspruchungsreaktionen eine wichtige Rolle (vgl. Schönpflug, 1979). Eine effektive Selbstregulation, z.B. ein erfolgreicher Entspannungsversuch durch die Progressive Muskelrelaxation (s. dazu Kapitel 8), kann zum Abbau arbeitsbedingter Ermüdung oder von Streß führen et vice versa.

Betrachtet man die Lehrertätigkeit in *Handlungsphasen*, so lassen sich die oben dargestellten allgemeinen Zusammenhänge von Tätigkeit/Handlung und Belastung/-Beanspruchung weiter präzisieren. Es können *Quellen* positiver wie negativer Beanspruchungsreaktionen und -folgen aufgezeigt werden (vgl. Abbildung 2):

- Die Lehrertätigkeit beginnt mit der *Stellung des Arbeitsauftrags*, der gesellschaftlich determiniert ist. Mit der Übernahme in den Schuldienst nach dem Refendariat wird der Lehrer Beamter auf Lebenszeit. Wird dieser Status vom Lehrer akzeptiert, so sind keine negativen Beanspruchungsreaktionen zu erwarten. Bei Nichtakzeptanz oder nur bedingter Akzeptanz des gesellschaftlichen Arbeitsauftrags können bei ausschließlich obligatorischer Ausführung der Tätigkeit - bei Dienst nach Vorschrift durch "innere Kündigung" - aufgrund anhaltender Konflikte Streßsymptome bzw. Burnouterscheinungen auftreten. Nicht wenige Lehrer versuchen aus dem Beruf auszusteigen, weil sie den gesellschaftlichen Arbeitsauftrag - gleich aus welchen Gründen - nicht mehr akzeptieren wollen (vgl. Keller, Pia & Rufer, 1976; Kazis, 1980).

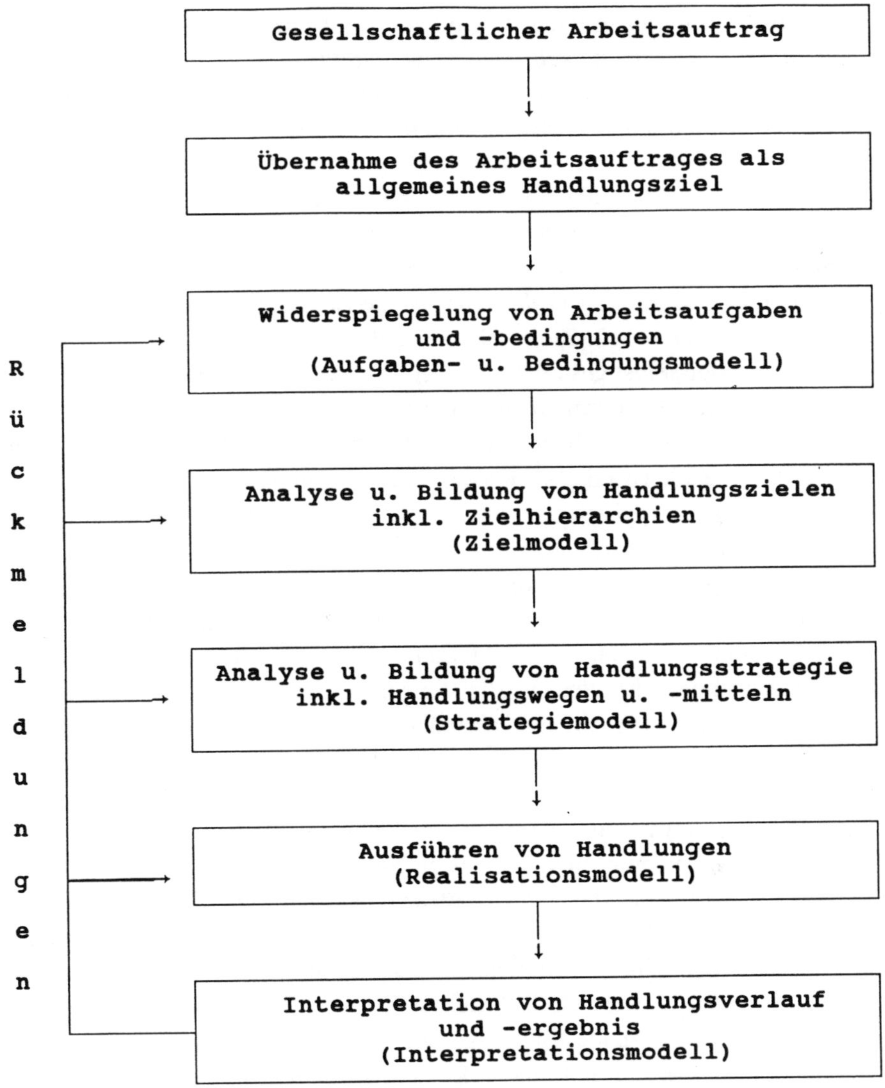

Abbildung 2: Phasen einer (Lehrer-)Handlung

- Die psychische Handlungsregulation, speziell ihre inhaltliche Ausrichtung, wird entscheidend durch die objektiven *Arbeitsaufgaben und Ausführungsbedingungen* sowie deren Widerspiegelung durch den Lehrer bestimmt. Die Widerspiegelung oder

Redefinition ist dabei als Prozeß zu verstehen, bei dem die handelnde Person die objektiven Arbeitsaufgaben und -bedingungen wahrnimmt und kodiert. *"Die psychische Struktur der Arbeitstätigkeit ist eine vermittelte Abbildung der objektiven Aufgabenbeschaffenheit"* (Hacker, 1978, 68). Aber nicht nur die Widerspiegelung der Arbeitsaufgaben ist für die Ausprägung von Belastung bzw. Beanspruchung beachtenswert, sondern auch die der Ausführungsbedingungen. Besonders im Lehrerberuf, in dem viele Tätigkeitsbedingungen in variabler Form auftreten (Schüler, Lärm, Unterrichtszeit usw.), können diese ebenso belastungsrelevant sein.

- Eine Schlüsselfunktion nehmen in der psychischen Handlungsregulation die *Handlungsziele* ein. Nach Leontjew (1982, 105) ist die Zielsetzung *"das wichtigste Moment der Tätigkeit eines Subjekts"*. Ziele haben eine dreifache Funktion: Sie veranlassen als übernommener oder selbst gestellter Auftrag Tätigkeiten, sie lenken und organisieren sie über Ketten und Hierarchien von Teilzielen, und sie sanktionieren als ein im Gedächtnis gespeicherter Sollwert die Tätigkeitsergebnisse im rückkoppelnden Soll-Ist-Vergleich. In Zielen sind als *"Vorwegnahmen und Vornahmen zugleich (...) die motivationalen (einschließlich der emotionalen) und kognitiven Aspekte der psychischen Regulation von Tätigkeiten vereinigt"* (Hacker, 1983, 5). Gemessen an ihrer Bedeutung in der psychischen Handlungsregulation sind Zielsetzungsprozesse und ihre Determinanten, u.a. im Kontext der Lehrerbelastung, zu wenig konzeptualisiert und empirisch untersucht worden. Die Bedeutung der Ziele gilt im besonderen im Belastungs-Beanspruchungs-Kontext. Fehlleistungen im Zielsetzungsverhalten können eine Quelle negativer Beanspruchungsreaktionen und -folgen sein. So kann z.B. die simultane Setzung von mehreren Teilzielen, welche nur mit großer Anstrengung erreicht werden, eine Quelle psychischer Ermüdung sein. Des weiteren bergen individuellen Leistungsvoraussetzungen unangemessen hohe oder irreale Ziele die Gefahr der Nichterreichung in sich, was zu Streß führen kann. Individuelle Zielsetzungen spielen ferner bei der Arbeitszufriedenheit eine entscheidende Rolle (siehe Kapitel 7). Die Lehrertätigkeit ist durch viele Bildungs- und Erziehungsziele gekennzeichnet. Diese sind einerseits objektiv vorgegeben, andererseits können sie vom Lehrer selbst bestimmt werden. Der Lehrer hat also teilweise die "Qual der Wahl" bei der Ziel- bzw. Teilzielbestimmung. Der Tätigkeitsspielraum kann vom Lehrer genutzt werden, indem er Handlungsziele setzt, die seinen persönlichen Leistungsvoraussetzungen entsprechen und mit "normalem" psychophysischen Aufwand erreichbar sind. Ein anderer Lehrer, oft jung und berufsunerfahren, stellt sich hohe Ziele, die nur mit großen Anstrengungen erreichbar sind. Solche Zielbildungen sind häufig von großem Berufsethos getragen und können eine Quelle von Burnout sein (siehe ausführlich Kapitel 6).

- Kognitive *Handlungsstrategien* sind ebenfalls für die Erklärung von Beanspruchungsphänomenen relevant. Ihre Hervorhebung ist besonders ein Verdienst der Streßforscher um Lazarus (Lazarus, 1966; Lazarus & Folkman 1984). Handlungs-

oder Bewältigungsstrategien spielen aber nicht nur beim Streß, sondern ebenso bei anderen Beanspruchungsreaktionen und -folgen eine Rolle. In der Lehrertätigkeit beziehen sie sich u.a. auf die methodisch-didaktische Gestaltung des Unterrichts, auf den Umgang mit undisziplinierten Schülern, auf die Beurteilung von Schülerleistungen usw.. Es hängt weitgehend von der Schülerangemessenheit ab, wie sie den Lehrer belasten.

- Beim *Handlungsvollzug* erfolgt die Umsetzung des vom Individuum gebildeten Modells kognitiver Strategien in motorische Handlungen und/oder in sprachliche Akte. Beim Lehrer dominieren sprachliche Akte. In dieser Handlungsphase stellt sich das Problem, welche motorischen und/oder sprachlichen Akte in welcher Reihenfolge, mit welcher Intensität und Dauer etc. vollzogen werden, um das gebildete Strategiemodell optimal umsetzen zu können. Die Umsetzung eines Strategiemodells läuft jedoch nicht immer problemlos ab. Besondere Bedeutung erlangt beispielsweise bei der Streßgenese die Konfrontation mit unvorhersehbaren strategiediskrepanten Ereignissen und die unmittelbare Veränderung der Ausführungsbedingungen durch die Handlung selbst. Dafür ein *Beispiel*: Der Lehrer hat einen Handlungsstrategieplan für eine methodisch anspruchsvolle Unterrichtsstunde, welche eine hohe Aufmerksamkeit von den Schülern verlangt, aufgebaut. Nach kurzer Unterrichtszeit muß er aber feststellen, daß die Schüler infolge einer vorher (vom Lehrer nicht kalkulierten) sehr belastenden Sportstunde den Anforderungen an die erhöhte Aufmerksamkeit nicht gerecht werden können. Sollte der betroffene Lehrer bezüglich der Unterrichtsgestaltung nun nicht flexibel sein, so können Streßreaktionen auftreten.

- In der Phase der *Handlungsinterpretation* können folgende Sachverhalte geprüft und bewertet werden:

1. das Handlungsergebnis selbst,
2. die Folgen des Handlungsergebnisses,
3. die Qualität des Handlungsverlaufs.

Bei Prüfung des Handlungsergebnisses erfolgt ein Vergleich mit dem Zielmodell (Soll-Ist-Vergleich). Die Differenz zwischen Ergebnis und Ziel wird bewertet. In Abhängigkeit von der Größe der Soll-Ist-Diskrepanz und deren Valenz für die betroffenene Person kann Unzufriedenheit oder gar Streß aufkommen. Dafür ein schlichtes Beispiel: Der Lehrer hat in der Unterrichtsstunde seinen "Stoff" nicht geschafft. Das Ziel wurde also nicht erreicht, was bei ihm zumindest Unzufriedenheit auslösen könnte. Noch wichtiger können bei Herausbildung negativer Beanspruchungsreaktionen und -folgen die Folgen der Soll-Ist-Diskrepanz sein. Beispielsweise hat ein Lehrer, der wiederholt seinen Lehrplan nicht schafft, mit Konsequenzen zu rechnen. Er kann vom Schuldirektor öffentlich kritisiert werden oder damit rechnen, daß die Eltern ihn wegen unbefriedigender Prüfungsleistungen ihrer Kinder tadeln. Schließlich kann die Qualität des Handlungsverlaufes eingeschätzt werden. Die Einschätzung bezieht sich auf den gesamten Verlauf oder auf einzelne Phasen der

Handlung. Dies ist z.B. der Fall, wenn ein Lehrer sowohl die Vorbereitung als auch die Durchführung einer beendeten Unterrichtsstunde einschließlich der Rahmenbedingungen unter dem Aspekt der Effizienz (Verständnis durch die Schüler, Lerneffekte usw.) überdenkt und bewertet.

Es läßt sich zusammenfassen: Positive wie negative Belastungseffekte können anhand der Motiv-, Ziel- und Bedingungsangemessenheit von Handlungsphasen erklärt werden. Demzufolge sind psychische Belastungen und deren Wirkung auf die Beanspruchung nichts Fatalistisches, sondern sie werden weitgehend durch psychische Handlungsstrukturen des Lehrers determiniert.

2.1.2. Eine handlungstheoretische Erweiterung des Modells der Lehrertätigkeit

Die Lehrertätigkeit ist aus verschiedensten Perspektiven (Belletristik, Pädagogik, Philosophie, Psychologie usw.) mit unterschiedlichen Intentionen häufig beschrieben worden. Dabei wird sie in ihrem Wesen recht unterschiedlich interpretiert. Einerseits wird das Unterrichten und Erziehen mehr als "Kunst" angesehen, die man nur sehr begrenzt lehren oder lernen kann, andererseits wird die Lehrertätigkeit als Arbeitstätigkeit angesehen, die ebenso wie andere Berufstätigkeiten auf wissenschaftlicher Grundlage analysierbar ist. *"Das konkrete Handlungsfeld des Lehrers galt lange Zeit mit wechselnden Akzentuierungen als eine Art Mischbereich aus (angewandter) Wissenschaft und (handwerklicher) Kunstlehre.. "* (Terhart, 1984, 14)

Es gehört zu unserem Selbstverständnis, daß Lehrertätigkeit *Arbeits*tätigkeit par excellence ist. Dies hat jedoch, wenn man sich die erziehungswissenschaftliche und insbesondere arbeitswissenschaftliche und arbeitspsychologische Fachliteratur anschaut, noch keine allgemeine Akzeptanz gefunden. Hier gibt es - immer noch - nur wenige Arbeiten zur Arbeitstätigkeit des Lehrers (vgl. Schönwälder, 1987; Rudow, 1992). Die Lehrertätigkeit ist als wissenschaftlicher Untersuchungsgegenstand bislang vorwiegend der Pädagogik und Pädagogischen Psychologie vorbehalten. Aus arbeits- und organisationswissenschaftlicher Sicht ist sie wenig analysiert worden. Demzufolge gibt es bisher kaum Ansätze, die versuchen, die Lehrertätigkeit als Arbeitstätigkeit in einer Organisation zu beschreiben.

Die Schule kann nur als *Organisation* hinreichend beschrieben werden. Als Organisation werden allgemein alle institutionalisierten sozialen Gebilde verstanden, die größer als Kleingruppen und kleiner als die gesamte Gesellschaft sind und bestimmte Ziele verfolgen (vgl. Rosenstiel, 1992). Nach Bulla (1982) ist die Schule als "front-line-organization" zu bezeichnen. Sie ist durch drei Merkmale, die Einfluß auf die psychische Belastung haben können, gekennzeichnet: (1) Es erfolgt eine Dezentralisierung der Aufgabenerfüllung und ihre Verlagerung an die Basis der Organisation. Das heißt, die hauptsächlichen Tätigkeiten des Lehrers, das Unterrichten und das Erziehen, erfolgen an der hierarchisch untersten Einheit der Organisation, nämlich im Klassenzimmer. (2) Es besteht eine relative Unabhängigkeit der Organisationsmitglieder bei der Erfüllung ihrer Arbeitsaufgaben. Der Lehrer führt seine Aufgaben weitgehend unabhängig von anderen Kollegen aus. (3) Eine direkte Kontrolle des unmittelbaren Arbeitsprozesses ist an der Basis wegen organisationsspezifischer Hindernisse kaum gegeben. Die Lehrerarbeit in der Klasse ist in hohem Maße durch Individualisierung und Isolierung gekennzeichnet und entzieht sich weitgehend der Kontrolle durch Vorgesetzte und Kollegen, aber auch der Möglichkeit der Kooperation mit ihnen.

Die Lehrertätigkeit nimmt mit ihren handlungsrelevanten Merkmalen eine Zwischenstellung zur sog. Produktionstätigkeit (die ja in der arbeitspsychologischen Forschung überwiegend das Modell der Arbeit ist) und zur sog. Alltagstätigkeit ein (siehe dazu Tabelle 1; vgl. von Cranach & Kalbermatten, 1983). Sie ist durch eine Dominanz höherer Regulationsebenen, insbesondere der intellektuellen Regulation gekennzeichnet. In ihr besteht ein verbindlicher Bezug zu gesellschaftlichen Werten und Normen; denn diese sollen ja vermittelt werden.

Die Lehrertätigkeit kann folglich weder mit "klassischen" arbeitspsychologischen Handlungskonzepten noch mit "Theorien des Alltagshandeln" hinreichend beschrieben werden. Die einen erscheinen zu eng, die anderen zu weit. Es ist folglich ein theoretisches Modell zu wählen, das

1. der Sequenz,
2. der Hierarchie,
3. der Heterarchie

von Handlungen gerecht wird.

Das *sequentielle Handlungsmodell*, welches wie das hierarchische Konzept aus der Informationstheorie stammt, geht davon aus, daß psychische Handlungen oder Operationen in einer bestimmten zeitlichen Abfolge stattfinden. Im Tätigkeitskontext bedeutet dies: Es werden aufeinanderfolgende Teilziele in Richtung Endziel "Schritt für Schritt" abgearbeitet. Die (Teil-)Ziele, welche Fixpunkte der Handlungseinheiten darstellen, werden somit systematisch abgearbeitet. Dabei können die Handlungseinheiten ansonsten völlig identisch sein; soweit sie nur zu einem anderen Zeitpunkt generiert und realisiert werden, sind sie verschieden. In diesem Prozeß treten in der Regel auch Rückmeldungen auf.

Tabelle 1: Die Lehrertätigkeit im Vergleich mit der Produktions- und Alltagstätigkeit

Merkmale	Produktionstätigkeit	Lehrertätigkeit	Alltagstätigkeit
Regulationsebene	Dominanz niedriger Regulationen	Dominanz höherer Regulationen	Dominanz verschiedener Regulationen
Handlungskomplexität	gering	groß	sehr groß
Handlungsziel	einfach, vorbestimmt, eindeutig	mehrfach, teils vorbestimmt, teils eindeutig	mehrfach, nicht vorbestimmt, teils eindeutig
Handlungsverlauf	vorbestimmt	teils vorbestimmt, variabel	nicht vorbestimmt, variabel
Handlungsprogramm	wenige notw., geringe Freiheitsgrade	mehrere notwendig, Freiheitsgrade mit Einschränkung	viele notw., große Freiheitsgrade
Rückmeldung	gegeben, eindeutig	nicht immer gegeben, mehrdeutig	stochastisch, ein- und mehrdeutig
Werte und Normen	wenige vorgegeben, unverbindlich	viele vorgegeben, verbindlich	viele vorgegeben, unverbindlich
Soziale Interaktion	überwiegend gering	groß, notwendig, best. Sozialpartner	pot. groß, nicht notw., unbest. Sozialpartner

Das sequentielle Modell ist insofern positiv zu werten, als hier ein wesentliches Kriterium materialistischer Dialektik - eben der Prozeß - abgebildet wird. Demzufolge hat es gleichfalls für die Belastungsforschung eine Bedeutung; denn im Gegensatz zu herkömmlichen Zustandanalysen ist der Trend prozeßorientiert. So ist das Sequenzkonzept der Bewertung (appraisal) und Bewältigung (coping), das auch in der Lehrerforschung Anwendung fand, ein prozessuales Handlungskonzept (vgl. Kyriacou & Sutcliffe, 1978a; Rudow, 1990a). Die Grenze dieses Ansatzes zur Beschreibung der Lehrertätigkeit liegt jedoch auf der Hand. Zwar vollziehen sich Lehrerhandlungen in zeitlichen Abfolgen, jedoch ist die Sequenz nicht in dem Maße formal-deterministisch, wie es in kybernetischen Sequenzmodellen angenommen wird. Dies führt zum hierarchisch-sequentiellen Modell, das bei Einschluß des sequentiellen Aspektes mehrere Ebenen der Tätigkeit erfaßt.

Das Modell der *hierarchisch-sequentiellen Handlungsorganisation* von Volpert (1983, 1987; siehe Abbildung 3) ist meines Erachtens auf die Beschreibung der Lehrertätigkeit anwendbar, da es eine große Allgemeinheit beansprucht und deshalb offen für sozial-interaktive Berufstätigkeiten ist. Es wurde oben dargelegt, daß auch die Lehrertätigkeit auf das Erreichen von Zielen orientiert und durch das Finden geeigneter Wege zu diesen Zielen charakterisiert ist. Das Gesamtziel (oder Idealziel) der Lehrertätigkeit sollte die vielseitig gebildete, handlungskompetente Persönlichkeit des Schülers sein. Für den einzelnen Lehrer kann es aber auch die methodisch-didaktisch optimale Vermittlung fachbezogenen Sachwissens sein. Von dem Gesamtziel, das Lehrer unterschiedlich definieren können, leiten sich bestimmbare Bildungs- und Erziehungsziele, von diesen wieder untergeordnete Teilziele usf. ab. Beispielsweise ist ein wesentliches Oberziel die Erfüllung des Lehrplans. Aus diesem Oberziel werden Teilziele abgeleitet, die sich auf die Vermittlung bestimmter Stoffeinheiten bis zu fixierten Zeitpunkten beziehen. Aus den Teilzielen lassen wieder Ziele ableiten, die auf die Gestaltung konkreter Unterrichtsstunden gerichtet sind. Die *Ziele* sind also die Hauptdeterminanten des hierarchisch-sequentiellen Modells. In dem Sinne ist die obere Spitzeneinheit (vgl. Abbildung 3: größtes Dreieck) auf das Gesamtziel bezogen, während die darunter liegenden Einheiten auf Einzel- und Teilziele zugeschnitten sind. Es existiert eine Zielhierarchie mit Gesamt-, Ober- und Unterzielen, welche durch das Modell lediglich formal angedeutet wird. (Das Modell ist im Prinzip insbesondere nach unten ausdifferenzierbar.) In absteigender Folge von der Spitzeneinheit werden gemäß den Zielen Untereinheiten bis zu Basiseinheiten (unterste Ebene) generiert. Sie werden sodann von unten nach oben durchgearbeitet. In jeder Einheit erfolgt hierbei eine Rückmeldung über die Zielerreichung. Bei positivem Resultat folgt unmittelbar die nächste Einheit; bei negativer Rückmeldung muß die Handlung (Teiltätigkeit oder Operation) noch einmal vollzogen werden. Positive Rückmeldung heißt: das Resultat liegt im Bereich des Gesamtziels; negative Rückmeldung hingegen: das Handlungsresultat stimmt mit dem vorgegebenen oder selbst gestellten Zielbereich nicht überein. Die Realisation des (komplexen) Gesamtziels findet also stufenweise aufsteigend von den unteren zu den höheren Ebenen statt. Die Gesamtzieladäquatheit von Strategien ist durch die bewußte Repräsentation und Realisierung angemessener Zielhierarchien und -sequenzen bestimmt. Ein Lehrer, dessen Handeln nur auf die Realisierung von Tagesaufgaben orientiert ist (zu niedrige Zielebene), wird ebenso erfolglos wie derjenige sein, dessen Handeln nur auf "große" Bildungs- und Erziehungsziele bezogen ist (zu hohe Zielebene). In gleicher Weise sind die Sequenzen zwischen den Ebenen zu beachten. So kann zum Beispiel der Lehrer, welcher das Erziehungsziel "Disziplin der Schüler im Unterricht" - das noch auf einer relativ niedrigen Ebene liegt - oft nicht realisiert, Ziele auf einer höheren Ebene (u.a. Lehrplanziele) schwerlich erreichen; denn die optimale Realisierung von Lehrplanzielen setzt eine gute Disziplin der Schüler voraus. Bei der Verwirklichung von Handlungseinheiten von "unten" nach "oben" können auch die niedrigerer Ebene eine relative Autonomie erlangen. Zwar wird das (Teil-)Ziel als Konstante von oben bestimmt, aber mehr in Form eines Variationsbereiches möglicher Resultate.

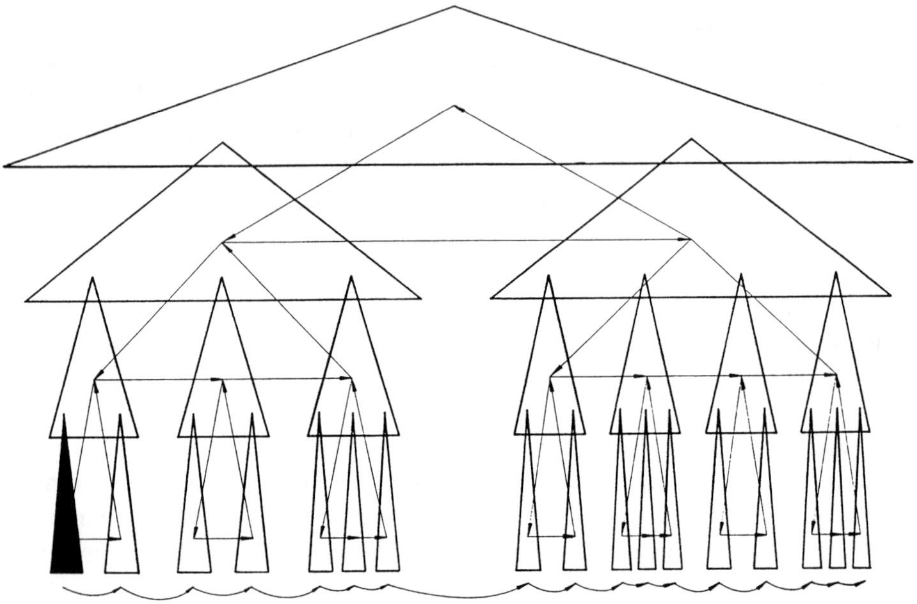

Abbildung 3: Das Modell der hierarchisch-sequentiellen Handlungsorganisation

Die jeweilige, der Situation entsprechende Spezifikation des (Teil-)Ziels macht die Autonomie der Untereinheit aus. Durch Vergleich des spezifischen Resultats der Handlung auf dieser Ebene mit dem Gesamtziel erfolgt eine Rückmeldung über die Angemessenheit des realisierten Teilziels. Dies gilt gleichfalls für die Lehrertätigkeit, da jeder Lehrer seine Ziele bzw. Handlungseinheiten flexibel in Abhängigkeit von vorliegenden realen Bedingungen aufbauen muß. Selbst Handlungen höherer Regulationsebenen, insbesondere der intellektuellen Regulation, sind bei ihm nicht stets durch Oberziele (z.B. Lehrplanziele) bestimmt. Auch hier kann ein Zwang zu eigener Zielbildung in Abhängigkeit von aktuellen Tätigkeitsbedingungen vorliegen.

Das hierarchisch-sequentielle Modell läßt sich um eine weitere Dimension erweitern: um die *heterarchische Handlungsorganisation* (Hacker, 1982; Osterloh 1983). Während bei der hierarchischen Organisation eine Rangordnung (im Sinne des Griechischen hiero=heilig) fest vorgegeben ist, wird bei der heterarchischen Vorgehensweise von verschiedenen (griech. hetero=verschieden), bedingungsabhängigen Plänen oder Schemata ausgegangen. Auf ihrer Grundlage erfolgt, ausgehend von Ausgangszuständen und geforderten Endzuständen, eine bedingungsangepaßte Spezifikation von Aktions- bzw. Handlungssequenzen. Auf diese Weise wird das hierarchisch-sequentielle Modell gegenüber äußeren, d.h. sozialen und organisationalen Bedingungen der Lehrertätigkeit offen - und gestattet somit die Beschreibung flexiblen und kreativen Denkens und Handelns in Organisationen. Wesentlich ist hierbei, daß gleichzeitig stets mehrere, verschiedene Pläne wirksam werden und daß die Oberpläne jeweils Unterpläne einsetzen, die teilweise autonom ablaufen. Es ist eine multiple Hierarchie in bezug auf variierende Tätigkeitsbedingungen gegeben.

Das Heterarchiekonzept betont den Umweltbezug und damit auch die Flexibilität des Handelns im sozialen Zusammenhang, also den psychoökologischen Kontext (vgl. Volpert, 1987). Es hat somit für die Lehrertätigkeit, da sie ebenfalls eine Mehrfachtätigkeit ist und sich bei ihr in der Regel mehrere hierarchisch-sequentiell organisierte Abläufe durchschneiden, eine besondere Relevanz. Bedeutsam im Sinne der Heterarchie ist ferner, daß die Lehrertätigkeit als sozial-interaktive Tätigkeit überwiegend in sozialen bzw. organisationalen Kontexten bedingungsabhängig erfolgt. Damit wird ein gewichtiger Nachteil entscheidungstheoretischer Modelle der Lehrertätigkeit überwunden, die implizit von einem *"einsamen Entscheider"* ausgehen, *"der von den Objekten seines Entscheidungshandelns - den Schülern - wie durch eine magische Wand getrennt zu sein scheint..."* (Terhart, 1984, 9). Allerdings trifft für die reale Lehrertätigkeit zu, daß keine vielschichtigen, logisch vollständigen Hierarchien entwickelt werden, sondern meistens nach Bedarf nicht mehr als zwei hierarchische Strukturen simultan aktualisiert werden. Hierbei wird nach dem Ökonomieprinzip verfahren. Das heißt, es wird versucht, in jeder hierarchischen Struktur den optimalen Weg zum Oberziel zu finden.

2.1.3. Folgerungen für die psychologische Analyse der Lehrertätigkeit unter dem Belastungs- und Beanspruchungsaspekt

(1) Die Lehrertätigkeit ist primär durch *Motive* bestimmt. Diese machen den "persönlichen Sinn" der Lehrertätigkeit aus (vgl. Holodynski & Jantzen, 1989). Motive und die aus ihr abgeleiteten Handlungsziele haben nicht nur eine "Anlasser"funktion, wie in klassischen Motivationstheorien dargestellt, sondern sie sind das entscheidende Moment der (Lehrer-)Tätigkeit. Sie spielen in der Konzeption der Belastungs- und Beanspruchungssequenz explizit bei der Arbeitszufriedenheit und insbesondere bei Burnout eine Rolle. Die Qualität bzw. Ausprägung der Motive ist hier eine entscheidende Determinante.

(2) Die Lehrertätigkeit ist *Mehrfach*tätigkeit (vgl. Fuhrer, 1984; Hacker, 1986). Es findet eine *multiple* psychische Regulation statt. Sie ist durch simultan und sequentiell

ablaufende psychische Prozesse auf verschiedenen Regulationsebenen bestimmt. Einige sind Routine bzw. automatisiert (z.B. das Schreiben an der Tafel), einige automatisiert durch Abrufen hochgeübter Programme (z.B. Gespräche mit den Schülern), andere werden mit großer Aufmerksamkeit ausgeübt (z.B. die Anwendung einer neuen Methode in der Unterrichtsgestaltung). Diese Regulationsweise wird als *hierarchisch-sequentiell* bezeichnet. - Aus der Mehrfachtätigkeit lassen sich nachfolgende Merkmale ableiten.

(3) Es findet eine *multiple antriebsregulatorische* Ausrichtung statt. Das heißt: Die Lehrertätigkeit wird durch mehrere, verschiedene Motive bestimmt, deren Wirken oft als *Emotionen* erlebt wird. Die Motive können unterschiedlich dominant sein. Die Lehrertätigkeit kann (mehr oder minder) von "Helfer"motiven (z.B. "Ich möchte jungen Menschen viel geben."), sozialorientierten Erlebnismotiven (z.B."Die Arbeit mit jungen Menschen macht mir Spaß."), von Bildungsmotiven (z.B. "In meiner Tätigkeit kann ich mich vielseitig bilden."), von Sicherheitsmotiven (z.B. "Als Lehrer bin ich Beamter auf Lebenszeit und verdiene dabei ganz gut.") usf. bestimmt sein.

(4) Im engen Zusammenhang mit der Vielfalt der Motive stehen die *multiplen Ziele*. Oberziele, die sich in Ziele und Teilziele ausdifferenzieren lassen, und zum Teil simultan verfolgt werden, kennzeichnen die Lehrertätigkeit. Diese haben unterschiedliche zeitliche Perspektiven (z.B. kurzfristig Disziplinierung der Schüler, langfristig Erfüllung des Lehrplans).

(5) Die Lehrertätigkeit ist durch *Aufgabenvielfalt und -komplexität* gekennzeichnet. Die Aufgaben weisen unterschiedlichste Inhalte auf. Sie reichen von der inhaltlichen und methodischen Vorbereitung einer Unterrichtstunde, über die Notengebung, die Pausenaufsicht, Gespräche mit Schülern, Kollegen, Eltern, Verwaltungsaufgaben bis hin zur Weiterbildung. Ihre Erfüllung erfolgt oft simultan und voneinander abhängig (z.B. Vermittlung des Lehrstoffes *und* Disziplinierung der Schüler), was die Komplexität der Lehrertätigkeit ausmacht.

(6) Die Lehrertätigkeit ist durch *Bedingungsvielfalt und -variabilität* bestimmt. Die Aufgabenerfüllung erfolgt häufig unter variierenden Bedingungen; denn die Stimmung der Schüler, ihre Leistungsfähigkeit, die Tageszeit der Unterrichtsstunde, der Lärmpegel, die Klassenfrequenzen usf. sind keinesfalls konstant. Dieselbe Aufgabe ist folglich unter verschiedenen Bedingungen auszuführen. Zum Beispiel muß der gleiche Lehrstoff in Klassen vermittelt werden, die sich in Leistungsfähigkeit und Disziplin sehr unterscheiden können.

(7) Die *Verfolgung der Ziele und die Abarbeitung von Handlungsprogrammen* erfolgt in Abhängigkeit von aktuellen Ausführungsbedingungen teils *systematisch* und teils *episodisch.* Zum Beispiel kann ein Lehrer ein detailliert vorbereitetes Unterrichtskonzept nur selten systematisch umsetzen, sondern er muß dabei stets flexibel in Abhängigkeit von der Motivation, der Aufmerksamkeit, der aktuellen Leistungsfähigkeit, der Disziplin usw. der Schüler sein. Sollten diese sehr undiszipliniert sein, so kann er das vorbereitete Unterrichtskonzept nur episodisch umsetzen, weil er wiederholt auf die Disziplin einwirken muß.

(8) Ein wesentliches Moment der Lehrertätigkeit sind die *Rückmeldungen.* Rückmeldungen über persönliche Unterrichtskonzepte, über methodisch-didaktische Unterrichtsstrategien, über die Effizienz einer Unterrichtsmethode, über die Akzeptanz durch die Schüler usw. sind für den Lehrer wichtig. In der Regel ist seine Tätigkeit durch Rückmeldungen bestimmt, die wenig systematisch sind, sondern eher sporadisch, einseitig, unklar und zeitlich deplaziert erfolgen (vgl. Schönpflug, 1985).

Der Großteil obiger Ausführungen spricht dafür, daß die Lehrertätigkeit eine *Mehrfachbelastung* darstellt. Sie ist *kognitiv* wie *emotional* belastend.

Das Modell der hierarchisch-sequentiellen und heterarchischen Handlungsorganisation hat derzeit bei der Analyse der Lehrertätigkeit vorwiegend eine heuristische Funktion. Dabei ist nicht zu erwarten, daß es problemlos und schnell empirisch umgesetzt werden kann. Aufgrund der methodischen Schwierigkeit, Handlungsregulationsprozesse der komplexen Lehrertätigkeit empirisch abzubilden, ist ein derartiges Modell als Forschungsprogramm, das nur schrittweise zu realisieren ist, zu verstehen.

2.2. Das Konzept der psychischen Gesundheit

Der Zusammenhang zwischen Belastung/Beanspruchung und Gesundheit fand bisher in der Theoriebildung wenig Beachtung. In der Belastungs-Beanspruchungs- und im besonderen in der Streßforschung wurden zwar viele theoretische und empirische Analysen zu Modellen, Belastungsfaktoren (Stressoren) und Reaktionen sowie deren Korrelate durchgeführt. Die Beziehung von Belastung/Beanspruchung oder "Streß" zur Gesundheit wurde aber mehr implizit oder plakativ als differenziert hergestellt, geschweige denn erfolgte die Entwicklung eines belastungs- und beanspruchungsbezogenen Gesundheitskonzeptes (vgl. Mohr, 1991). Ein Hauptgrund dafür ist darin zu sehen, daß "Streß" und psychische Gesundheitsstörung oder Krankheit oft als weitgehend identisch, z.T. sogar als synonym angesehen werden. Diese Auffassung kann jedoch nicht geteilt werden, da "Streß" nur *eine* Bedingung in der Patho- oder Sanogenese ist.

Ausgehend vom Anliegen der Psychoprophylaxe und Psychohygiene sollen im folgenden Ansätze eines Konzeptes der psychischen oder seelischen Gesundheit dargelegt werden. Dabei geht es weniger um Negativdefinitionen, welche in medizinischen und klinisch-psychologischen Gesundheits- oder (besser) Krankheitskonzepten dominieren. Vielmehr sollen *Positiv*definitionen psychischer Gesundheit im Vordergrund stehen. Eine derartige theoretisch-methodologische Orientierung scheint vor allem bei der Lehrertätigkeit angebracht, weil sie berwiegend psychisch belastend ist. Die Lehrergesundheit wird hierbei als ein Paradigma *psychischer* Gesundheit angesehen. Daraus folgt, daß sie nicht ein klassischer medizinischer Gegenstand ist, sondern eine medizinisch-psychologische Relevanz aufweist, zu deren Thematisierung auch die Pädagogische, Arbeits- und Organisations-, Klinische, Persönlichkeits-, Sozial-, Entwicklungspsychologie usw. ebenso wie medizinische Disziplinen aufgerufen sind.

2.2.1. Psychoprophylaxe und Psychohygiene

Psychoprophylaxe und Psychohygiene sind als *interdisziplinäre Anwendungsgebiete* der Gesundheitsforschung zu verstehen. Ihr *Gegenstand* sind die psychischen Prozesse der Interaktion von Mensch und Umwelt, welche Einfluß auf die Gesundheit ausüben. *Hauptanliegen der Psychoprophylaxe* ist nach unserem Verständnis die Erhaltung der Gesundheit bzw. die Vorbeugung von psychischen und psychisch bedingten Erkrankungen; *Hauptanliegen der Psychohygiene* ist hingegen die Förderung der Gesundheit, Leistungsfähigkeit und Persönlichkeit.

Daß die psychische Gesundheit nur als interdisziplinärer Gegenstand verstanden werden kann, wird auch durch die Zielstellung des "Weltbundes für geistige Gesundheit" deutlich. Dieser erarbeitete 1961 ein Programm, in dem als Ziel formuliert ist, *"... allen den höchstmöglichen Standard der geistigen Gesundheit mit seinen breitesten biologischen, medizinischen, pädagogischen und sozialen Aspekten zu erwirken"* (Müller, 1973).

Die *Psychoprophylaxe* umfaßt Maßnahmen zur primären, sekundären und tertiären Prävention ein (siehe ausführlich Perrez, 1992). Unter primärer Prävention werden solche Aktivitäten verstanden, die das Auftreten von Krankheiten zu verhindern bzw. zeitlich hinauszuzögern bestrebt sind. Die sekundäre Prävention hat die Früherkennung von Krankheiten zum Ziel, um durch rechtzeitig einsetzende Behandlung sog. Frühstadien zu beseitigen, Krankheitskomplikationen zu vermeiden bzw. ins hohe Alter zu verlagern. Die tertiäre Prävention verfolgt das Ziel, das wiederholte Auftreten von Krankheiten zu vermeiden.

Alle diese Interventionsmaßnahmen beziehen sich auf den Übergangsbereich von Gesundheit zur Krankheit. Der vorbeugende Gesundheitschutz ist zweifelsohne eine zentrale Aufgabe der Gesellschaft. Er dient jedoch nicht hauptsächlich der Entwicklung der psychischen Gesundheit. In ihrem Dienst steht vorwiegend die *Psychohygiene*. Die psychische Gesundheit ist untrennbarer Bestandteil der Leistungsfähigkeit und letztendlich der gesamten Persönlichkeitsentwicklung. Somit berücksichtigt die Psychohygiene auch Aspekte der Leistungsfähigkeits- und Persönlichkeitsentwicklung. Sie geht in einem weiteren Punkt über die Psychoprophylaxe hinaus. Während in der Psychoprophylaxe vorrangig eine Orientierung auf das Individuum erfolgt, ist die Psychohygiene vorrangig auf die Wechselwirkung von Person und Umwelt bezogen. Denn grundsätzlich liegen die Ursachen psychischer Gesundheit vs. Krankheit in dieser komplexen Wechselwirkung. In der Psychohygiene der Arbeitstätigkeit, mithin der Lehrertätigkeit, ist die Analyse der Wechselwirkung von Arbeitsanforderungen und subjektiven Leistungsvoraussetzungen unter dem Aspekt der Gesundheitsentwicklung das methodologische Grundprinzip. Die Intention, den Lehrer als Subjekt mit Hilfe von psychoprophylaktischen Maßnahmen physisch und psychisch zu konditionieren, ohne seine Arbeitsanforderungen zu beachten, ist demnach unzulänglich. Umgekehrt reicht die Gestaltung von Arbeits- und Lebensbedingungen des Lehrers ohne die Beachtung seiner individuellen Leistungsvoraussetzungen nicht aus (siehe ausführlich Kapitel 8).

2.2.2. Subkonzepte psychischer Gesundheit

Ziele und Inhalte der Psychoprophylaxe und Psychohygiene verlangen - als Erweiterung des traditionellen naturwissenschaftlich-somatischen Krankheitsbegriffes und auch der konventionellen Auffassung von psychischer Krankheit in der Psychiatrie und Klinischen Psychologie - die Konzeptualisierung der psychischen Gesundheit. Nicht nur die häufig zitierte programmatisch-normative WHO-Definition zur Gesundheit, sondern vielmehr die aus ihrem Anspruch abgeleitete Globalstrategie der Weltgesundheitsorganisation zur "Gesundheit für alle bis zum Jahre 2000" (WHO, 1985) und die mit ihr im Zusammenhang stehenden Präventionsvorhaben machen dies nötig. Ein Konzept psychischer Gesundheit ist die grundlegende Voraussetzung für die gezielte Planung, Durchführung und Evaluation krankheitsvorbeugender und gesundheitsfördernder Strategien.

Es liegen zahlreiche Bemühungen vor, die psychische Gesundheit zu konzeptualisieren. Einen zusammenfassenden Überblick über Theorien und Modelle gibt Becker (1982). Darauf aufbauend entwickelte er ein Konzept, das gegenwärtig im deutschen Sprachraum als das differenzierteste angesehen werden kann (Becker & Minsel, 1986). Dabei versteht er die seelische Gesundheit allgemein als relativ überdauerndes, habituelles Merkmal einer Persönlichkeit. Demgemäß konstruierte Becker (1989) zu ihrer Diagnostik den Trierer Persönlichkeitsfragebogen (TPF).

Ich werde im folgenden ein Modell der psychischen Gesundheit vorstellen, das wesentliche Aspekte von Becker berücksichtigt. Meines Erachtens lassen sich mehrere Subkonzepte auf einem Kontinuum unterscheiden (siehe Abbildung 4).

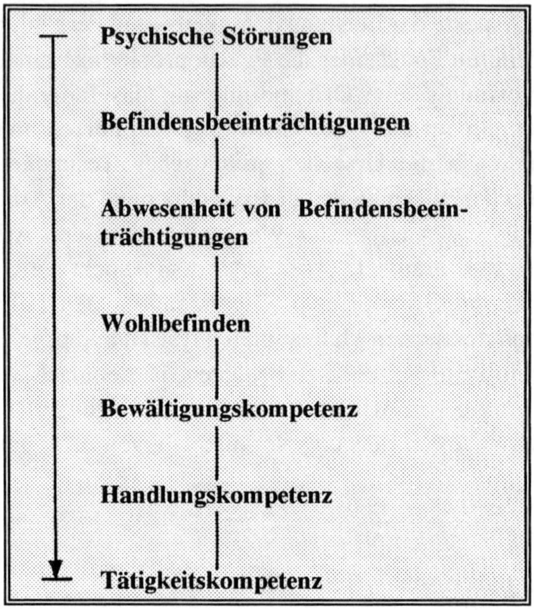

Abbildung 4: Subkonzepte seelischer Gesundheit

Psychische Störungen

Psychische Störungen sind als Extremstörungen des Verhaltens und Erlebens anzusehen. *Ängste oder Phobien* haben in der Klinischen Psychologie eine enorme Bedeutung, weil sie nicht nur ein eigenständiges Störungsbild darstellen, sondern eine Komponente vieler psychischer und somatischer Störungen sind (z.B. bei Depressionen, Schizophrenien, psychophysiologischen Störungen usw.). Zur Kennzeichnung von Angst als pathologisch genügt es nicht, die Angstreaktion - als negative Beanspruchungsreaktion oder -folge (s. Kapitel 3) - allein zu beobachten; von pathologischer Angst spricht man erst dann, wenn folgende Kriterien zutreffen (vgl. Reinecker, 1990):
(a) die Angstreaktionen sind der Situation nicht angemessen;
(b) die Angstreaktionen sind überdauernd, d.h. chronisch;
(c) das Individuum besitzt keine oder nur geringe Möglichkeiten zur Erklärung, zur Reduktion oder zur Bewältigung der Angst;

(d) die Angstzustände führen zu einer massiven Beeinträchtigung des Lebens- oder Tätigkeitsvollzugs der Person.

Ängste, besonders soziale Ängste, sollen bei Lehrern relativ häufig auftreten. Dazu liegen epidemiologische Studien vor, deren Ergebnisse überwiegend aus subjektiven Berichten bzw. Fragebögen stammen (vgl. Coates & Thoresen, 1976; Brück, 1978; Hofsommer, 1980; Nuding, 1984; Kyriacou & Pratt, 1985 u.a.m.). Soziale Ängste stehen oft im Zusammenhang mit Kompetenzdefiziten beim Umgang mit Schülern, Eltern usw.. Da sie häufig subklinischer Natur sind, sind Lehrer jedoch selten so sehr beeinträchtigt, daß sie therapeutische Hilfe in Anspruch nehmen müssen. (Auf Interventionsmöglichkeiten bei sozialen Ängsten wird im Kapitel 8 ausführlich eingegangen.)

Eine weitere Gruppe psychischer Störungen sind *Zwangshandlungen und Zwangsgedanken*. Ihre Diagnosekriterien sind folgende:
(1) Es handelt sich um einen inneren, subjektiven Drang, bestimmte Dinge zu denken oder zu tun.
(2) Charakteristisch ist ein Widerstand der Person gegen diesen Drang (oder zumindest der Versuch dazu).
(3) Es besteht Einsicht in die Sinnlosigkeit der Gedanken bzw. Handlungen.
Bei den Zwangshandlungen handelt es sich zumeist um wiederholte stereotype Akte; die Haupttypen sind Kontroll- und Reinigungszwänge. Kontrollzwänge, besonders in bezug auf Schülerverhaltensweisen (ständige Hausaufgabenkontrolle, ständige Kontrolle von Heften und Büchern der Schüler u.v.a.m.), werden Lehrern oft nachgesagt. Ob allerdings ihre Auftrittshäufigkeit unter Lehrern größer als allgemein in der westlichen Population (0,05%) ist, dafür gibt es bislang keine empirischen Beweise.

Depressionen zählen zu den affektiven Störungen. Gefühle der Traurigkeit, der Niedergeschlagenheit, der Verstimmtheit, der Hoffnungslosigkeit, der Sinnlosigkeit, häufig begleitet von Ängstlichkeit und Unruhe, gelten als zentrale Beschwerden und Auffälligkeiten. Solche Gefühlszustände kennen alle Menschen. Sie sind, wenn sie eine bestimmte Dauer und/oder Intensität nicht überschreiten, "normale", "gesunde" Reaktionen auf die Erfahrungen von Verlusten, Mißerfolgen, Enttäuschungen, Belastungen u.dgl.m.. Wann die Grenze zwischen diesen normalen Reaktionen und den klinisch relevanten Symptomen überschritten wird, gehört zu den ungelösten Fragen der Depressionsforschung. In Screening-Untersuchungen zu neurotischen Tendenzen bei Lehrern in der ehemaligen DDR wurde eine überdurchschnittliche Auftrittshäufigkeit depressiver Symptome (Grübeleien, Zweifel, Erschöpfung usw.) festgestellt (Vogel & Scheuch, 1991). Depressive Zustände als Folge psychischer Belastung im Lehrerberuf konnten ferner Cardinell (1980) und Kyriacou & Pratt (1985) registrieren. Da depressive Symptome eine Reaktion auf psychische Belastungen sein können, sind diese Befunde plausibel. Es stellt sich aber die Frage, welchen Krankheitswert die diagnostizierten depressiven Störungen haben und wie repräsentativ sie für die Berufsgruppe Lehrer sind.

Weitere psychische Störungen sind nach Reinecker (1990) der Alkoholismus, Mißbrauch und Abhängigkeit von illegalen Drogen und Medikamenten, Eßstörungen, Schlafstörungen, Beziehungs- und Interaktionsstörungen, funktionelle Sexualstörungen, psychophysiologische Störungen, Schizophrenien und neuropsychologische Störungen. Unter ihnen scheinen bei Lehrern besonders die psychophysiologischen Störungen von besonderem Interesse zu sein, da sie oft mit emotionalen Belastungen im Zusammenhang stehen und sich primär durch Fehlregulationen des autonomen Nervensystems bilden. Ob jedoch sog. streßbedingten Störungen, wie z.B. Spannungskopfschmerz, Migräne, essentielle Hypertonie und Magen- und Zwölffingerdarmgeschwüre, verstärkt bei Lehrern auftreten, kann zur Zeit nicht exakt gesagt werden, weil entsprechende epidemiologische Befunde fehlen. Einzelne Studien weisen aber auf solche Tendenzen hin (siehe auch unten).

Befindensbeeinträchtigungen

Psychische Befindensbeeinträchtigungen bezeichnen einen Zustand, von dem angenommen wird, *"...daß er subjektive Leiden ausdrückt, individuelle und gesellschaftliche Kosten verursacht, handlungsbestimmend wird, als Frühwarnsystem genutzt werden kann und keiner bzw. geringer Stigmatisierung unterliegt"* (Mohr, 1991, 92). Es handelt sich hierbei um einen Zustand, der im Vorfeld der Arbeitsunfähigkeit liegt. Psychische Befindensbeeinträchtigungen können global oder differenziert aufgefaßt werden. Eine globale Befindensbeeinträchtigung wird von Bradburn (1969) angenommen, indem er einen Gesamtwert negativer Stimmung mithilfe der "Negative Affect Scale" erfaßt. Auch die Ergebnisse von Diener & Emmons (1984) sprechen dafür, daß sich die emotionale Befindlichkeit in einem allgemeinen Gefühlszustand ausdrücken kann. Darüber hinaus nehmen die Autoren jedoch spezifische, gleichzeitig vorliegende Emotionen an, wobei die Zusammenhänge zwischen allgemeinem Befinden und einzelnen Emotionen unterschiedlich stark ausgeprägt sind.

Mohr (1991) unterscheidet vier Formen psychischer Befindensbeeinträchtigungen:
(1) die Angst,
(2) die Depressivität,
(3) das Selbstwertgefühl,
(4) psychosomatische Beschwerden.
Unter *Angst* versteht sie die Wahrnehmung und Bewertung einer Bedrohung (siehe ausführlich Kapitel 5). (Dieser Angstzustand ist von der psychischen Störung "Angst" - siehe oben - abzugrenzen, die eine pathologische Relevanz hat.) *Depressivität* ist

gleichbedeutend mit einem Kontrollverlust. Phänomenologisch läßt sie sich mit der "kognitiven Triade" von Beck (1974) erklären, wonach depressive Personen (1) eine negative Sicht von sich selbst, (2) eine negative Sicht der Erfahrungen mit der Umwelt, (3) eine negative Sicht der Zukunft aufweisen. Das *Selbstwertgefühl* ist durch die Einschätzung der eigenen Person als Ergebnis von Vergleichen mit anderen Personen bestimmt (Filipp, 1979). *Psychosomatische Beschwerden* sind diejenigen körperlichen Beschwerden, die entscheidend psychisch bedingt sind. Als weitere wesentliche psychische Befindensbeeinträchtigung ist die *Lebens- und Arbeitsunzufriedenheit* zu nennen (siehe ausführlich Kapitel 7.).

Die Erfassung von Befindensbeeinträchtigungen hat in der Lehrerforschung eine Tradition. Schneider schrieb 1911 im "Oberpfälzer Schulanzeiger" über "Lehrerkrankheiten" folgendes (zit. nach Barth, 1990, 3 f.): *"Häufig sind bei Lehrern auch Nervenleiden. Nach einer Mitteilung des Geh. Sanitätsrats Wichmann in Harzburg auf dem Kongreß deutscher Ärzte und Naturforscher in Kassel waren von 305 untersuchten Lehrern 177 nervös belastet... Unter 259 kranken Lehrern und 540 kranken Lehrerinnen waren je 68% nervenkrank. Die häufigste Nervenkrankheit der Lehrer ist die Neurasthenie. Dieses Wort stammt aus dem Griechischen und bedeutet Nervenkraftlosigkeit, Nervenerschöpfung... Es können vorkommen: a) Kopfdruck, b) gestörter Schlaf oder Schlaflosigkeit, c) Empfindlichkeit der Haut-, Gehör- und Augennerven, d) schnelle Ermüdung, e) Nachlassen des Gedächtnisses, f) Mangel an Konzentration der Aufmerksamkeit, g) Arbeitsunfähigkeit, h) Bewußtsein verminderter Leistungsfähigkeit, i) gedrückte, niedergeschlagene Stimmung, k) Angstgefühle, l) Erregbarkeit, große Heftigkeit, m) Appetitstörungen. Dazu kommen oft noch subjektive Empfindungen."* Hicks führte 1933 eine Befragung an 600 Lehrern durch. Unter ihnen waren 17% "außerordentlich nervös" und 11% hatten sogar "nervliche Zusammenbrüche". Derartige Angaben konnten in nachfolgenden Studien bis heute wiederholt repliziert werden (Biener, 1969, 1988; Miller, 1989). *Angst* als temporäre Befindensbeeinträchtigung - weniger als psychische Störung - tritt bei Lehrern relativ häufig auf. Dazu gibt es einige empirische Untersuchungen (vgl. zusammenfassend Jehle & Nord-Rüdiger, 1989 und Kapitel 5). *Depressive Reaktionen*, die oft im Zusammenhang mit Angst auftreten, sind bei Lehrern ebenfalls zu konstatieren. In einer Befragung von ca. 2500 Lehrern in Finnland berichteten 11% über depressive Störungen (Mäkinen, 1982). DeFrank & Stroup (1989) führen an, daß 22,5% der befragten 245 amerikanischen Lehrer in den letzten sechs Monaten zeitweilige oder anhaltende depressive Phasen hatten. Dabei traten häufig Erschöpfungszustände auf. "Schwierigkeiten mit dem *Selbstwertgefühl*" gaben in der Studie von Wittern & Tausch (1980) 30% der 44 befragten Lehrer an. Buhr (1985) konstatierte bei 42,8% der befragten Lehrer eines Landkreises der ehemaligen DDR Insuffizienzgefühle, Selbstunzufriedenheit und Unsicherheit. Zur psychopathogenetischen Relevanz des Selbstwertgefühls bei Lehrern lassen sich ferner interessante Untersuchungsergebnisse von Schröder (1983) anführen. Der Autor prüfte als Selbstkonzeptvariablen die (subjektiv eingeschätzte) interpersonale Kompetenz und Wirksamkeit. In ihr widerspiegeln sich hinsichtlich der Grundbedürfnisse nach kooperativer Umweltbeherrschung reflektierte subjektive Situationen: 1. unter dem Aspekt der eigenen Fähigkeiten, 2. unter dem Aspekt der erreichten oder erreichbaren Effektivität als Bewußtsein der Umwelt- und Selbstkontrolle. Es wurde festgestellt, daß Lehrerpatienten der Psychotherapie gegenüber psychovegetativ symptomfreien Lehrern eine signifikante Beeinträchtigung beider Selbstkonzeptbereiche aufweisen. Ferner wurden Beziehungen von der Reflexion subjektiv vorhandener Kompetenz und Wirksamkeit zum Belastungserleben gefunden. Das heißt, Lehrer mit einer positiven Ausprägung dieser Selbstkonzeptvariablen zeigten positive Befindlichkeiten insbesondere in höheren Belastungszeiten eines Schuljahres.

Psychosomatische Beschwerden bei Lehrern wurden in einzelnen Studien erfaßt. Dunham (1976) diagnostizierte häufig auftretende Kopfschmerzen, Schlafstörungen und Hypertonie. Mäkinen (1982) konnte folgende Auftrittshäufigkeiten feststellen: Migräne oder andere Kopfschmerzen (22%), Allergien (16%), Laryngitis (16%) und hoher Blutdruck (15%). In epidemiologischen Untersuchungen an zahlreichen Lehrern der ehemaligen DDR wurden überdurchschnittlich hohe Werte festgestellt. Dabei waren Nacken-, Rücken- und Kreuzschmerzen, Kopfschmerzen, Herzklopfen/Herzstolpern, Schweißausbrüche dominant (vgl. Scheuch et al., 1982; Buhr, 1985 u.a.m.).

Die Abwesenheit von Befindensbeeinträchtigungen

Die Abwesenheit von körperlichen und psychischen Befindensbeeinträchtigungen ist durch die psychophysische Funktionsfähigkeit bestimmt. Wenn der Organismus - insbesondere bei höheren psychischen Belastungen - "funktioniert", dann treten keine subjektiv erlebten Beschwerden auf. Die betreffende Person fühlt sich beschwerdefrei (vgl. dazu Abele & Brehm, 1990). Obgleich diese Form psychischer Gesundheit kaum expliziert wird, spielt sie de facto bei allen diagnostischen Erhebungen, in denen Fragebögen zur Erfassung von Beschwerden, neurotischen Störungen u.dgl.m. eingesetzt werden, eine Rolle; denn die Abwesenheit von Befindensbeeinträchtigungen definiert sich hierbei über die Häufigkeit nicht angegebener subjektiver Beschwerden oder Symptome. Dies ist auch bei entsprechenden Befragungen im Lehrerberuf der Fall.

Wohlbefinden

Nach der bekannten WHO-Definition ist Gesundheit mehr als die Abwesenheit von Störungen oder Erkrankungen; sie ist darüber hinaus durch körperliches, psychisches und soziales Wohlbefinden bestimmt. Das Wohlbefinden hat nicht nur für die psychische Gesundheit, sondern für die Qualität des Lebens insgesamt eine große Bedeutung. Obwohl die programmatische Definition der Gesundheit von der WHO schon 1946 erfolgte, fehlen bislang immer noch überzeugende Bestimmungs- bzw. Operationalisierungsversuche. Wohlbefinden als das Vollkommenheitsideal menschlichen Daseins mutet zuweilen wie ein realitätsfernes Nirwana an. Um von derartigen Vorstellungen loszukommen, bedarf es einer theoriegeleiteten Auffüllung dieser "Leer"definition. Wohlbefinden ist aber nicht einfach die Abwesenheit von Befindensbeeinträchtigungen; es stellt demgegenüber eine neue Qualität dar. Als wesentliche Komponenten subjektiven Wohlbefindens (well-being) werden (1) die Lebenszufriedenheit, (2) positive Affekte, (3) die Abwesenheit negativer Affekte genannt (Diener, 1984; Headey & Wearing, 1991). Die *Lebenszufriedenheit* beruht auf globalen kognitiven Einschätzungen der eigenen Lebenssituation. Sie wird verstanden als Grad der Zufriedenheit mit der Qualität der gesamten eigenen Lebensführung. (Als Synonym wird in der einschlägigen Literatur auch "happiness" gebraucht). Eine entscheidende Determinante der Lebenszufriedenheit ist die Arbeitszufriedenheit (siehe dazu ausführlich Kapitel 7). Eine weitere, nicht zu unterschätzende Determinante ist die Freizeitzufriedenheit (leisure satisfaction). Es ist plausibel, daß die der Lebenszufriedenheit zugrundeliegenden kognitiven Einschätzungen sehr von kulturellen Standards über "gutes Leben" abhängen. Eine zentrale Rolle spielen also auf kulturelle Maßstäbe bezogene individuelle Wertorientierungen im Arbeits- und Freizeitbereich. Unter *positiven Affekten* sollen emotionale Erfahrungen, die für das Individuum wünschenswert oder angenehm sind, verstanden werden. (Sie werden zumeist unter dem Begriff "joy" zusammengefaßt.) Es sind solche Emotionen wie z.B. Freude, Spaß, Glücklichsein, Begeisterung, Liebe u.a.m.. Sie machen aus, wie gut sich das Individuum gewöhnlich fühlt. Positive Affekte unterscheiden sich in der Häufigkeit und Intensität des Auftretens. Nach Diener, Sandvik & Pavot (1991) ist die Häufigkeit von positiven Affekten für das Wohlbefinden entscheidend. Treten sie jedoch sehr intensiv auf, so sind die Kosten höher und können das Wohlbefinden sogar negativ beeinflussen. Als dritte Komponente subjektiven Wohlbefindens wird die Abwesenheit *negativer Affekte* thematisiert. Zu ihnen zählen Angst und Depression, zuweilen auch der Ärger. Diese werden von mir aber in andere Subkonzepte psychischer Gesundheit - siehe oben - eingeordnet.

Das Wohlbefinden wurde als Form psychischer Gesundheit in der Lehrerforschung kaum thematisiert. Es liegen bislang ganz wenige empirische Studien zur Erfassung positiver Emotionen vor (Kessel, 1990; Hofer, 1986; Grimm, 1993). Auf ihrer Grundlage können aber weder Aussagen zur Verbreitung und Qualität des Wohlbefindens bei Lehrern noch zu ihrer Bedeutung für die psychische Gesundheit gemacht werden.

Bewältigungskompetenz

Ausgehend von dem transaktionistischen Coping-Konzept, das vor allem von Lazarus und Mitarbeitern entwickelt worden ist (Lazarus, 1966; Lazarus & Launier, 1981; Lazarus & Folkman, 1984), ist die Fähigkeit zur Bewältigung psychischer Belastungen eine wesentliche Form psychischer Gesundheit. Dabei soll unter "*Bewältigung*" (Coping) die Art und Weise des Reagierens auf psychische Belastungssituationen, die (real oder potentiell) negative Beanspruchungsreaktionen und/oder -folgen - besonders Streß - hervorrufen, verstanden werden.

Die Bewältigungskompetenz wird als Bestimmungsmerkmal psychischer Gesundheit vor allem von Becker & Minsel (1986) hervorgehoben. Die Autoren verstehen nämlich unter seelischer Gesundheit vor allem die Fähigkeit eines Menschen zur Bewältigung externer und interner Anforderungen bzw. zur effizienten Auseinandersetzung mit der Außenwelt sowie mit der "psychischen Innenwelt". Dabei scheint die Bewältigungskompetenz in zweierlei Hinsicht gesundheitsrelevant zu sein. Zum einen ist eine allgemeine oder anforderungsbezogene Bewältigungskompetenz wesentliche Bedingung für Erfolgserlebnisse, positive Rückmeldungen, Arbeitszufriedenheit usw., kurzum für Wohlbefinden. Zum anderen stehen Bewältigungsstrategien insbesondere im signifikanten Zusammenhang mit psychischen Beschwerden (vgl. Folkman et al., 1986).

Bewältigungsprozesse oder -stile sind, wenngleich mehr sporadisch als kontinuierlich, auch in der Lehrertätigkeit erfaßt worden (Kyriacou, 1980a; Dunham, 1984; Dewe, 1985; Brenner, Sörbom & Wallius, 1985; Freeman, 1987; Wilkinson, 1988; Schonfeld, 1990; Borg & Falzon, 1990; Grimm, 1993). Bei ihrer Konzeptualisierung und Diagnostik wurde überwiegend von dem Coping-Konzept von Lazarus & Folkman (1984) ausgegangen. Dabei wurden zwei Hauptkategorien, das direkte problemlösungsorientierte und emotionsorientierte bzw. palliative Coping, zugrunde gelegt. Davon ausgehend erfolgte die Konzeptualisierung verschiedener Copingprozesse. In diesen Untersuchungen wurden vor allem folgende Copingstrategien ermittelt: problemorientiertes, aufgabenbezogenes Verhalten, positives Denken, Ignorieren oder Verdrängen kritischer Situationen, das Suchen sozialer bzw. emotionaler Unterstützung, die Dinge aus der Distanz zu betrachten sowie Abschalten und Entspannen nach der Arbeit (siehe ausführlich Kapitel 5.2.).

Copingstrategien haben unter dem Aspekt der *Effizienz* bei der Bewältigung von Arbeitsbelastungen eine Relevanz für die psychische Gesundheit. Unter Effizienz wird nicht nur die äußere Wirksamkeit einer Bewältigungsaktion oder die Leistung verstanden, sondern sie schließt den psychophysischen Aufwand oder die emotionalen Kosten der Bewältigungsaktionen oder Leistung ein (vgl. Schönpflug, 1985; Perrez & Reicherts, 1992). Beispielsweise hat der Verhaltenstyp A zwar oft Erfolg in der Bewältigung belastender Situationen, aber letztendlich sind dies häufig "Pyrrhussiege", da der Erfolg aufgrund hoher emotionaler Kosten zulasten der Gesundheit geht (siehe ausführlich Kapitel 5). Über die Effizienz von Bewältigungsaktionen bzw. über ihre Auswirkungen auf die Gesundheit liegen im Lehrerberuf keine Untersuchungen vor. Demzufolge können über diese Gesundheitsform bei Lehrern derzeit keine empirisch fundierten Aussagen getroffen werden.

Handlungskompetenz

Da die Handlungstheorie eine wesentliche theoretisch-methodologische Basis darstellt, ist es eine sachlogische Konsequenz, die Handlungskompetenz als Subkonzept herauszuheben. Als *pädagogische Handlungskompetenz* soll allgemein die im beruflichen Sozialisationsprozeß sich heranbildende Fähigkeit des Lehrers zur anforderungs- und motivangemessenen psychischen Regulation von Handlungen in pädagogischen Situationen verstanden werden. Sie bezieht sich auf alle Handlungsphasen, d.h. auf die Planung, die Strategiebildung, die Zielbildung usw. (siehe Kapitel 2.1.). Die pädagogische Handlungskompetenz definiert sich besonders über die Art und Weise sowie den Grad der Erreichung pädagogischer Ziele.

Mit dieser Bestimmung wird über die Bewältigungskompetenz insofern hinausgegangen, als hier auch solche psychischen Regulationsprozesse einbezogen sind, die nicht nur unmittelbar der effizienten Reaktion auf emotional belastende Situationen dienen, sondern das Handeln in der täglichen Arbeit bestimmen.

Die pädagogische Handlungskompetenz läßt sich durch folgende Komponenten beschreiben:
(1) allgemeine kognitive Kompetenz,
(2) soziale Kompetenz,
(3) Problemlösungskompetenz,
(4) emotionale Kompetenz.
Ad (1) Die *kognitive Kompetenz* ist erstens die Fähigkeit, kognitive Abbilder (im Sinne des Operativen Abbildsystems nach Hacker, 1978) hinsichtlich der gestellten Anforderungen und der eigenen Person realitätsangemessen entwickeln zu können. Zweitens ist es die Fähigkeit, Handlungsziele gemäß den tätigkeitsdominierenden Motiven setzen zu können. Drittens ist es die Fähigkeit, ziel- und bedingungsadäquat zu handeln, d.h. Handlungspläne und -programme entwerfen, durchführen und bewerten zu können. Viertens ist es die Fähigkeit, gegebene Rückmeldungen über

Struktur und Effizienz des Handlungsprozesses für die Fortführung der Tätigkeit wahrzunehmen, zu bewerten und zu verarbeiten. Die allgemeine kognitive Kompetenz manifestiert sich besonders in individuellen Handlungsstilen oder eben in der persönlichen Arbeitsweise des Lehrers (vgl. Hacker, 1986).

Ad (2) Die *soziale Kompetenz* bezieht sich auf die Bewältigung sozialer Situationen bzw. Anforderungen. Sie ist im Zusammenhang mit kollektiven Merkmalen zu sehen; d.h., es geht um die Generierung kollektiver Ziele, um den Entwurf kollektiver Handlungspläne und -programme bzw. mindestens um die Berücksichtigung kollektiver Merkmale beim Handlungsentwurf sowie um die kollektive Reflexion von Handlungsprozessen und Rückmeldungen (metakommunikativer Aspekt). Da die Lehrertätigkeit überwiegend sozial-interaktiv ist, ist die soziale Kompetenz von großer Bedeutung.

Ad (3) Bei der *Problemlösungskompetenz* handelt es sich um die Orientierung dargestellter allgemeiner kognitiver Fähigkeiten auf ein Sachproblem, das unabhängig von sozialen Kontexten zu lösen ist. Beim Lehrer sind es besonders die methodischen und didaktischen Fähigkeiten bei der Vermittlung des Unterrichtsstoffes.

Ad (4) Die *emotionale Kompetenz* versteht sich als die Fähigkeit, bei emotionalen Belastungen intrapsychisch regulieren zu können. Es sind vor allem "palliativ" ausgerichtete Regulationen, die als eine charakteristische Bewältigungsform seelisch Gesunder angesehen werden (vgl. Becker, 1985). Hierzu gehören die adäquate Wahrnehmung und Bewertung sowie vor allem die Selbstkontrolle und -regulation eigener affektiver Zustände, z.B. durch die Progressive Muskelentspannung.

Die Tätigkeitskompetenz

Die Tätigkeitskompetenz stellt meines Erachtens die höchste Form der psychischen Gesundheit dar. Darunter verstehe ich die Kompetenz des Individuums, im Rahmen gegebener und möglicher Handlungsfelder solche tätigkeitsbestimmenden Motive zu setzen und zu realisieren, die der optimalen Verwirklichung eigener Fähigkeiten und Fertigkeiten und damit der Persönlichkeitsentwicklung des Individuums dienen. Da Motive vergegenständlichte Bedürfnisse sind, werden mittelbar auch die Bedürfnisse des Individuums befriedigt. Mit der Realisierung individueller Motive erlangt die Tätigkeit einen *persönlichen Sinn*. Wieweit die Tätigkeit einen persönlichen Sinn hat, dies hängt weitgehend davon ab, inwiefern individuelle bedürfnisgeleitete Motive die auszuführende (Arbeits-)Tätigkeit bestimmen. Dies ist besonders der Fall, wenn Motive und Ziele einer Tätigkeit übereinstimmen. Bei Diskrepanzen zwischen ihnen ist der persönliche Sinn der (Arbeits-)Tätigkeit eingeschränkt und negative Beanspruchungsreaktionen oder -folgen können die Folge sein, z.B. Streß, Arbeitsunzufriedenheit oder Burnout (siehe Kapitel 5 bis 7). Auf Grundlage der Tätigkeitskompetenz ist das Individuum in der Lage, nicht nur im Rahmen vorgegebener Tätigkeitsfelder zu wirken, sondern es kann - nach eigenen Bedürfnissen und Motiven - auch neue Tätigkeitsfelder erschließen.

Von der definierten Tätigkeitskompetenz lassen sich Beziehungen zu anderen Konzepten psychischer Gesundheit herstellen. Erstens liegt der Bezug zum Konzept von Maslow (1973) aus der "humanistischen Psychologie" nahe. Gemäß dem hierarchischen Pyramidenmodell werden Bedürfnisse auf mehreren Ebenen unterschieden. Ein hoher Grad der Tätigkeitskompetenz ist dann erreicht, wenn das Selbstverwirklichungsbedürfnis realisiert werden kann. Sollten nur die anderen Bedürfnisse realisiert werden können, d.h. die Bedürfnisse der Geltung bzw. des Selbstwertes, nach sozialer Zugehörigkeit und Liebe, nach Sicherheit und die physiologischen Bedürfnisse, dann ist der persönliche Sinn der Tätigkeit eingeschränkt. In das Konzept der Tätigkeitskompetenz läßt sich auch der sog. Kohärenzsinn, welcher in der Gesundheitstheorie von Antonovsky (1987) eine zentrale Rolle spielt, integrieren. Der Kohärenzsinn ist eine globale Orientierung, die ausdrückt, in welchem Umfang man ein generalisiertes, überdauerndes, jedoch dynamisches Gefühl des Vertrauens besitzt, so daß (1) die Ereignisse in der eigenen inneren und äußeren Umwelt im Lebensverlauf strukturiert, verhersehbar und erklärbar sind; (2) Ressourcen verfügbar sind, um den aus diesen Ereignissen stammenden Anforderungen zu entsprechen und (3) diese Anforderungen herausfordernd sowie eines Einsatzes und Engagements wert sind (vgl. Udris, 1990).

Zur Tätigkeitskompetenz im Lehrerberuf liegt bisher nur eine bemerkenswerte Arbeit vor. Es ist der Versuch einer Beschreibung der Lehrertätigkeit auf tätigkeitstheoretischer Grundlage von Seeger & Bromme (1979). Leider hat dieser Ansatz bislang, vor allem unter dem Gesichtspunkt der psychischen Gesundheit, keine Fortsetzung erfahren.

2.2.3. Zum Gesundheitszustand von Lehrern

Auf der Grundlage empirischer Untersuchungsergebnisse läßt sich zur *psychischen Gesundheit von Lehrern* eindeutig feststellen: Psychische Störungen und Befindensbeeinträchtigungen treten am häufigsten auf. Epidemiologische Studien aus verschiedensten Ländern lassen den Schluß zu, daß darüber international ein Konsens besteht. Anscheinend sind diese Störungen bzw. Beeinträchtigungen bei Lehrern im Vergleich mit anderen Populationen oder Berufsgruppen stärker ausgeprägt. Sie sind durchaus ernst zu nehmen. Wenn man sie lediglich als unbedeutende Produkte oder Artefakte subjektiver Berichte von jammernden, zur Klagsamkeit neigenden Lehrern abqualifiziert, dann kann man diesem realen Phänomen besonders im Hinblick auf die Prävention und Intervention nicht gerecht werden. Sie sind bedeutsam, weil sie einen Einfluß auf den Krankenstand und die vorzeitige Pensionierung von relativ vielen Lehrern - was nicht zuletzt ein gesellschaftlicher Kostenfaktor ist - haben. Sie können darüber hinaus, sind sie anhaltend, auch die Vorläufer psychosomatischer Erkrankungen sein. Daß Lehrer auch hier gefährdet sind, darauf weisen zumindest die Angaben von Müller-Limmroth (1980) hin. Er bemerkt, daß jeder zweite Lehrer bei Berücksichtigung aller Risikofaktoren, denen ein Lehrer im Berufsleben ausgesetzt ist, unter deutlich erhöhtem Herzinfarktrisiko steht. An diesem Tatbestand ändern auch solche - oft polemischen - Berichte nichts, welche auf den besseren somatischen Gesundheitszustand der Lehrer im Vergleich zur Gesamtbevölkerung oder auf die durch kardiovaskuläre Erkrankungen bedingte geringe Lehrermortalität hinweisen (z.B. Medical Tribune, 19.5.1989). Natürlich können Lehrer durch gesundheitsförderliche Lebensstile (weniger Rauchen, wenig Alkohol, gute Ernährungsgewohnheiten usw.) Risikofaktoren in dem Maße kompensieren, daß die Wahrscheinlichkeit des Auftritts kardiovaskulärer Erkrankungen geringer wird. Trotzdem besteht grundsätzlich für Lehrer durch die Berufstätigkeit ein wahr- und ernstzunehmendes Gesundheitsrisiko - besonders dann, wenn ein liberaler, an psychosozialen Maßstäben orientierter Gesundheitsbegriff zugrunde gelegt wird. Bei Zugrundelegung eines derartigen Gesundheitsbegriffes sind die Defizite zu beachten, welche Lehrer in der Bewältigungs-, Handlungs- und Tätigkeitskompetenz aufweisen. In der eingangs zitierten WHO-Konzeption (1985, 7) wird gefordert, daß die Menschen *"ihre physischen, geistigen und emotionalen Fähigkeiten voll zum Einsatz bringen können"*, ihr *"Gesundheitspotential entwickeln und ausnutzen, um ein gesellschaftlich und wirtschaftlich erfülltes Leben zu führen"*. Damit der Lehrer ein gesundes, "erfülltes" Berufsleben führen kann, ist alles zu tun, damit diese Kompetenzen besser entwickelt werden.

2.3. Zusammenfassung

(1) Die psychologische *Tätigkeits- und Handlungstheorie* bildet die Grundlage der Beschreibung und Analyse der Arbeit des Lehrers. Das heißt: Die Lehrertätigkeit ist psychisch reguliert und organisiert. Allgemeine Tätigkeitsmerkmale sind die Gegenständlichkeit und die Zielgerichtetheit.

(2) Psychische Tätigkeits- und Handlungsstrukturen und *Belastung/Beanspruchung* stehen in Wechselwirkung. Einerseits bewirken effiziente Tätigkeits- und Handlungsstrukturen eine geringe Belastung oder Beanspruchung; andererseits nehmen Belastung oder Beanspruchung Einfluß auf die psychische Tätigkeits- und Handlungsstruktur. Handlungsphasen sind Quellen positiver wie negativer Beanspruchungsreaktionen und -folgen.

(3) Zur psychologischen Beschreibung der Lehrertätigkeit eignet sich besonders das *Modell der heterarchisch-sequentiellen Handlungsorganisation*. Es schließt hierarchische und sequentielle Handlungsabläufe ein und ist offen gegenüber äußeren, sich verändernden sozialen und organisationalen Tätigkeitsbedingungen.

(4) Die Lehrertätigkeit ist durch *Motive* bestimmt, die ihren "persönlichen Sinn" ausmachen. Sie ist Mehrfachtätigkeit, aus der sich belastungs- und beanspruchungsrelevante Merkmale ableiten lassen.

(5) Die Lehrertätigkeit stellt, weil sie überwiegend psychisch belastend ist, ein *Modell der psychischen Gesundheit* dar. Deshalb erlangen die Psychoprophylaxe und die Psychohygiene eine besondere Bedeutung.

(6) *Formen psychischer Gesundheit* sind - auf einem Kontinuum dargestellt - die psychischen Störungen, die Befindensbeeinträchtigungen, die Abwesenheit von Befindensbeeinträchtigungen, das Wohlbefinden, die Bewältigungs-, Handlungs- und Tätigkeitskompetenz. Zur ihrer Auftrittshäufigkeit und -intensität im Lehrerberuf werden empirische Untersuchungsergebnisse dargestellt und diskutiert.

(7) Lehrer sind vor allem in der psychischen Gesundheit gefährdet. Diesbezüglich stellen sie eine Risikogruppe dar. Die Auftrittshäufigkeit und -intensität psychischer Gesundheitsstörungen sollte wegen des großen Ausmaßes negativer Folgen ein ernstzunehmendes Warnsignal für die zuständigen Institutionen sein.

Kapitel 3. Eine theoretisch-methodologische Rahmenkonzeption zur Belastungs-Beanspruchungs-Sequenz in der Lehrertätigkeit

Dann hat er die Teile in seiner Hand,
Fehlt leider! nur das geistige Band.
(Goethe, Faust I)

3.1. Einführung

"Streß"untersuchungen - im weitesten Sinne verstanden - haben im Lehrerberuf besonders von Mitte der 70er bis Mitte der 80er Jahre eine Blüte erlebt. Jedoch muß man bei kritischer Betrachtung feststellen, daß sie überwiegend pragmatisch-empirischen Charakter trugen und deshalb selten eine gegenstandsangemessenes theoretisches Konzept, geschweige denn eine geschlossene Theorie als Grundlage aufwiesen. Im Gegenteil: Es dominiert nach wie vor ein Pluralismus, der von der konzeptuellen über die terminologische bis hin zur methodisch-empirischen Ebene reicht. Unter den gewählten Begriffen findet zumeist, besonders im angloamerikanischen Raum, der Terminus "stress" Berücksichtigung. Allerdings wurde auch in der Lehrerforschung "Streß", der Mode folgend, oft als Schirmbegriff für Belastungen und Beanspruchungen jedweder Art verwendet. Dadurch wurde er für eine differenzierte Lehrerbelastungs- und Lehrerbeanspruchungsforschung nahezu inflationär. Nachdem sich der Streßbegriff publizistisch etwas verbraucht hatte, tauchte in den 80er Jahren der Begriff "Burn-out" auf, welcher auch gegenwärtig favorisiert erscheint. Außerdem ist der Begriff Lehrerangst verbreitet, der z.T. als Synonym für Streß verwendet wird.

Die Vielzahl von gewählten Begriffen, welche sich oft inhaltlich eher überschneiden als eigenständige Konzepte repräsentieren, macht deutlich, daß die Lehrerbelastungsforschung bislang aus "Teilen" besteht, denen aber das "geistige Band" fehlt. Es liegen theoretische Ansätze vor, die zu wenig entwickelt sind oder in ihrem Geltungsbereich überinterpretiert werden. In der Konsequenz heißt dies: Es fehlt ein weitgehend geschlossenes Belastungs-Beanspruchungs-Modell, mit dem der schillernde Theorien-, Methoden- und Untersuchungspluralismus überwunden werden kann. Solches Modell sollte Grundlage für ein disziplinäres wie interdisziplinäres Forschungsprogramm sein. Dabei kommt der psychologischen Forschung, weil psychische Prozesse die Nahtstelle sozialer und somatischer Prozesse bilden, eine Schlüsselfunktion zu.

Das von uns entwickelte Rahmenmodell stellt eine theoretisch-methodologische Grundlage für die Belastungs-Beanspruchungs-Forschung im allgemeinen und im besonderen für den Lehrerberuf dar. Es steht, einige Kernaussagen betreffend, in der Tradition folgender Forschungsarbeiten: (1) Die *Belastungs-Beanspruchungs-Sequenz* wurde in der arbeitswissenschaftlichen Forschung vorrangig von der Gruppe um Rohmert thematisiert (Rohmert, 1984). (2) Die *Ausdifferenzierung einiger Beanspruchungszustände* auf *handlungspsychologischer* Grundlage ist vornehmlich das Verdienst der Gruppe um Hacker an der Technischen Universität Dresden (Hacker, 1974; Hacker & Richter, 1984). (3) Was "*stress and coping*" betrifft, so steht die Rahmenkonzeption in der Tradition der Lazarus-Gruppe (Lazarus, 1966; Lazarus & Launier, 1981; Lazarus & Folkman, 1984). (4) Darüber hinaus wurden Anleihen bei weiteren bekannten Forschungsrichtungen, wie z.B. bei der Tätigkeitstheorie von Leontjew (1982) oder beim organisationspsychologischen Konzept von Kahn (1978) gemacht.

Wir verfolgten bei der Entwicklung der theoretischen Rahmenkonzeption für die Belastungs-Beanspruchungs-Analyse Intentionen, die über einige Grenzen eben genannter Ansätze hinausgehen. Es sind im einzelnen:

- Die Belastungs-Beanspruchungs-Sequenz wird keinesfalls als einfache, kausale, zeitlich unmittelbare Reiz-Reaktions-Beziehung angesehen. Sie ist vielmehr ein der Tätigkeit immanentes komplexes Phänomen, bei dem Persönlichkeitsmerkmale eine zentrale Vermittlerrolle spielen, psychosoziale Moderatoren (z.B. soziale Netzwerke) auftreten und die Sequenz als Prozeß mit Feedbacks verstanden wird.
- Durch die tätigkeitstheoretische Fundierung erfahren die Belastung, die Beanspruchungsreaktionen und -folgen sowie die Moderatoren von Belastung und Beanspruchung, besonders das Coping-Konzept, eine erweiterte theoretisch-methodologische Einbettung.
- Die Konzeptualisierung von Beanspruchungsreaktionen bzw. -folgen wird fortgesetzt. Indem objektive und subjektive Belastungen, kognitive und emotionale Phänomene, Kurzzeit- und Langzeitwirkungen, positive und negative Beanspruchungsreaktionen und -folgen, die Handlungskompetenz, die Gesundheits- und Persönlichkeitsentwicklung berücksichtigt werden, ist ein Modell hohen Komplexitäts- und Integrationsgrades angestrebt.
- Durch die Einordnung in ein komplexes Belastungs-Beanspruchungs-Modell können Einzelkonzepte, welche oft als Globalkonstrukte (Streß, Burnout usw.) gebraucht werden, an theoretischer und empirischer Klarheit gewinnen. Sie ermöglicht begriffliche Abgrenzungen, die Herstellung von inhaltlichen Bezügen, die Erklärung von Zusammenhängen u.dgl.m., was insbesondere für die empirische Forschung dringlich nötig ist.

Bei allen genannten Vorzügen bin ich mir auch der Grenzen dieses Rahmenmodells bewußt: Es sind Modellvorstellungen zu einem äußerst komplexen Sachverhalt, zu dem es bislang wenige empirische Untersuchungen gibt. Besonders wenig ist über die Beziehungen zwischen den verschiedenen Beanspruchungsreaktionen, zwischen den Beanspruchungsreaktionen und -folgen, zwischen Beanspruchungsfolgen und deren Beziehungen zur Gesundheit und Persönlichkeitsentwicklung bekannt.

3.2. Rahmenmodell der Belastung und Beanspruchung

Mit folgendem Rahmenmodell wird versucht, die Belastung sowie wesentliche Beanspruchungsreaktionen und -folgen einschließlich möglicher Beziehungen zwischen ihnen darzustellen. Damit wird nicht nur dem konstatierten Defizit in der Lehrerbelastungsforschung Rechnung getragen. Vielmehr ist es ein Beitrag zur Bestimmung von psychischer Belastung und Beanspruchung, zur Beantwortung der Frage nach der Konstitution psychischer Belastung durch Arbeit und der Frage der Auswirkungen und Bewertungen von Belastungen und Beanspruchungen, zur Konzeptualisierung von Beanspruchungsreaktionen und -folgen. Dies sind bisher ungelöste Probleme in der arbeitswissenschaftlichen Forschung (vgl. Mergner, 1989).

Zunächst soll die *Belastung* genauer bestimmt werden (vgl. Abbildung 5): Unter *objektiver* Belastung sind alle diejenigen Faktoren in der (pädagogischen) Tätigkeit zu verstehen, die unabhängig vom Inviduum (Lehrer) existieren und potentiell Beanspruchungen hervorrufen. Damit sind die Arbeitsaufgaben (Bildungs- und Erziehungsaufgaben) und die Bedingungen, unter denen sie erfüllt werden, gemeint. Die objektive Belastung muß folglich als ein wertindifferentes Phänomen, das an sich weder positiv noch negativ ist, betrachtet werden.

Die *subjektive* oder *psychische* Belastung entsteht durch Widerspiegelung der objektiven Belastungsfaktoren. Dabei kann der Prozeß der Widerspiegelung in die (1) Wahrnehmung, (2) Bewertung und (3) kognitive Verarbeitung differenziert werden. Er ist die *notwendige* Bedingung für die psychologische Relevanz der Belastung. Subjektive Belastungen sind überwiegend im Gedächtnis als Erfahrungen gespeichert. Sie sind individuell, wenn einzelne Lehrer, und kollektiv, wenn eine Gruppe von Lehrern bestimmte Belastungen erfahren hat. Die *emotionale* Belastung ist in Analogie zu Bewertungen über objektive Belastungsfaktoren zu sehen und äußert sich in (positiven oder negativen) Befindlichkeiten (Munipow et al., 1980; Hofer, 1986). Der Bewertung liegt stets der Vergleich von Bedürfnissen oder Motiven und deren wahrgenommenen bzw. antizipierten Realisierungsmöglichkeiten zugrunde. Art und Größe der Diskrepanz zwischen ihnen bestimmt letztendlich die Qualität der emotionalen Belastung. Je stärker beim Subjekt das Bedürfnis oder das Motiv ausgeprägt ist, in dessen Kontext der Belastungsfaktor steht, desto bedeutsamer wird dieser erlebt. Dafür ein *Beispiel*: Für den Lehrer stellt der Lärm in der Schule eine emotionale Belastung dar, weil durch ihn wesentliche Bedürfnisse nicht befriedigt werden können, z.B. das Bedürfnis nach Wohlbefinden im Berufsleben.

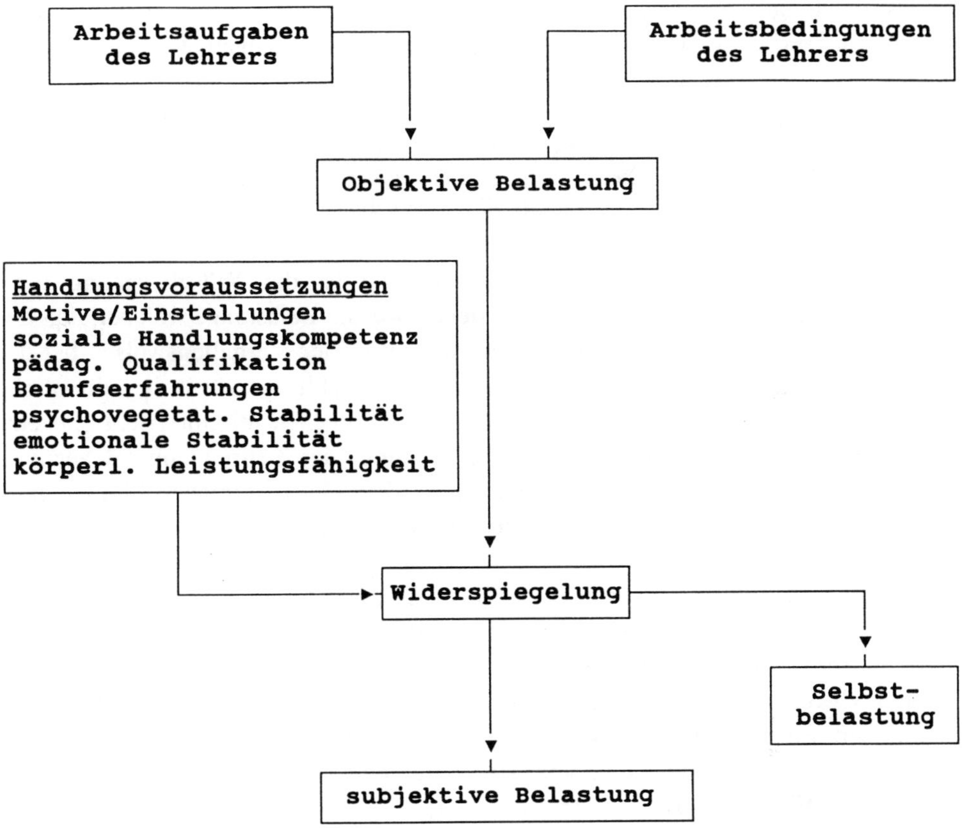

Abbildung 5: Objektive und subjektive Belastung

Als *kognitive* Belastung ist die Inanspruchnahme kognitiver Leistungs- oder Handlungsvoraussetzungen zur Bewältigung geistiger Anforderungen zu verstehen. Demgemäß wird eine Person bei solchen Tätigkeiten kognitiv belastet, die eine Umsetzung von Eingangs- in Ausgangsinformationen sowie das Erzeugen neuer Informationen erforderlich machen. Ihr Ausmaß hängt von zwei Faktoren ab: (1) der Anzahl der geistigen Operationen, die für ein Handlungsergebnis ausgeführt werden müssen, und (2) der Anzahl der Handlungsergebnisse, die je Zeiteinheit zu erbringen sind. Sie machen die Schwierigkeit einer Arbeitsaufgabe aus, die als Hauptkriterium für die kognitive Belastung anzusehen ist. Aufgaben der Unterrichtsplanung, -durchführung und -auswertung usw. stellen für den Lehrer eine kognitive Belastung dar, weil zu ihrer Erfüllung Wahrnehmungs-, Aufmerksamkeits-, Konzentrations-, Denk- und Reaktionsleistungen gefordert sind. Durch kognitive Prozesse erfahren Belastungsfaktoren eine subjektive Bewertung und somit positive oder negative Akzente.

Im gleichen Sinne ist auch Hamlet (Aufzug II, Szene 2) zu verstehen, wenn er spricht: *"...an sich ist alles weder gut noch böse, das Denken macht es erst dazu"* (Shakespeare 1962, 43). Hier ist es Hamlet, der im Dialog mit Rosenkranz Dänemark als Gefängnis (gleich subjektive Belastung) ansieht. Interessant ist in dieser Szene auch der Bezug zum Bedürfnis bzw. Motiv; denn Rosenkranz bemerkt: *"Nun, so macht es Euer Ehrgeiz dazu; es (Dänemark - B.R.) ist zu eng für Euren Geist."*

Ein besonderer Aspekt der subjektiven Belastung ist die *Selbst*belastung (vgl. Schönwälder, 1983b, 1990). Darunter verstehen wir die Belastung, welcher sich der Lehrer aufgrund oft verfestigter und sogar automatisierter Verhaltensweisen bei der Erfüllung von Arbeitsaufgaben selbst aussetzt. Dazu zählt vor allem die stimmliche bzw. nervale Belastung, welche durch anhaltendes Sprechen im Unterricht entsteht. Ferner können das Unterrichten ohne Vorbereitung, das Lehren von Fächern, in denen nur bedingt eine persönliche Kompetenz vorliegt, der Gesprächsstil im Umgang mit schwierigen Schülern usw. die Selbstbelastung beeinflussen.

Körperliche und insbesondere psychische *Handlungsvoraussetzungen* haben auf den Prozeß und das Ergebnis der Widerspiegelung wesentlichen Einfluß. Dabei verstehen wir psychische Handlungsvoraussetzungen nicht nur als Kompetenzen, sondern sie umfassen als relativ überdauernde Merkmale auf das Selbst und die Umwelt bezogene Kognitionen, Emotionen und Motive. Unter den allgemeinen Handlungsvoraussetzungen sind bei der Widerspiegelung von besonderer Bedeutung:

- Motive und Einstellungen zur Berufstätigkeit,
- die soziale Handlungskompetenz,
- die pädagogische Qualifikation,
- die Berufserfahrungen,
- die psychovegetative Stabilität,
- die körperliche Leistungsfähigkeit.

Die Lehrertätigkeit zählt zu den vorwiegend *psychisch* belastenden Berufstätigkeiten. Darunter werden solche Tätigkeiten verstanden, welche der Aufnahme, Verarbeitung einschließlich Erzeugung und Vermittlung von Informationen im Gegensatz zum Aufbringen von muskulärer Kraft zur Ausführung von Bewegungen oder von Haltearbeit dienen. Dabei ist die Lehrertätigkeit kognitiv wie emotional belastend. Es liegt auf der Hand, daß die psychische Belastung in Abhängigkeit von der Art der Widerspiegelung (Wahrnehmung, Bewertung, Verarbeitung) objektiver Anforderungen oder

Belastungen von Individuum zu Individuum sehr variieren kann. Sie nimmt dementsprechend in der Arbeitstätigkeit Einfluß auf Beanspruchungsreaktionen und -folgen.

Beanspruchung, Beanspruchungsreaktionen und -folgen

Im folgenden werden die Beanspruchung, im besonderen positive und negative Beanspruchungsreaktionen und -folgen konzeptualisiert (vgl. Abbildung 6):

Im Vollzug der Arbeitstätigkeit tritt die *Beanspruchung* als notwendiges psychophysisches Phänomen auf. Sie wird verstanden als die zeitlich unmittelbare Konfrontation der psychischen und physischen Handlungsvorausetzungen des Individuums mit den Tätigkeitsanforderungen. Sie ist ein Vorgang, der mit jeder gegenüber dem Schlaf erhöhten psychischen Aktivität einhergeht (vgl. Bartenwerfer, 1970). Sie äußert sich in meßbaren Reaktionsbereichen bzw. Reaktionen. Es sind im wesentlichen (a) die psychische Anspannung und (b) somatische Veränderungen in verschiedenen Organen bzw. Organsystemen (Gehirn, Herz-Kreislauf-System, Hormonsystem, Immunsystem u.a.m.). Durch die Arbeitstätigkeit bzw. bei Übernahme der Arbeitsaufgabe(n) kommt es zur *"reaktiven Anspannungssteigerung"*. Die psychische Anspannung wird als *"Intensität der Zuwendung zu beliebigen inneren oder äußeren Beobachtungsgegenständen"* beschrieben (Bartenwerfer, 1960, 232). Sie läßt sich über die subjektiv erlebte Anstrengung bestimmen.

Infolge anhaltender Arbeitstätigkeit treten nun Beanspruchungsreaktionen und -folgen auf. Als *Beanspruchungsreaktionen* werden kurzfristig auftretende, reversible psychophysische Phänomene verstanden; *Beanspruchungsfolgen* sind hingegen überdauernde, chronische und bedingt reversible psychophysische Phänomene. Nach Leontjew (1982) können Beanspruchungsreaktionen im Kontext der *Handlung*, also zielbezogen, und Beanspruchungsfolgen im Kontext der *Tätigkeit*, also motivbezogen, aufgefaßt werden. Grundsätzlich werden *positive und negative Beanspruchungsreaktionen und -folgen* unterschieden. Sie sind *positiv*, wenn sie zu einer Verbesserung psychophysischer Regulationen oder psychophysischer Handlungsvoraussetzungen führen; sie sind *negativ*, falls sie eine Destabilisierung psychophysischer Regulationen bzw. eine Minderung psychophysischer Handlungsvoraussetzungen hervorrufen.

Es sei darauf hingewiesen, daß die negativen Beanspruchungsphänomene als solche bezeichnet werden, weil sie zu Destabilisierungen führen. Besonders die negativen Beanspruchungsreaktionen weisen aber auch positive Momente auf: Erstens können sie biologische (Früh-)Warnsignale darstellen, die vor einer Überbeanspruchung des Organismus schützen sollen. Zweitens initiieren sie Adaptations- und Bewältigungsversuche, die Lernprozesse implizieren.

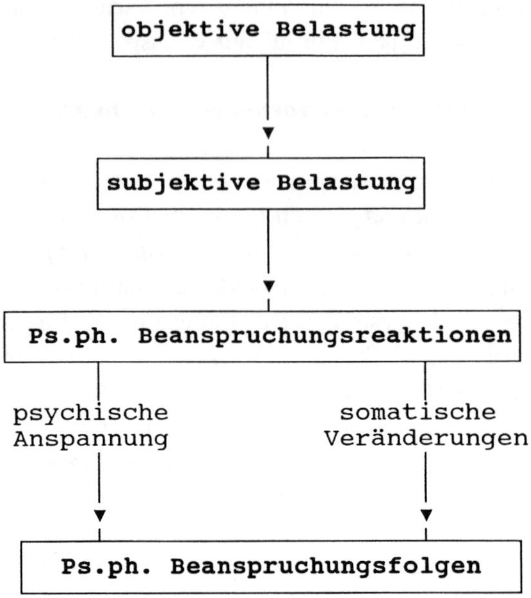

Abbildung 6: Beanspruchung, Beanspruchungsreaktionen und -folgen

Als *positive Beanspruchungsreaktionen* sollen die *(kognitive) Aktivität* und das *Wohlbefinden* hervorgehoben werden (vgl. Abbildung 7). Leistungsfördernd ist vor allem ein mittleres Aktivierungsniveau. Das Wohlbefinden stellt ein mehrdimensionales Konzept dar, worunter sich positive Stimmungen oder Befindlichkeiten wie Freude, Zufriedenheit, gehobene Stimmung, Ruhe, Gelassenheit, Ausgeglichenheit, gute Laune u.dgl.m. subsumieren lassen (siehe ausführlich Kapitel 2.2.). Es ist das Ergebnis positiver Bewertung von Belastungen in der Arbeitstätigkeit und steht mit anforderungsadäquater geistiger Aktivität in Wechselwirkung. So erhöht Wohlbefinden z.B. die Intensität und Effektivität von Lernprozessen. (*"Was man mit Liebe tut, dies geht nochmal so gut."*) Besonders in den letzten Jahren wurde untersucht, wie sich die Befindlichkeit auf das Problemlösen auswirkt (Sembill, 1992).

Unter den positiven Beanspruchungsfolgen sind die Ergebnisse kognitiver Aktivität (im weitesten Sinne) zu nennen. Erworbene Handlungsmuster oder -strategien, das erworbene Wissen und übriges lassen sich in das Konzept des *"operativen Abbildsystems"* einordnen (vgl. Hacker, 1986). Generell bewirkt eine belastungsangemessene kognitive Aktivität die *Erweiterung des operativen Abbildsystems*. Anhaltendes Wohlbefinden führt zu *emotionaler Stabilität*. Hierbei spielt die Arbeitszufriedenheit eine wesentliche Rolle.

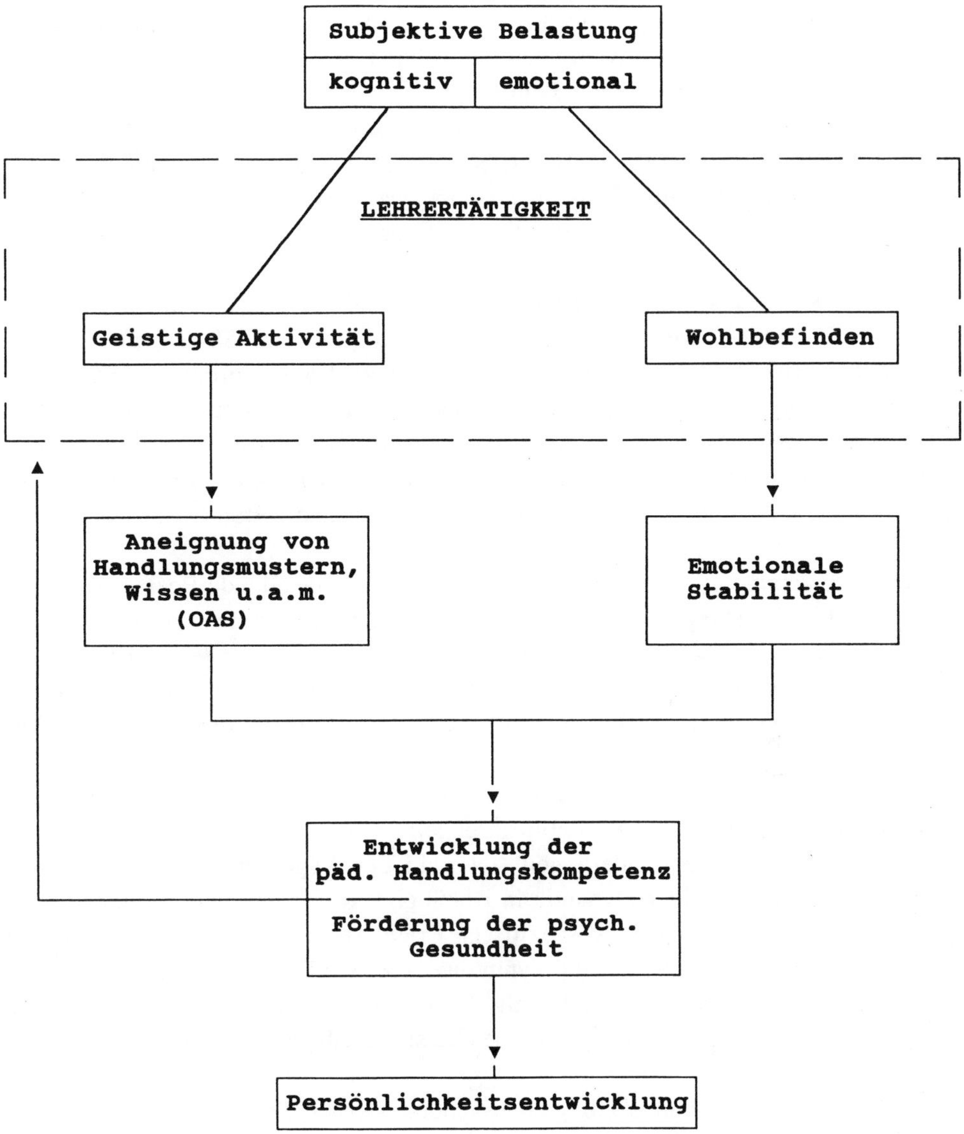

Abbildung 7: Positive Beanspruchungsreaktionen und -folgen

Das operative Abbildsystem und die emotionale Stabilität stellen entscheidende Bedingungen der *pädagogischen Handlungskompetenz* dar. Diese ist sodann eine wesentliche Bedingung der *psychischen und psychosomatischen Gesundheit* (siehe Kapitel 2.2.). Gesundheit und Handlungskompetenz sind wiederum Grundbedingungen für eine günstige *Persönlichkeitsentwicklung* des Lehrers. Da sich die Persönlichkeitsentwicklung des erwachsenen Menschen weitgehend in der Auseinandersetzung mit der Arbeitstätigkeit vollzieht, zählen Belastungen bzw. Beanspruchungsfolgen zu ihren Bedingungen. Denn unter anderem in Abhängigkeit davon, wie der Lehrer mit "seinen" Belastungen im gesamtem Berufsleben umgeht, erfolgt seine Persönlichkeitsentwicklung. Gesundheit und Handlungskompetenz wirken positiv zurück auf das Niveau der geistigen Aktivität und des Wohlbefindens usw.usf..

Zu den *negativen* Beanspruchungsreaktionen (siehe Abbildung 8) zählen wir vor allem psychische Ermüdung, Monotonie, psychische Sättigung und Streß (vgl. Hacker, 1974; Plath & Richter, 1978; Hacker & Richter, 1984). Dabei werden die psychische Ermüdung und der ermüdungsähnlichen Zustand Monotonie als vorwiegend kognitive Beanspruchungsreaktionen infolge von Über- bzw. Unterforderung und die Sättigung infolge Frustration und der Streß als vorwiegend emotionale Beanspruchungsreaktionen betrachtet. Die Angst soll als spezifischer Streßzustand gelten (siehe ausführlich Kapitel 5).

Psychische Ermüdung wird als eine kurz oder länger anhaltende Beeinträchtigung der psychischen Leistungsfähigkeit verstanden. Sie ist abzugrenzen von der physischen Ermüdung, die durch vorwiegend körperliche Belastung entsteht. Die Erscheinungsweise der psychischen Ermüdung ist vielgestaltig. Als wesentliche Phänomene sind folgende zu nennen (vgl. Bartenwerfer, 1970; Hacker & Richter, 1984; Schmidtke, 1965):

- Es treten Minderungen der psychischen und physischen Leistungsfähigkeit bzw. Herabsetzungen des Niveaus und Labilisierungen der psychischen Handlungsregulation auf. Diese Leistungsminderungen treten in der Regel nicht sprunghaft auf, sondern sie unterliegen einer Dynamik in Abhängigkeit von der (Arbeits-)Zeit.
- Die psychische Ermüdung weist spezifische Erlebenssymptome und entsprechende physiologische Korrelate auf. Es sind Symptome, die sich durch Adjektive wie müde, matt, schlapp, geschwächt, "fix und fertig", abgespannt, erschöpft u.dgl.m., welche eine erlebte Minderung der psychophysischen Leistungsfähigkeit anzeigen, beschreiben lassen.
- Zur Restitution ermüdungsbedingter psychophysischer Destabilisierungserscheinungen ist ein zeitaufwendiger Erholungsprozeß erforderlich.
- Das Müdigkeits*gefühl* ist nicht stets mit der arbeitsbedingten Ermüdung zu identifizieren. Es kann ein Indikator dieser Ermüdung sein; es kann aber ebenso Ausdruck

einer Monotonie, einer Antriebsschwäche, einer depressiven Verstimmung, eines Alkohol- und Medikamentemißbrauchs u.a.m. sein.

- Es lassen sich zwei qualitativ besondere Formen psychischer Ermüdung unterscheiden: die Erschöpfung und die chronische Ermüdung bzw. Übermüdung. Diese können bei bestimmter Ausprägung auch als Komponenten von Burnout angesehen werden.
- Wesentliche ermüdungsbeeinflussende Persönlichkeitsmerkmale sind die Leistungsmotivation einschließlich der psychischen Anspannung und die psychophysische Konstitution.
- Als ermüdungsbeeinflussende Tätigkeitsmerkmale sind die Arbeitsdauer, die Arbeitsintensität und die Aufgabenschwierigkeit von besonderer Bedeutung.

Monotonie wird als ein langsam entstehender Zustand herabgesetzter psychophysischer Aktiviertheit verstanden, der in reizarmen Situationen bei länger dauernden kognitiven Tätigkeiten repetitiver Art auftreten kann (Gubser, 1968; Martin et al., 1980). Es ist eine "Überforderung durch Unterforderung". Als Indikatoren kommen Schläfrigkeit oder "Dösen", Müdigkeit, Leistungsabnahme und -schwankung, Verminderung der Umstellungs- und Reaktionsfähigkeit sowie die Zunahme der Herzschlagarrhythmie in Frage. Im Gegensatz zur psychischen Ermüdung, für deren Kompensation ein Erholungsprozeß notwendig ist, genügt zur Aufhebung der Monotonie oft ein Wechsel zu einer interessanten Tätigkeit.

Als *psychische Sättigung* wird ein Zustand der nervös-unruhevollen, affektbetonten Ablehnung sich wiederholender Tätigkeiten oder Situationen bezeichnet, bei welchen das Erleben des "Auf-der-Stelle-Tretens", des "Nicht-weiter-Kommens" besteht. Weitere Symptome sind Ärgerlichkeit, Unlust, Leistungsabfall und/oder Müdigkeitsempfinden (Karsten, 1928; Hacker & Richter, 1984). Sie unterscheidet sich vom Monotoniezustand durch eine nicht abgesunkene oder sogar gesteigerte Aktivierung mit negativer Erlebnisqualität. Sie kann nicht nur bei einförmigen, repetitiven Tätigkeiten entstehen, sondern auch bei solchen mit abwechslungsreich erscheinenden Anforderungen.

Unter *Streß* wird ein Zustand erhöhter psychophysischer Aktiviertheit, der besonders durch das Erleben einer Gefährdung oder gar Bedrohung hervorgerufen wird und mit negativen Emotionen (Angst, Ärger usw.) verbunden ist, verstanden. Im weiteren Sinne ist Streß als Prozeß zu verstehen (siehe ausführlich Kapitel 5).

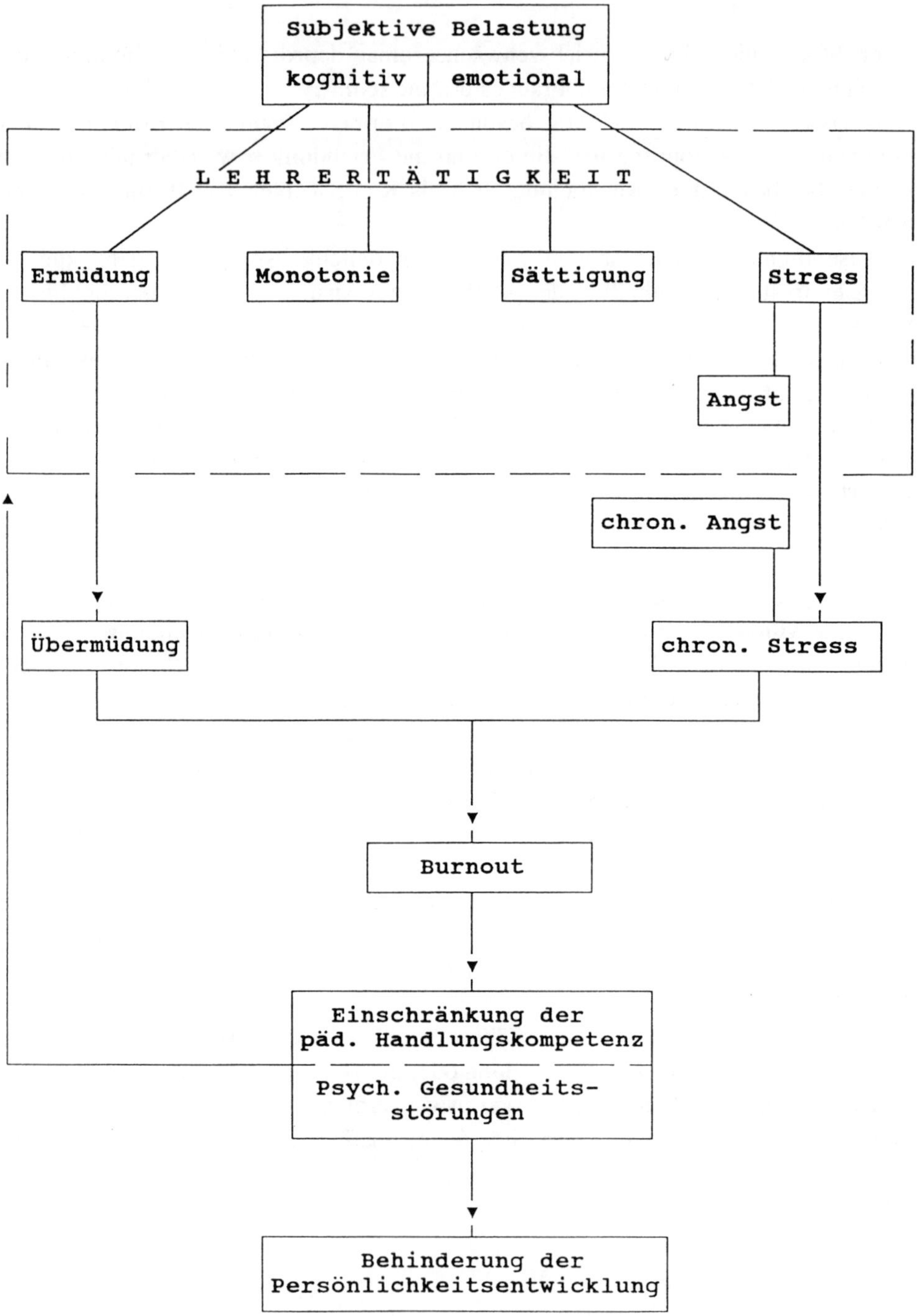

Abbildung 8: Negative Beanspruchungsreaktionen und -folgen

Wird die psychische Ermüdung durch Erholungsprozesse nicht kompensiert, so kann *psychische Übermüdung* eintreten. Wenn der Streß bzw. die streßinduzierende Belastung (Stressor) nicht bewältigt wird, dann kann *chronischer Streß*, worunter auch die *chronische Angst* subsumiert ist, die Folge sein. Übermüdung und/oder chronischer Streß können, falls sie nicht abgebaut werden können, zum *Burnout* führen, wobei ihre Anteile an der Burnoutgenese unterschiedlich groß sind (siehe ausführlich Kapitel 6).

Die negativen Beanspruchungsfolgen "Übermüdung", "chronischer Streß" und "Burnout" können zu einer *Einschränkung der pädagogischen Handlungskompetenz führen*, die sich in Störungen im Handlungsprozeß, d.h. in der Ausarbeitung von 0Handlungsplänen, in der Zielbildung, in der Verarbeitung von Rückmeldungen etc. zeigt. Die Beeinträchtigung der Handlungskompetenz wird zugleich als wesentliche Bedingung *psychischer bzw. psychosomatischer Gesundheitsstörungen* angesehen. Derartige Störungen können schließlich als Grundbedingung einer *Behinderung der Persönlichkeitsentwicklung* aufgefaßt werden. Die defizitäre Handlungskompetenz bzw. die psychischen Gesundheitsstörungen können rückwirkend zur Verstärkung negativer Beanspruchungsreaktionen usw.usf. führen.

Alle skizzierten Beanspruchungsreaktionen und -folgen, besonders das Wohlbefinden, die Ermüdung, der Streß und Burnout, lassen sich wie folgt allgemein kennzeichnen:

- Es sind im engeren Sinne psychophysische Reaktionsmuster, die bei arbeitsbedingten psychischen Belastungen auftreten. Sie weisen in der Phänomenologie Erlebens- bzw. Befindens-, Verhaltens- bzw. Leistungs- und physiologische sowie endokrine Merkmale auf.
- Sie sind Interaktionsphänomene. Das heißt: Sie entstehen in der Wechselwirkung von Persönlichkeits- und Umweltmerkmalen. Zu den Umweltmerkmalen zählen besonders Arbeitstätigkeits- und Arbeitsorganisations- einschließlich sozialer Merkmale.
- Durch sie erfolgt eine Veränderung psychophysischer Regulationssysteme. Während positive Beanspruchungsreaktionen und -folgen zu einer Stabilisierung der Regulationssysteme führen, sind hingegen negative destabilisierend. Die Veränderungen treten zuerst in den ontogenetisch jüngsten, kompliziertesten Teilsystemen des Organismus auf, d.h. in den kognitiven Tätigkeitsstrukturen.
- Bei ihnen treten Aktivierungsveränderungen auf. Während bei den positiven eine anforderungsadäquate Aktivierung erreicht wird, ist diese bei den negativen anforderungsinadäquat (zu hoch oder zu niedrig). Die Aktivierungsveränderungen sind der "psychophysische Aufwand" (Rudow, 1980) oder die "Kosten" (Schönpflug, 1985) einer Arbeitstätigkeit.
- Demgemäß stellen multivariate Aktivierungskonzepte eine wesentliche theoretische Grundlage ihrer Beschreibung und Erklärung dar (Fahrenberg et al., 1979; Hacker & Richter, 1984).
- Sie sind prinzipiell zeitbegrenzt, also reversibel. Während die Reaktionen relativ schnell zurückgehen, bedarf es zum Rückgang von Symptomen des chronischen Streß, der Übermüdung und besonders des Burnout oft pädagogischer, psychologischer und/oder klinischer Interventionsmaßnahmen (siehe ausführlich Kapitel 8). Die Reversibilität ist eng an Erholungsvorgänge gebunden (Rudow, 1994).
- Sie sind durch kognitive, emotionale und physiologische Anpassungs- bzw. Bewältigungsvorgängen bestimmt. Einerseits hängt ihre Qualität und Ausprägung von der Motiv- und Anforderungsangemessenheit bzw. Effektivität derartiger Vorgänge ab; andererseits rufen sie diese Vor-

gänge hervor, um stabilisiert (bei Wohlbefinden) oder kompensiert (bei Ermüdung, Streß und Burnout) zu werden.
- Sie weisen einen engen Bezug zur psychischen Gesundheit vs. Krankheit und zur Handlungskompetenz und darüber hinaus zur Persönlichkeitsentwicklung des Individuums auf.
- Wohlbefinden vs. Streß, Ermüdung und Burnout sind - je nach Ausprägung - Merkmale psychischer Gesundheit vs. Krankheit oder zumindest Bedingungen und Anzeichen bei der Herausbildung psychischer und psychosomatischer Gesundheitsstörungen und Erkrankungen.

Es ist deutlich geworden, daß sich die Forschung nicht nur auf einzelne Konzepte wie Ermüdung, Streß oder Burnout - wie es in der Vergangenheit und z.T. auch gegenwärtig noch der Fall ist - beschränken kann. Belastung bzw. Beanspruchung ist zudem im Kontext psychischer Gesundheit(sstörungen) und der Persönlichkeitsentwicklung des Individuums zu untersuchen.

Damit erlangt diese Thematik eine multi- und interdisziplinäre Relevanz, indem sie nicht nur für die Arbeitswissenschaften einschließlich der Arbeitspsychologie, für welche die Belastung bzw. Beanspruchung ein klassisches Forschungsfeld ist, sondern auch für die Pädagogische Psychologie, Entwicklungspsychologie, Gesundheitspsychologie, Gerontologie, Arbeitspädagogik u.a.m. zunehmend interessanter wird.

Es ist ferner transparent geworden, daß das Belastungs-Beanspruchungs-Modell nur mehrdimensional zu verstehen ist. Es ist weder nur einem naturwissenschaftlichen Reiz-Reaktions-Modell verpflichtet, noch kann von einem univariaten Aktivierungskonzept ausgegangen werden. Psychosoziale Faktoren gewinnen bei der Bestimmung von Belastungsfaktoren, bei der Erklärung von Beanspruchungsphänomenen, bei der Belastungs-Beanspruchungs-Sequenz usw. immer mehr an Bedeutung. Im Lehrerberuf haben sie eine zentrale Stellung.

Schließlich sei hervorgehoben, daß Belastungs- und Beanspruchungsphänomene keinesfalls nur negativ zu bewerten sind, sondern auch positive Aspekte aufweisen. Darauf möchte ich besonders bei der Lehrertätigkeit hinweisen; denn auch hier erfahren positive Beanspruchungsreaktionen und -folgen bislang wenig Beachtung. Durch die Tatsache, daß die Lehrerbelastungsforschung oft auf "Streß", "Angst" oder "Burnout" generalisiert oder reduziert wird, erhält diese Forschung häufig a priori eine negativ akzentuierte Dramatisierung, die keinesfalls dem realen Lehrererleben entspricht (vgl. Rheinberg & Minsel, 1986). Dabei wird oft übersehen, daß in der Lehrertätigkeit ebenso positive Beanspruchungsphänomene wie Freude, Spaß, Zufriedenheit u.dgl.m., kurzum Wohlbefinden, zu verzeichnen sind.

Es lassen sich aus dem Rahmenmodell der Belastungs-Beanspruchungs-Sequenz folgende Grundaspekte ableiten:

1. der *Determination*saspekt, indem die psychische Belastung durch objektive und subjektive Einflußfaktoren bestimmt wird,
2. der *Qualität*saspekt, indem positive und negative Beanspruchungswirkungen unterschieden werden,

3. der *Zeit*aspekt, indem nach Dauer des Auftritts zwischen Beanspruchungsreaktionen und -folgen unterschieden wird,
4. der *Wirkungs*aspekt, indem der Einfluß von Beanspruchungsreaktionen und -folgen auf die Leistung(sfähigkeit), die Gesundheit vs. Krankheit und auf die Persönlichkeitsentwicklung vs. -behinderung hervorgehoben wird.

3.3. Analyse von Beanspruchungsreaktionen und -folgen in der Lehrertätigkeit

Zur Beanspruchungsanalyse, -messung oder -indikation kommt der nunmehr schon fast klassische *Drei-Ebenen*-Ansatz in Frage. Das heißt: Die Analyse kann anhand von
- physiologischen bzw. biochemischen Aktivierungssparametern,
- Tätigkeitsvollzugs- bzw. Leistungsmerkmalen,
- Erlebens- bzw. Befindensvariablen

erfolgen (vgl. Frankenhäuser, 1969; Greif et al., 1991; Schönpflug, 1987). Auf diesem methodischen Grundansatz aufbauend soll eine der Theorie der psychischen Handlungsregulation verbundene psychologische (incl. psychophysiologische) Beanspruchungsanalyse stattfinden. Dabei werden die Indikatoren vorrangig in ihrer handlungsregulatorischen Bedeutung aufgefaßt (siehe Tabelle 3).

Der kognitiven Handlungsregulation (Planungs- und Zielbildungsverhalten, Wahrnehmungsstile, Konzentrationsleistungen, Bewertungs- und Bewältigungsprozesse usw.) kommt eine Priorität zu; entscheidet sie doch wesentlich über Qualität und Effizienz der Arbeitstätigkeit. Darüber hinaus haben das Belastungserleben einschließlich seiner spezifischen Auswirkungen (Streß, Ermüdung usw.) und die physiologische Aktivierung einen Bezug zur psychischen Handlungsregulation. Sie sind nicht nur Begleit- oder Epiphänomene, sondern wesentliche Bedingungen im Handeln des Menschen. Im Belastungserleben werden komplexe psychophysische Handlungsstrukturen manifest; physiologische Aktivierungsveränderungen können sowohl Folge als auch Ursache von psychischen Handlungsregulationsprozessen sein.

Welche Analyseebenen bzw. Indikatoren eignen sich besonders für die Erfassung von Beanspruchungsreaktionen und -folgen in der Lehrertätigkeit?

Der *physiologischen* Messung von Beanspruchungsreaktionen in der Lehrertätigkeit dienen oft Parameter des Herz-Kreislauf-Systems. Es sind vor allem die Puls- oder *Herzschlagfrequenz (HSF)* und der *Blutdruck (RR)*. Beide Parameter haben sich in zahlreichen Untersuchungen als bewährte Indikatoren von "Streß", "Ermüdung" u.dgl.m. erwiesen. Ihr Vorzug besteht darin, daß sie in Labor- und Felduntersuchungen methodisch relativ leicht erfaßbar sind. Deshalb haben sie in Untersuchungen zur Lehrerbeanspruchung häufig Anwendung gefunden (vgl. zusammenfassend

Rudow, 1990b). Diese "harten" Parameter werden neben ihrer Praktikabilität auch bevorzugt, weil sie reliabel erfaßt werden können. Ein wesentliches Problem ist allerdings ihre nomologische Validität (Sprung & Sprung, 1984). Von einem multivariaten Aktivierungs- bzw. Beanspruchungskonzept ausgehend, ist bei entsprechenden Messungen zu fragen, wofür die erfaßten Parameter valide sind. Es reicht keinesfalls aus, sie global als Streß- oder Ermüdungsindikator auszuweisen. Es ist also ihre Validität zu prüfen. Dies kann erfolgen, indem (a) weitere Parameter der Herz-Kreislauf-Funktion (z.B. die Herzfrequenzvariabilität oder sog. Sinusarrhythmie) und (b) Variablen aus anderen Indikationsbereichen hinzugezogen werden. Ein weiteres Validitätsproblem besteht darin, daß Pulsfrequenz und Blutdruck keine "reinen" Indikatoren psychischer Beanspruchung sind. Da die Lehrertätigkeit auch körperlich belastend ist, wird mit ihnen auch ein Anteil physischer Beanspruchung erfaßt. Deshalb ist bei der Dateninterpretation zu beachten, wie groß der Varianzanteil der physischen im Verhältnis zur psychischen Beanspruchung ist.

Eine große Bedeutung haben als *biochemische Aktivierungsindikatoren* die *Katecholamine* Adrenalin und Noradrenalin. Sie sind praktikable Parameter, da sich die Ausschüttung dieser Hormone zuverlässig und recht unkompliziert erfassen läßt (Frankenhäuser, 1969). Die quantitative Analyse eines ihrer Abbauprodukte, der Vanillinmandelsäure, wird als die gegenwärtig zuverlässigste Nachweismethode von Streßreaktionen empfohlen. Deshalb wurde sie auch zur Beanspruchungsanalyse bei Lehrern relativ häufig eingesetzt (vgl. zusammenfassend Rudow, 1990b). Bei der Katecholaminmessung stellt sich aber die Frage, wie spezifisch Adrenalin und Noradrenalin oder deren Abbauprodukte (Vanillinmandelsäure) bei der Messung verschiedenartiger Beanspruchungsreaktionen sind. Bisherige Befunde lassen den Schluß zu, daß die Adrenalinausscheidung eher Indikator einer allgemeinen Aktivierung und nicht spezifisch für Streß oder Ermüdung ist; denn auch positive emotionale Zustände können Adrenalinreaktionen hervorrufen. Katecholaminreaktionen zeigen eher die Intensität und weniger die Qualität von Emotionen an. Ferner sind sie von anderen Einflußfaktoren abhängig, z.B. von der Tagesrhythmik, von der Muskelaktivität bzw. der Körperhaltung, von dem Genuß von Alkohol und Koffein, vom Körpergewicht. Derartige Faktoren spielen ebenfalls in der Lehrertätigkeit eine Rolle.

Elektrophysiologische Beanspruchungsindikatoren (EEG, EMG, PGR usw.) fanden bislang in der Lehrerforschung keine Anwendung, da sie bei Felduntersuchungen sehr große methodische und technische Probleme aufwerfen.

(Psycho-)Physiologische Parameter eignen sich besonders zur Messung von kurzzeitig auftretenden Beanspruchungsreaktionen, d.h. über eine Unterrichtsstunde oder einen Unterrichtstag hinweg. Für die Erfassung solcher Phänomene werden sie auch angewandt (siehe ausführlich Kapitel 5).

Zur Indikation von Beanspruchungsreaktionen sind ferner *kognitive Handlungsregulationsprozesse*, die sich in *Tätigkeitsvollzugs- oder Leistungsmerkmalen* äußern, zu beachten. Dabei werden nach Hacker (1978) Prozesse der intellektuellen, der perzeptiv-begrifflichen und sensumotorischen Regulation. Zur intellektuellen Regulation zählen die Wahrnehmung und Bewertung von Arbeitsaufgaben und -bedingungen, das Planungs- und Zielbildungsverhalten, die Bildung kognitiver Strategien, die Interpretation von Handlungsergebnissen u.dgl.m.. Zur perzeptiv-begrifflichen Ebene gehören alle Prozesse der Informationsaufnahme, d.h. Aufmerksamkeitsleistungen, die Wahrnehmungsgeschwindigkeit und -genauigkeit, das periphere Sehen u.a.m.. Sensumotorische Leistungen sind solche wie z.B. das Schreiben an der Tafel oder das Vorführen einer Übung im Sportunterricht oder das Dirigieren im Musikunterricht. Verbesserungen solcher Leistungen sind positive positive Beanspruchungsreaktionen et vice versa. Beim Lehrer zeigen sich kognitive Leistungsstörungen in Verminderungen der Daueraufmerksamkeit und Konzentration im Unterricht, in Denkstörungen bei der Analyse und Verarbeitung des Unterrichtsstoffes, in Störungen des Planungs- und Zielbildungsverhaltens, des Entscheidungsverhaltens und besonders in Sprechstörungen. Sie können im Extrem zum Zerfall der kognitiven Handlungsstruktur führen. Dies bedeutet, daß der Lehrer, weil er "fix und fertig" ist, zu nichts mehr in der Lage ist.

Leistungsmerkmale oder Merkmale der kognitiven Handlungsregulation sollten, wenn sie als spezifische Indikatoren von psychischer Ermüdung, Streß usw. benutzt werden, besonders in ihrem Verlauf analysiert werden. Sie weisen beispielsweise bei psychischer Ermüdung oder Streß charakteristische Verläufe auf. Während bei zunehmender psychischer Ermüdung Leistungsveränderungen in bestimmten Stufen, von der vollen Kompensation bis hin zu anhaltend verminderter Effektivität und funktionellen Störungen zu verzeichnen sind, treten diese bei Streß relativ kurzzeitig oder sogar abrupt auf (vgl. Hacker & Richter, 1984).

Die Nutzung von Vollzugs- oder Leistungsmerkmalen der Lehrertätigkeit zur Beanspruchungsmessung ist grundsätzlich möglich. Sie ist aber insofern problematisch, als die Lehrertätigkeit (a) durch viele Merkmale bestimmt ist und (b) kein meßbares Produkt aufweist, an dem Leistungsveränderungen sichtbar werden. Meines Erachtens eignet sich für die leistungsanalytische Beanspruchungsmessung im Lehrerberuf besonders das Sprechverhalten. Abweichungen vom persönlichen Sprechtempo, Variationen des Sprechtempos, der Lautstärke des Sprechens usw. können besonders auf Ermüdungs- oder Streßerscheinungen hinweisen.

Tabelle 2: Analyseebenen und Indikatoren der Beanspruchung

Physiologische Regulation	**Tätigkeitsvollzug/ Leistung**	**Erleben/ Befinden**
Beanspruchungsreaktionen		
vegetative Parameter (HSF, RR) biochemische Parameter (Katechol-amine)	intellektuelle Leistungen perzeptiv-begriffl. Leistungen sensumotorische Leistungen	Ermüdung Monotonie Stress Angst Sättigung
Beanspruchungsfolgen		
funktionelle Störungen Herz-Kreislauf-, Magen-Darm-Erkrankungen u.a.m.	Verbesserung oder Einschränkung der Handlungskompetenz	Arbeits(un)-zufriedenheit psychosomatische Beschwerden Burnout Neurose
Absentismus Fluktuation Krankenstand Gesundheitsverhalten		

Schließlich ist das *Belastungserleben* bzw. das *psychosomatische Befinden* zu analysieren. Dies kann erfolgen, indem die aktuelle Stimmung oder Befindlichkeit mit Hilfe von sog. Eigenschaftswörterlisten erfaßt wird (vgl. Nitsch, 1976; Janke & Debus, 1978; Becker, 1988). Die genannten Methoden können auch bei Lehrern eingesetzt werden. Besonders möchte ich bei der Messung des Belastungserlebens das Verfahren von Weyer & Hodapp (1978) hervorheben, da es in bezug auf die Lehrertätigkeit entwickelt worden ist.

Als *Indikatoren von Beanspruchungsfolgen* kommen folgende in Frage: Zunächst sind es die *funktionellen Störungen* die sich vor allem auf das Herz-Kreislauf- und Magen-Darm-System beziehen. Dazu zählen funktionelle Herzrhythmusstörungen (Sinustachykardie oder -bradykardie oder Sinusarrhythmie), häufig auftretende Situationshypertonien, eine labile Blutdruckregulation mit wechselnden hyper- und hypotonen Reaktionen, Herzbeschwerden, Atmungsbeschwerden, Obstipation, Diarrhoe, Kopfschmerzen, Kreuz- und Rückenscherzen, Schwindelgefühle, Schlafstörungen, Sexualstörungen usw.. Sollten diese Funktionsstörungen wiederholt auftreten, haben sie durchaus Krankheitswert.

Als negative Beanspruchungsfolgen unter den *Herz-Kreislauf- und Magen-Darm-Erkrankungen* sind insbesondere die essentielle Hypertonie, die ischämischen Herzerkrankungen mit dem Herzinfarkt und die zerebrovaskulären Erkrankungen mit dem Schlaganfall zu nennen. Darüber hinaus sind das Magengeschwür (ulcus ventriculi), das Zwölffingerdarmgeschwür (ulcus duodeni) und die Colitis ulcerosa häufig Folge psychischer Fehlbeanspruchung. Außerdem können Asthma bronchiale und andere Allergien bzw. Hauterkrankungen (Neurodermitis, Psoriasis) unter anderem auf "Streß" zurückgeführt werden. Auch der Hörsturz, häufig mit einseitigem Hörverlust verbunden, steht im Zusammenhang mit "Streß".

Beim Tätigkeitsvollzug tritt entweder eine Verbesserung bzw. Erweiterung oder eine Einschränkung der *Handlungskompetenz* ein. Letztere äußert sich in Fehlleistungen und/oder Arbeitsstörungen (Konzentrationsstörungen, Gedächtnisstörungen usw.) und kann bis zum Zerfall der psychischen Handlungsstruktur führen, z.B. im Endstadium von Burnout. Sie wirkt über die Arbeit hinaus negativ auf den Freizeit- und Familienbereich. Beispielsweise werden solche Freizeitaktivitäten vernachlässigt, die arbeitsbedingte Fehlbeanspruchungen kompensieren könnten.

Außerdem gelten als Indikatoren erlebter Beanspruchungsfolgen *psychosomatische Beschwerden*. Sie stellen Erlebniskorrelate der funktionellen Störungen dar (siehe oben). Ferner können *neurotische Störungen oder Neurosen* Folge anhaltender Fehlbeanspruchung sein. Es sind vor allem Ängste, besonders diffuse und soziale Ängste, Phobien (Herz-, Agora-, Klaustrophobie usw.) und depressive Verstimmungen bis Depressionen (siehe ausführlich Kapitel 2.2. und Kapitel 5).

Weitere Beanspruchungsindikatoren, die oft Folge von Gesundheitsstörungen und Erkrankungen sind, sind die *Absentismusrate*, der *Krankenstand* und die *Fluktuation*. Fehltage, der erhöhte Krankenstand als auch Fluktuationsabsichten sind oft Ausdruck "innerer Kündigung" und führen beim älteren Lehrer nicht selten zur Pensionierung. Letztlich ist das *Gesundheitsverhalten* des Lehrers Indikator von Beanspruchungsreaktionen und -folgen. Beispielsweise können körperliche Passivität, Zigaretten-, Medikamente-, Alkoholmißbrauch usw. auf Überlastungen bzw. "Streß" in der Lehrertätigkeit hinweisen (vgl. Weber, 1989).

3.4. Zusammenfassung

(1) Es wird zwischen Belastung und Beanspruchung, die als Sequenz zu verstehen sind, unterschieden. In der Lehrertätigkeit treten objektive Belastungsfaktoren auf, die durch Widerspiegelung zur subjektiven oder psychischen Belastung werden. Diese differenziert sich in eine (vorwiegend) kognitive und eine (vorwiegend) emotionale Belastung.

(2) Als positive Beanspruchungsreaktion bzw. -folge tritt in der Lehrertätigkeit Wohlbefinden auf, das anhaltend zur emotionalen Stabilität führt. Die Arbeitszufriedenheit ist eine Hauptkomponente von Wohlbefinden und emotionaler Stabilität. Positive Beanspruchungsfolgen können als wesentliche Bedingungen der Entwicklung der pädagogischen Handlungskompetenz, der Förderung der psychischen Gesundheit und der Persönlichkeitsentwicklung des Lehrers verstanden werden.

(3) Zu den negativen Beanspruchungsreaktionen zählen die psychische Ermüdung, die Monotonie, die psychische Sättigung und der Streß. Beanspruchungsfolgen sind die chronischen Formen von psychischer Ermüdung und Streß sowie insbesondere Burnout. Sie können wesentliche Bedingungen der Einschränkung der pädagogischen Handlungskompetenz, psychischer Gesundheitsstörungen und der Behinderung der Persönlichkeitsentwicklung sein.

(4) Beanspruchungsreaktionen und -folgen können mittels Erlebens- bzw. Befindens-, physiologischen bzw. biochemischen sowie Tätigkeitsvollzugs- bzw. Leistungsmerkmalen erfaßt werden. Entsprechende Parameter lassen sich in der Lehrertätigkeit unterschiedlich objektiv, reliabel, valide und ökonomisch erfassen.

Kapitel 4. Belastungen im Lehrerberuf

Das größte Stück Humanisierung
freilich bleibt die Schule den
Lehrern schuldig, auf die ...
neue Forderungen zu den schon zu
vielen alten niederzugehen scheinen.
(H. v. Hentig, 1976)

4.1. Klassifikation von Belastungsfaktoren im Lehrerberuf

In der Lehrertätigkeit lassen sich mehrere Belastungs*kategorien* und *-faktoren* unterscheiden (siehe Tabelle 3).

(1) Arbeitsaufgaben und schulorganisatorische Bedingungen
Die Lehrertätigkeit ist durch zahlreiche *Arbeitsaufgaben*, die (im neutralen Sinn) als Belastungen aufzufassen sind, gekennzeichnet. Es lassen sich folgende Hauptaufgaben bestimmen: Lehren, Erziehen, Beurteilen, Beraten, Innovieren, Beaufsichtigen und Verwalten (vgl. Fuchs, 1981, 128 ff.). Dabei beinhaltet
Lehren
das Vermitteln von Kenntnissen und Fertigkeiten, das Wecken von Verständnis für das Gelernte, das Sichtbarmachen der Zusammenhänge der Dinge, die Einführung in die Erkenntnisprozesse, das Lehren von Methoden, wie Wissen gewonnen und gesichert wird, die Entwicklung der Fähigkeit zum Transfer von Grundprinzipien, die Entwicklung von Problembewußtsein, problemlösendem Denken und Kreativität, die Anleitung zur tätigen Mitwirkung in Gruppenarbeit, das Wecken des Willens, aus eigenem Antrieb lernen zu wollen;
Erziehen
dem Lernenden Hilfe zur persönlichen Entfaltung und Selbstbestimmung zu geben, ihn zum freien und verantwortlichen Handeln hinleiten, in ihm die Bereitschaft wecken, sich für den freiheitlichen Rechts- und Sozialstaat zu engagieren, ihm Spannungen, Alternativen und Entscheidungsschwierigkeiten bewußt machen, seine Verantwortungsbereitschaft wecken, ihn zur Kritik befähigen, ihm die Einsicht in die Notwendigkeit eines Reformprozesses auf der Grundlage von Kompromissen vermitteln;
Beurteilen
Methoden objektiver Leistungsmessung einzusetzen;

Tabelle 3: Belastungskategorien und -faktoren im Lehrerberuf

Arbeitsaufgaben/ schulorganisator. Bedingungen	**schulhygienische Bedingungen**	**soziale Bedingungen**	**gesellschaftl.-kulturelle Bedingungen**
Arbeitsaufgaben	Lärm	Schüler	ideolog.Normen
Arbeitszeit	Mikroklima	Kollegen	kulturelle Normen
Unterrichtsfach	Luftbeschaffenheit	Schulleitung	Berufsstatus
Lehrplan	Beleuchtung	Eltern	Berufsimage
Klassengröße	Klassenraumgröße	Behörden	Gehalt
Klassen-rekrutierung	unterrrichtsfach-spezif. Faktoren		Schulreformen
Stundenplan			Arbeitslosigkeit
Schultyp/-größe			
Lehrerfunktionen			
Unterrichts-methode			
Lehrmittel			
Weiterbildung			
phys. Belastung			
Sprechbelastung			

Beraten
die Beratung und besondere Information des Lernenden im Bereich der Bildungs- und Erziehungsberatung und der Schullaufbahn- und Berufsberatung;
Innovieren
neue Ansätze methodischer, didaktischer und curricularer Art kritisch aufzunehmen und zu verarbeiten, an der Entwicklung neuer Bildungsinhalte und an der Bestimmung von Bildungszielen teilzunehmen;
Beaufsichtigen
die Schüler vor Schaden zu bewahren, aber auch sie zu hindern, anderen Schaden zuzufügen;
Verwalten
die unterrichtsabhängigen und -unabhängigen Verwaltungsaufgaben zu erfüllen.

In mehreren empirischen Analysen konnte festgestellt werden, daß unter oben genannten Arbeitsaufgaben die der *Verwaltung* den Lehrer subjektiv und teilweise auch objektiv aufgrund des Zeitaufwands und der relativen Anspruchslosigkeit stark belasten (Wulk, 1988; Häbler & Kunz, 1985; Müller-Limmroth, 1980; Knight-Wegenstein, 1973). Neben dem Unterricht und der Unterrichtsvorbereitungs- und Unterrichtsnachbereitungszeit haben sie den drittgrößten Anteil an der Gesamttätigkeit. Obwohl ihr Anteil im Verhältnis zu den beiden anderen Aufgabenbereichen relativ gering ist, scheinen sie bezüglich der subjektiven Überlastung das "Zünglein an der Waage" zu sein. Dies wird zudem deutlich, wenn man bedenkt, daß ein Großteil der Verwaltungsaufgaben in der sog. unterrichtsfreien Zeit erfüllt werden muß. Dabei hat nach Wulk (ebenda) die Ausführung dieser Aufgaben subjektiv zweierlei Wirkungen: Einerseits fühlen sich die Lehrer quantitativ überfordert und andererseits qualitativ unterfordert.

Die *Arbeitszeit* ist ein "Dauerbrenner" in der Diskussion um die Lehrerbelastung. Diesbezügliche Untersuchungen wurden in der Bundesrepublik Deutschland seit Mitte der 50er Jahre wiederholt durchgeführt (siehe Tabelle 4).

Tabelle 4: Lehrerarbeitszeiten/ Unterrichtswoche

Verfasser	Jahr	Ort/Land	Stunden
Graf/Rutenfranz (1963)	1958	Nordrhein-Westfalen	42-48
Frister/Häker/Hoppe (1960)	1960	Berlin	50-52
Nengelken/Ulich (Gymnasium) (1965)	1965	Bayern	44-48
Knigh-Wegenstein (1973)	1972	Bundesrepublik	51,3
v. Engelhardt (1982)	1979	Niedersachsen	51,2
Müller-Limmroth (1980)	1980	Bundesrepublik	53,4
Saupe/Möller (1981)	1981	Berlin	49
Häbler/Kunz (1985)	1985	Bundesrepublik	46,3
Wulk (Berufsschule) (1988)	1988	Schleswig-Holstein	48,4
Schäfer (Gymnasium) (1990)	1990	Bremen	45,3

Die einzelnen Zahlen sind Durchschnittswerte von empirischen Untersuchungen an Vollzeitlehrern verschiedener Schultypen (Gymnasium, Hauptschule, Realschule, Integrative und Kooperative Gesamtschule, Berufschule u.a.m.), Fächer bzw. Fächerkombinationen, Bundesländer, unterschiedlichen Dienstalters u.dgl.m. Weitere Zeitanalysen an Teilzeitlehrern ergaben, daß sie relativ länger als Vollzeitlehrer arbeiten (vgl. Häbler & Kunz, 1985; Schäfer, 1990). Bei der Betrachtung der Durchschnittsangaben ist ferner zu beachten, daß die Arbeitszeit im Laufe eines

Schuljahres starken saisonalen Schwankungen unterliegt. Dies konnte vor allem Schäfer (1990) in einer Zeitanalyse über 19 Beobachtungswochen feststellen. Die Schwankungen bewegen sich hier in den Unterrichtswochen zwischen 43,0 und 51,7 Stunden/Woche und in den Ferien zwischen 9,7 und 18,8 Stunden/Woche.

Die o.a. Zahlen bestätigen den oft zitierten, aber häufig als subjektive Meinung abqualifizierten Sachverhalt, daß die durchschnittliche Lehrerarbeitszeit pro Woche über dem Durchschnitt vieler anderer Berufs- oder Tätigkeitsgruppen liegt.

Die Lehrerarbeitszeitstudien müssen unter methodischem Aspekt auch kritisch gesehen werden (vgl. Schönwälder, 1983a). Dabei sind folgende Argumente anzuführen, die zumindest einige Ergebnisse in Frage stellen könnten:
(1) Alle Studien wählten als Methode die Selbstaufzeichnungen durch die Betroffenen. Daß derartige subjektive Berichte mit Schätzfehlern behaftet sein können, darüber besteht kein Zweifel. Im vorliegenden Fall dürfte vor allem der "social desirability"-Effekt auftreten. Das heißt: Lehrerprotokolle zeigen die Tendenz, auf die öffentlich diskutierte Belastungsproblematik hinzuweisen, indem z.B. (mehr oder weniger bewußt) Spitzenwerte täglicher Belastung angegeben werden.
(2) Eine weitere Fehlerquelle kann die gewählte Stichprobe sein. Zum einen erfolgte die Stichprobenauswahl in der Regel nach den Zugangsmöglichkeiten, aber nicht nach wissenschaftlichen Kriterien. Zum anderen können sich für die Teilnahme an der Untersuchung Lehrer bereiterklärt haben, die besonders auf das Belastungsproblem der Berufsgruppe hinweisen wollten.
(3) Weitgehend objektiv ist gewiß die Angabe der Referenzarbeitszeit. Das Ausmaß der darüber hinausgehenden Arbeitszeit (Unterrichtsvorbereitung, -nachbereitung, Verwaltungsarbeiten u.v.a.m.) wird auch davon abhängen, wie effizient der Lehrer arbeitet. Ein erfahrener, routiniert arbeitender Lehrer wird in der Regel weniger Zeit für bestimmte Tätigkeiten benötigen als der mit geringer Berufserfahrung.
(4) Bei den von Lehrern protokollierten Tätigkeiten bleibt offen, ob diese obligatorische Soll-Tätigkeiten darstellen. Die subjektive Ist-Beschreibung wird oft als zutreffendes Tätigkeitssoll verstanden. Dies kann aber in Zweifel gestellt werden, da der individuelle zeitliche Arbeitsaufwand vom Anspruch, von der aktuellen Motivation, der Bewältigungskompetenz u.dgl.m. abhängig ist.

Die kritischen Einwände können - und werden auch - als stichhaltige Argumente gegen eine hinreichende Validität, Reliabilität und Objektivität vorliegender Untersuchungen zur Lehrerarbeitszeit benützt werden. Sie sollten aber durch folgende Fakten relativiert, wenn nicht in Frage gestellt werden:
(1) Die verschiedenen, unabhängig voneinander durchgeführten Studien in Deutschland und darüber hinaus erbrachten weitgehend übereinstimmende Ergebnisse. Die Differenzen beziehen sich lediglich auf die Anzahl der "Über"stunden.
(2) Die den meisten Studien zugrunde liegenden Stichproben sind so groß, daß einzelne "Ausreißer" kompensiert werden können.
(3) In den Stichproben sind Lehrer verschiedenster Schultypen und Fachkombinationen vertreten. Auch in dieser Hinsicht weisen sie eine Repräsentativität auf.

Wenngleich diese Fakten nicht für eine hinreichende Validität und Reliabilität der Untersuchungen sprechen, so dürfte ihr Wert unbestritten sein. Sie weisen nachdrücklich darauf hin, daß Lehrer im Vergleich zu vielen anderen Berufs- und Tätigkeitsgruppen eine überdurchschnittlich hohe Arbeitszeit aufweisen. Damit stellen die Ergebnisse einen soliden, empirisch fundierten Beitrag zur Diskussion um die Arbeitsbelastung des Lehrers dar. Bei allem "Wenn-und-Aber" sollte man dem betroffenen Lehrer, der seine Arbeitszeit protokolliert hat, glauben. Jeder fundamentale Zweifel an der Glaubwürdigkeit vieler Lehreraussagen würde einer Diskriminierung dieser Berufsvertreter und vielleicht auch des Berufes nahekommen. Bei aller Kritik sollte ferner bedacht werden, daß es keine alternativen empirischen Untersuchungen (von den Kritikern) gibt, die methodisch exakter wären und deshalb reliablere und validere Ergebnisse hervorgebracht hätten. Solange keine anderen Ergebnisse vorhanden sind, welche signifikant von vorliegenden abweichen, kann man nur die vorliegenden als empirische Grundlage heranziehen. Diese grundsätzlich in Frage zu stellen, das würde einer unsachlichen Negierung der positiven Intentionen, Inhalte und Ergebnisse dieser Untersuchungen gleichkommen. Schließlich sind sie auch eine wesentliche Basis für weitere Untersuchungsvorhaben einschließlich Hypothesenbildungen zur Lehrerarbeitszeit.

Das *Unterrichtsfach* (bzw. die Fachkombinationen) ist ein weiterer Belastungsfaktor. So stellen anscheinend die Fächer Zeichnen und Musik eine relativ geringe Belastung dar. Von Engelhardt (1982) nennt Hauswirtschaft und Sport, die zumindest relativ geringe Unterrichtsvorbereitung erforderten und deshalb - so kann man schließen - weniger belasten. Aus der ehemaligen DDR berichten Gräßler & Klose (1975) über die Fächer Russisch und Mathematik, welche weniger belasten sollen. Diese Ergebnisse lassen vermuten, daß die Fächer, welche besonders transparente, konkrete Lern- bzw. Lehraufgaben aufweisen (Mathematik, Sport, Hauswirtschaft, Werken) oder in denen die Schüler den Unterricht aktiv mitgestalten können (Sport, Hauswirtschaft, Werken), eine geringere Belastung sind.

*Lehrplan*inhalte sind als Belastungsfaktor wenig empirisch geprüft worden. Dies ist der Fall, obwohl sie für den Lehrer durchaus eine Belastung sein können. Lehrplaninhalte können vom Lehrer akzeptiert werden - oder nicht; sie können für den Lehrer eine Orientierung bei der Unterrichtsgestaltung sein - oder nicht; sie können in Abhängigkeit davon, wie sie formuliert sind, für den Lehrer mehr oder weniger Interpretationsspielraum bedeuten. In der Studie von Merz (1979b) an 1 253 Lehrern in Bayern wurde die Stoffülle als wesentliche Ursache von "Berufsstreß" genannt. Bei Gehmacher (1980) und Urban (1985) führten österreichische Lehrer die "zeitliche Belastung durch den Stoffdruck" bzw. die "Überforderung durch große Stoffülle" als einen entscheidenden Belastungsfaktor bzw. Nachteil des Lehrerberufs an.

Die *Klassengröße* oder -frequenz wird relativ häufig als Belastungsfaktor genannt. Obwohl die Wirkung der Klassengröße auf das Lehrer- und Schülerverhalten in bildungspolitischen Diskussionen eine exponierte Stellung einnimmt, wurde sie bislang jedoch relativ wenig empirisch untersucht, geschweige denn als Belastungsfaktor (vgl. v. Saldern, 1992). In der Knight-Wegenstein-Studie an 9129 Lehrern aus 137 Schulen des Bundeslandes Hessen halten 76% der Lehrer die Klassenstärken für zu hoch, 22% für richtig und 2% für zu klein. Man kann also annehmen, daß zumindest 87,6% die Klassenstärke als belastend (im negativen Sinne) beurteilen. Auch bei Merz (1979b) hoben Lehrer die hohe Klassenfrequenz als wesentliche Belastung hervor. Ein ähnliches Ergebnis fand Urban (1985), in dessen Studie "zu große Klassen" an dritter Stelle der Nachteile des Lehrberufs rangiert. Bei Häbler & Kunz (1985) gaben besonders Lehrer von Realschulen und Gymnasien an, daß sie durch zu große Klassen stark belastet sind.

Nach v. Saldern & Katz (1990) sollte zwischen objektiver Klassenfrequenz und subjektiver Klassengröße unterschieden werden. Die Größe der unterrichteten Klasse beeinflußt das Urteil darüber, wann eine Klasse als zu groß, zu klein oder angemessen bezeichnet wird. Lehrer nehmen durchschnittlich eine Klasse als zu groß wahr, wenn sie 27 und mehr Schüler hat, als zu klein, wenn sie 18 und weniger Schüler hat. Als "gut" gilt eine Klasse mit durchschnittlich 21,6 Schülern. Man kann also davon ausgehen, daß objektive Klassenfrequenzen >27 zunehmend als subjektive Belastung erlebt werden. Dies bestätigen auch zuletzt genannte Autoren; denn nach ihrer Studie fühlen sich Lehrer am wohlsten in mittelgroßen Klassen (21 - 25 Schüler).

In engem Zusammenhang mit der Klassengröße steht das Verhältnis der Anzahl an einer Schule tätigen Lehrer zur Anzahl der zu unterrichtenden Schüler, welches Wulk (1988) an beruflichen Schulen analysierte. Dieses Zahlenverhältnis kann für die soziale Belastung im Sinne von "Crowding", einer sozialen Überforderung, stehen. Für die untersuchte Gruppe ergab sich, daß Lehrer durchschnittlich fünf Klassen unterrichten, wobei die Klassenfrequenzen zwischen 13 und 32 Schülern liegen. Jeder Lehrer muß durchschnittlich 124 Schüler pädagogisch betreuen.

Große Klassen implizieren weitere psychische Belastungen für den Lehrer: Es fehlt ihm die Zeit für eine intensive pädagogisch-psychologische Arbeit mit einzelnen Schülern oder Schülergruppen, die besonders begabt sind oder Lern- bzw. Verhaltensschwierigkeiten zeigen. Durch große Klassen erhöhen sich ferner der Lärmpegel und die räumliche Dichte.

Die *soziale Klassenrekrutierung* ist ein weiterer Belastungsfaktor. Diesbezüglich wurde sie jedoch bisher wenig geprüft. Für die Effizienz der Unterrichtstätigkeit scheinen vor allem die Bildungsvoraussetzungen und die Lernfähigkeit der Schüler von Bedeutung zu sein. Eine wesentliche Belastung dürften für den Lehrer in Deutschland - überwiegend in Haupt-, Sonder- und Berufsschulen - solche Klassen sein, in denen der Anteil der Kinder aus anderen Kulturkreisen recht groß ist. Diese Kinder kommen mit sehr unterschiedlichen Bildungsvoraussetzungen in die Schule, wodurch unter ihnen und zu den deutschen Mitschülern große Bildungsunterschiede bestehen.

Pointiert drückt dies "Der Spiegel" im "Tollhaus Schule" (Heft 15, 1988, S. 29) aus, indem er den Sonderpädagogen Herbert Goetze zitiert: Vor allem in den Ballungszentren werde das Unterrichten allmählich "zur Qual". Sonderschulen in Wohngebieten mit einem hohen Anteil an Arbeitslosen und Ausländern seien "geradezu hoffnungslose Fälle".

In der Studie von Wulk (1988) wurde die heterogene Zusammensetzung der Klassen als Hauptbelastungsfaktor in der Kategorie "Voraussetzungen der zu unterrichtenden Schüler" genannt. Ausländerkinder scheinen auch in der Schweiz ein Problem zu sein. In der Befragung von Pieren & Schärer (1993) gaben 21,5% der 522 Lehrer "Kinder anderer Nationalitäten" und das daraus oft resultierende "hohe Leistungsgefälle in der Klasse" als Belastungsfaktoren an.

Ein interessanter Belastungsfaktor ist die *Schulgröße*. Nach Angaben von Bach zu Verhaltensauffälligkeiten von Schülern werden in Mammutschulen mit mehr als 800 Schülern bis zu viermal so viele Unterrichtsstörungen registriert wie in kleineren Schulen (vgl. Der Spiegel, 15, 1988). Es ist zudem aus der Organisationspsychologie bekannt, daß sog. Großorganisationen mehr Belastungsquellen aufweisen. Beispielsweise sind dies die Existenz mehrerer Hierarchieebenen, die Zentralisierung der Entscheidungsstruktur und ein intransparenter Informationsfluß (vgl. Burisch, 1989).

Die Beziehung zwischen *Schultyp* und psychischen Belastungen bzw. Arbeitszeit wurde in mehreren Studien berücksichtigt. Häbler & Kunz (1985) fanden einige Unterschiede in der Ausprägung von Belastungsfaktoren bei Lehrern von Grund- und Hauptschule, Realschule und Gymnasium (siehe Abbildung 9).

Zur Lehrerarbeitszeit in Abhängigkeit vom Schultyp liegen mehrere Untersuchungen vor. Als Beispiel sei die wöchentliche Durchschnittsarbeitszeit nach Häbler & Kunz (1985) aufgeführt (siehe Tabelle 5). Nach dieser Studie weisen Lehrer des Gymnasiums und der Beruflichen Schule die höchste Wochenarbeitszeit auf, obwohl sie relativ wenig Unterrichtstunden haben. Es kann darauf hinweisen, daß der Verwaltungsaufwand an solchen Schulen größer ist. Dieser kann mit ihrer Größe im Zusammenhang stehen.

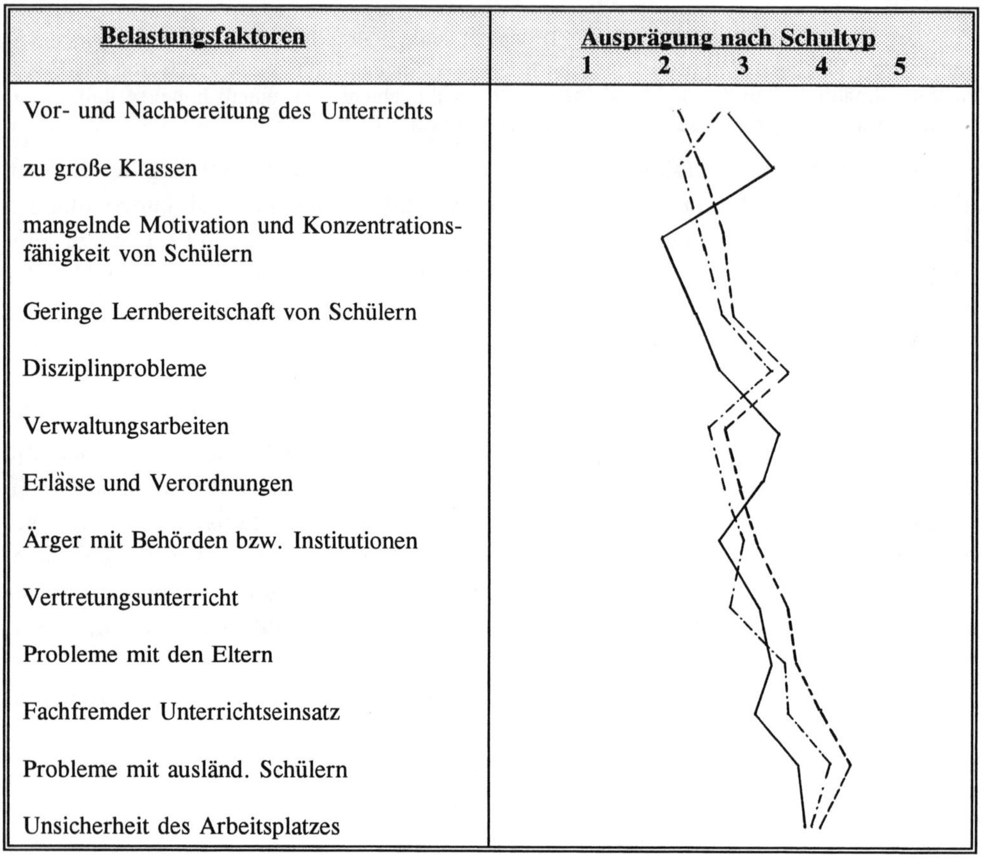

Abbildung 9: Ausprägung von Belastungsfaktoren nach Schultyp (Häbler & Kunz, 1985)

Belastungsfaktoren im Durchschnitt der Nennungen nach Schultyp
(N=1214; 1 = sehr stark; 5 = gar nicht)
Grund- und Hauptschule ————
Realschule —·—·—·—
Gymnasium – – – – – – –

Tabelle 5: Arbeitszeit der Lehrer/ Schultyp (Häbler & Kunz, 1985)

Stunden	Grund-/ Haupt-schule	Real-schule	Gymna-sium	Berufliche Schule	Gesamt
Unterrichtsstunden/ Woche 45 Min./Std.	27,0	25,1	22,8	23,9	24,9
Arbeitszeit/ Unterrichtswoche 60 Min./Std.	44,5	44,2	48,7	48,9	46,3
	n=353	n=61	n=286	n=132	n=904

Unter belastungsrelevanten *Lehrerfunktionen* soll die Klassenlehrertätigkeit hervorgehoben werden. Nengelken & Ulich (1965) fanden für Klassenlehrer eine insgesamt durchschnittlich um 4 Stunden höhere wöchentliche Arbeitszeit als für reine Fachlehrer (Knight-Wegenstein, 1973; Gräßler & Klose, 1975). Bei Fischer (1973) gaben 5,8% der erfaßten Lehrerpatienten in einer Neurologisch-Psychiatrischen Klinik die Klassenleitertätigkeit als Ursache der psychischen Störung an. Zusatzfunktionen sind in der Studie von Pieren & Schäfer (1993) für 47,1% der befragten Lehrer belastend.

Die vom Lehrer gewählte *Unterrichtsmethode* ist ein weiterer Faktor, der vorrangig die Selbstbelastung bestimmt. Sie spielt in der didaktischen Lehrerforschung eine wesentliche Rolle; in der Belastungsforschung wurde sie kaum thematisiert. Lediglich von Schönwälder (1989b) wird dieses Problem tangiert. Er stellte fest, daß Lehrer schülerzentrierte Unterrichtsmethoden, die auf das Problemlösen (z.B. im Sinne des Brunerschen Ansatzes des "Entdeckenden Lernens") orientiert sind, deshalb wenig anwenden, weil deren Vorbereitung und Durchführung anstrengend ist. Ferner sind hierbei die Unterrichtsergebnisse kaum vorauszuplanen, was zusätzlich belastend sein kann.

Im Zusammenhang mit der Unterrichtsmethode sind die zur Verfügung stehenden *Lehrmittel,* besonders im naturwissenschaftlichen Unterricht, zu sehen. In der Knight-Wegenstein-Studie gaben 51,4% der Befragten an, daß sie über ungenügende Lehrmittel verfügen; nur 37,1% der Lehrer waren mit den Lehrmitteln zufrieden. Auch bei Schuh (1962) wird die mangelhafte Ausstattung mit Lehr- und Lernmitteln als wesentlicher Belastungsfaktor angeführt. Ähnlich sieht es in Österreich aus. Hier stellte Gehmacher (1980) fest, daß "der Mangel an Lehrmitteln", "die geringe Qualität der Lehrmittel" und "die zeitliche Belastung durch die Herstellung von Lehrmitteln" wesentliche Berufsbelastungen sind. In der Studie von Wulk (1988) wurden die Akustik in den Räumen, die Tafelbeschaffenheit und -anordnung und die Verfügbarkeit von Tageslichtprojektoren als Belastungsfaktor hervorgehoben.

Weiter- und Fortbildungsmaßnahmen können ebenfalls eine Belastungsquelle sein. Nach der Knight-Wegenstein-Studie benötigen besonders Junglehrer, Referendare u.ä. für die persönliche Weiterbildung durchschnittlich viel Zeit, d.h. genau 4 Stunden und 46 Minuten/Woche. Diese können einerseits beim Lehrer, falls sie ausschließlich als persönlich nicht gewünschte, zusätzliche Belastung zum Schulalltag betrachtet wird, negative Beanspruchungswirkungen hervorrufen. Andererseits können Fortbildungsmaßnahmen langfristig zur Reduzierung der Arbeitsbelastung beitragen, indem durch sie die Kompetenz des Lehrers zur Bewältigung schwieriger Berufssituationen verbessert wird (vgl. Kahl, 1987).

Es mag zunächst überraschen, daß *Unterrichtspausen* als Belastungsfaktor angeführt sind. Denn Arbeitspausen sollten eigentlich dem Belastungsausgleich bzw. der Erholung dienen. Das scheint aber nicht der Fall zu sein, wie beispielsweise Wulk (1988) eindrucksvoll belegt. In der Tabelle 7 sind die Pausenaktivitäten von Lehrern und ihr Belastungsgrad (Skala von 1-5) angeführt. Es dominieren Aktivitäten mit einem relativ hohen Belastungsgrad. Die Vorbereitung von Experimenten und Verwaltungsarbeiten belasten die Lehrer am stärksten.

Von Laien wird die *physische Belastung* des Lehrers oft unterschätzt (Wittgens, 1979). Müller-Limmroth (1980) bemerkt jedoch, indem er einige Untersuchungen zum Energieverbrauch zitiert, daß der Arbeitsenergieumsatz zwischen 3000 und 4000 kJ (etwa 750-960 kcal) liegt. Daher ist die körperliche Arbeit des Lehrers als mittelschwer einzuschätzen. Dafür sprechen auch die durchschnittlichen Herzschlagfrequenzen bzw. -arrhythmien pro Arbeitstag, welche unter anderem physische Ermüdungserscheinungen anzeigen. Diese Ergebnisse sind auf die beim Unterrichten praktizierten Körperstellungen und -bewegungen und auf die Sprecharbeit zurückzuführen. Zur körperlichen Belastung zählen ferner Belastungen des Halteapparates, besonders der Füße und der Wirbelsäule. Die längere Zeit gleichbleibender Körperhaltung im Stehen und Sitzen wirkt stark ermüdend. Überdies führt längeres Stehen zu einer Belastung des Kreislaufs an seiner schwächsten Stelle, dem venösen Rückfluß.

Schließlich ist das *Sprechen* ein wesentlicher (Selbst-)Belastungsfaktor in der Lehrertätigkeit. Über die Anteile von Lehrer- und Schülerreden im Unterricht gibt es empirische Studien, deren Ergebnisse weitgehend übereinstimmen (vgl. Tabelle 7).

Tabelle 6: Aktivitäten von Lehrern in den Pausen (Wulk, 1988)

Pausenaktivitäten	$\bar{x}$	s	n
1. Experimente vorbereiten	3,48	0,87	21
2. Verwaltungsarbeiten erledigen	3,41	1,05	29
3. Pausenaufsicht auf dem Schulhof	3,32	1,09	22
4. Pausenaufsicht im Schulgebäude	3,24	1,13	25
5. Sich in der Klasse aufhalten	2,70	0,82	10
6. Gespräche mit Eltern führen	2,70	0,98	20
7. Gespräche mit Schülern führen	2,57	0,88	28
8. Gespräche mit Kollegen der Abteilung	2,41	0,80	27
9. Sich im Lehrerzimmer aufhalten	2,32	0,72	22
10. Gespräche mit Kollegen anderer Abteilungen	2,30	0,72	27
11. Sich in der Bücherei aufhalten	2,13	0,35	8
12. Am Abteilungstisch im Lehrerzimmer	2,11	0,33	9
13. Zeitung lesen	2,08	1,04	13
14. Rauchen	2,00	0,00	3
15. Sich ausruhen	2,00	1,15	16
16. Essen	2,00	0,93	22
17. Trinken	1,90	0,97	20
18. Sich im Abteilungsraum aufhalten	1,89	0,58	18

Tabelle 7: Anteile von Lehrer- und Schülerwörtern im Unterricht

Autor	Lehrerwörter	Schülerwörter	Unterrichtsstunde
Clauß (1954)	80%	20%	24
R. Tausch (1962)	59%	41%	10
Weber (1972)	50%	50%	72
Diederich (1973)	60%	40%	57
Schönwälder (1990)*	45%	25%	340

* Der Autor analysierte die Anteile der Reden an der gesamten Unterrichtsstunde.

Es ist zu erkennen, daß Lehrer im Reden sehr dominant sind. Während Tausch & Tausch (1979a) dies auf Persönlichkeitszüge bzw. eine Berufsneigung des Lehrers zurückführen, betont Schönwälder (1990) - der die Relation zwischen Lehrer- und Schülerreden in verschiedenen Fächern untersuchte - den Zusammenhang mit der "Sachgesetzlichkeit des Unterrichts eines Faches". Anhaltendes Reden kann eine höhere Selbstbelastung hervorrufen.

(2) Arbeitshygienische Bedingungen

Lärm in der Schule ist ein bedeutender Belastungsfaktor. In mehreren Befragungen zu dominanten Belastungsfaktoren wird dieser genannt (Scheuch et al., 1978; Leuschner, 1979; Melder, 1979; Wulk, 1988). Bei Leuschner (ebenda) steht der Lärm in der Rangreihe subjektiver Belastungsfaktoren sogar an erster Stelle. Mit diesen Einschätzungen reflektieren Lehrer durchaus einen objektiven Sachverhalt, der durch Lärmmessungen belegt worden ist. Mehrere Messungen ergaben, daß der Lärmpegel im Unterricht etwa zwischen 47 und 64 dB(A) und in den Pausen etwa zwischen 63 und 93 dB(A) liegt (Melder, 1979; Knothe et al., 1991). Primäre Lärmquelle sind die Schüler, welche besonders in den Pausen sprechen, schreien, lachen, singen u.dgl.m.. In den Stunden sind es das Gemurmel, das Fußscharren und das Stuhlrücken der Schüler, die Lärm hervorrufen, der durch verlängerte Nachhallzeiten in den Klassenräumen verstärkt wird. Der Lehrer muß sich oft gegen den Lärm durchsetzen, um überhaupt gehört zu werden. Dies führt zu einer hohen Sprech- bzw. Stimmbelastung. Zudem wird die Geräuschkulisse im Unterricht von vielen Lehrern und besonders von Vorgesetzten als "stille" Bewertung des Unterrichts verstanden. Dies mag zusätzlich die Belastung erhöhen. Die Relevanz des Lärms für die Entstehung psychischer und psychosomatischer Störungen wurde wiederholt nachgewiesen (vgl. Guski, 1987)

Eine auffällige Belastung durch das *Klima* kann vorwiegend in der kalten Jahreszeit auftreten, da hier die Gefahr ungenügender Frischluftzufuhr im Klassenraum besteht. Allerdings tritt bei fehlender Belüftung kein Sauerstoffmangel ein. Vielmehr sind für die "verbrauchte Luft" stärkere Anstiege der Kohlendioxid-Konzentration (CO_2) und Luftverunreinigungen verantwortlich. Während in Frischluft die Kohlendioxidkonzentration nur 0,03% beträgt, steigt diese in mangelhaft belüfteten Räumen nicht selten auf Werte um 0,10-0,15% an. Weiterhin ist während der Heizperiode besonders auf die Luftfeuchtigkeit zu achten. Als behaglich wird eine relative Luftfeuchtigkeit von 40-45% bei einer Temperatur von 20-23°C empfunden. Oft ist die Luft im Klassenraum einfach zu trocken (relative Feuchte: weniger als 30 %). Bei trockener Luft ist die Gefahr der Infektion der Atemwege (Schnupfen, Bronchitis) besonders groß, was vor allem für den Lehrer zutrifft, weil er steten Kontakt zu vielen Schülern hat (Müller-Limmroth, 1980).

Die geringe *Klassenraumgröße* wird von vielen Lehrern als Belastungsfaktor thematisiert (Gehmacher, 1980; Wulk, 1988). In der Wulk-Studie ist sie sogar unter den materiellen und räumlichen Bedingungen des Unterrichts der Faktor mit dem höchsten Belastungsgrad.

Zu den *unterrichtsfachspezifischen Belastungsfaktoren* zählen Chemikalien, Stech- und Schneidwerkzeuge in Bildender Kunst, Computer, Elektrogeräte im Physik-Unterricht, Sportgeräte (Keulen, Kugel, Barren, Ringe usw.) u.a.m. Beim unsachgemäßen Umgang mit ihnen durch Lehrer oder Schüler können Vergiftungen, Verletzungen oder Krankheiten auftreten, für die oft der Lehrer verantwortlich zeichnet. Zudem liegt hier eine Verantwortlichkeit des Lehrers für Sachwerte vor.

(3) Soziale Arbeitsbedingungen

Sie sind vor allem durch den Umgang mit dem *Schüler* geprägt. Der Sozialkontakt zu Schülern ist eine vorrangige Belastungsquelle. Bei Wittern & Tausch (1980) gaben 51% aller befragten Lehrer Schwierigkeiten im Umgang mit Schülern an. In weiteren Studien werden verhaltensauffällige Schüler (Krieger et al., 1976; Urban, 1985), die Disziplin mancher Schüler und der Umgang mit schwierigen Kindern (Leuschner, 1979), Disziplinschwierigkeiten, da schwierige bzw. zu viele Kinder in den Klassen sind (Schuh, 1962; Gehmacher, 1980), die Disziplinlosigkeit einzelner Schüler, das Nichtbefolgen von Anordnungen durch die Schüler, Unruhe während des Unterrichts und die Dummheit von Schülern, Schwierigkeiten mit bestimmten Klassen (Scheuch et al., 1978; Dunham, 1981), schlechte Einstellungen bzw. ungenügende Motivation, Desinteresse, allgemeines Fähigkeitsniveau der Schüler, Klassen unterschiedlichen Leistungsniveaus, einzelne Klassen mit zu großem Leistungsgefälle usw. (Kyriacou & Sutcliffe, 1978), aggressive und nonkooperative Kinder (Pratt, 1978) als Belastungsquellen genannt. In den Rangskalen von Belastungsfaktoren sind o.g. Merkmale der Lehrer-Schüler-Interaktion oft präferiert.

Eine journalistische Dramatisierung erfährt dieses Problem in dem schon zitierten "Spiegel"-Artikel (15, 1988), indem nachdrücklich - belegt durch viele Zitate - auf die Disziplinprobleme in der heutigen Schule hingewiesen wird. Tatsache ist, daß durch die Liberalisierung der Gesellschaft Disziplinprobleme in der Schule in den letzten Jahren drastisch zugenommen haben, was nicht nur ein deutsches Phänomen, sondern anscheinend ein internationaler Trend ist. Im Kontext sozialer Arbeitsbedingungen sind auch die gegenwärtigen Probleme der Gewalt in unseren Schulen zu sehen.

Bei der Lehrer-Schüler-Interaktion ist aber hervorzuheben, daß diese vom Lehrer nicht nur negativ erlebt wird, sondern auch positive Beanspruchungswirkungen hervorruft. Beispielsweise gaben bei Urban (1985) 89% der Lehrer den "Umgang mit jungen Menschen" als wesentlichen Vorteil an.

In der Studie von Wittern & Tausch (1980) berichteten 49% der 44 befragten Lehrer über Schwierigkeiten im Umgang mit *Kollegen, Schulleitern* und der *Schulaufsicht*. Dabei zeigen folgende Items höhere Belastungen an: "Wage nicht, mich im Kollegium durchzusetzen", "Auftreten gegenüber dem Schulleiter", "Leide unter stark rivalisierendem Kollegium", "Abhängigkeit von Vorgesetzten". In den sozialen Beziehungen werden ferner folgende Aspekte als Belastung problematisiert: unterschiedliche pädagogische Vorstellungen und fehlender Konsens über Erziehungsstandards unter den Kollegen (Gehmacher, 1980; Kyriacou & Sutcliffe, 1978b).

Soziale Beziehungen zur Schulleitung, zur Schulbehörde bzw. Direktion werden ebenfalls als Belastungsfaktor thematisiert (Gehmacher, 1980; Leuschner, 1976; Kyriacou & Sutcliffe, 1980; Urban, 1985). Hierbei spielen der Führungsstil und unterschiedliche pädagogische Wertvorstellungen zu Bildungs- und Erziehungszielen, besonders zur Disziplin, eine besondere Rolle.

Die Qualität sozialer Beziehungen unter den Kollegen und die Beziehung zwischen Kollegium und der Schulleitung machen hauptsächlich das "soziale Klima" an der Schule aus. Es bestimmt wesentlich die soziale Unterstützung an einer Schule. Man kann davon ausgehen, daß soziale Unterstützung auch im Lehrerberuf streß- und burnoutvorbeugend wirkt. Leuschner (1976) stellte z.B. einen signifikanten Zusammenhang zwischen dem Leitungsstil des Direktors, der Arbeitsatmosphäre an der Schule, der Einstellung der Lehrer zum Kollegium und dem Krankenstand fest. (Siehe dazu ausführlich Kapitel 5 und 6.)

Schließlich können die Lehrer-Eltern-Beziehungen eine Belastungsquelle sein. Meinungsdifferenzen zwischen Elternhaus und Schule bei Bildungs- und Erziehungsvorstellungen, die Mißachtung der Lehrertätigkeit insgesamt oder einzelner Lehrer, die Negierung von Schülerbeurteilungen und Intentionen des Lehrers u.dgl.m. können zu Belastungen eskalieren. Dies ist aber nach Merz (1979b), Elbing & Dietrich (1982) und Urban (1985) nicht häufig der Fall; sie stellten vielmehr fest, daß die meisten Lehrer (über 95%) eine Wertschätzung durch die Eltern erfahren.

(4) Gesellschaftlich-kulturelle Bedingungen

Zu den gesellschaftlich-kulturellen Bedingungen zählen insbesondere *ideologische Normen*. Demokratische versus diktatorische Gesellschaftsstrukturen üben unterschiedliche Einflüsse auf den Führungsstil, auf Lehrplaninhalte, auf die Lehrer-Schüler-Interaktion u.a.m. aus. Sie können sich als psychische Belastungen für Lehrer (und Schüler) erweisen. Gesellschaftsstrukturen, in denen Demokratie gering ausgeprägt ist oder die gar durch eine Diktatur bestimmt sind, lassen dem Lehrer oft nur einen geringen Handlungs- und Entscheidungsspielraum bei der Auswahl von Lehrinhalten besonders in geisteswissenschaftlichen Fächer. Sie setzen, will der Lehrer konfliktfrei unterrichten, eine weitgehende Identifikation mit ihren Inhalten voraus. Ist diese nicht gegeben, sind negative Beanspruchungsreaktionen und -folgen unvermeidbar. Aber auch eine zunehmende Demokratisierung, d.h. Veränderungen der gesellschaftlichen einschließlich schulischen Strukturen, geht mit Belastungsproblemen einher. Während der Lehrer bei einem vorwiegend autokratischen Erziehungskonzept wenig (an)greifbar ist, muß er sich bei einem vorwiegend demokratischen Erziehungskonzept vielmehr dem Schüler und den Eltern stellen, was Lehrinhalte, Bildungs- und Erziehungsziele, Beurteilungsmaßstäbe usw. betrifft. Solche Belastungen traten in der (alten) Bundesrepublik besonders Ende der 60er/Anfang der 70er Jahre auf, als im Zuge der Reformierung schulischer Strukturen statt "autoritäre" "antiautoritäre Erziehung" gefordert wurde. Es veränderten sich Lehrer-Schüler- und Lehrer-Eltern-Interaktionen oft in dem Maße, daß mancher Lehrer damit nicht fertig wurde. Wie jedoch die Studie von Barth (1990) zeigt, fühlen sich auch heute noch Lehrer durch stattfindende Reformen belastet. Ähnlich ergeht es gegenwärtig vielen Lehrern in den neuen Bundesländern, die aufgrund radikaler und abrupter Veränderungen gesellschaftlicher Strukturen oft geringe Kompetenzen - weil kaum gelernt - für die Umsetzung neuer Bildungs- und Erziehungsinhalte bzw. -ziele einschließlich der Gestaltung partnerschaftlicher Lehrer-Schüler-Beziehungen aufweisen.

Im Kontext der Belastung sind das *kulturelle Berufsbild* vom Lehrer und entsprechende Erwartungen an sein Verhalten von Bedeutung. In der hochzivilisierten westlichen Kultur wird der Lehrer kaum noch als der Weise bzw. Gebildete und demzufolge als eine Autorität angesehen, wie es früher der Fall war. Im Gegenteil: Der Lehrer wird einerseits oft als derjenige betrachtet, der Schuld trägt an den Defiziten einer Schülergeneration. Er wird dadurch zuweilen sogar zum "Prügelknaben der Nation" abgestempelt. Andererseits wird die Schule häufig quasi als Reparaturwerkstatt der Gesellschaft (miß)verstanden. Diesen extrem unterschiedlichen Erwartungen kann ein Lehrer überhaupt nicht gerecht werden; denn weder die Rolle des "Prügelknaben" noch die des "Flickschusters" der Nation gehören zu seinem Selbstverständnis. Solche kulturell bedingten Meinungen und Erwartungen können, weil sie unter anderem Rollenkonflikte hervorrufen, sehr belastend sein.

Eine weitere Belastungsquelle ist der *Berufsstatus* einschließlich Gehalt. Der Lehrer ist nach dem Refendariat im öffentlichen Dienst tätig und zählt damit zu den Beamten auf Lebenszeit. Somit hat er, was den Kündigungsschutz betrifft, eine gesicherte berufliche Position. Zudem erhält er ein Gehalt, mit dem "man ganz gut leben kann", obgleich die Zufriedenheit mit der Bezahlung unterschiedlich ist. Während bei Merz (1979a) ein Großteil der Lehrer mit der Bezahlung unzufrieden ist, klagten in der Studie von Elbing & Dietrich (1982) ca. 80% der Lehrer nicht über ihr Gehalt. Auch in Österreich drückten die Lehrer ihren Unmut über die unzureichende Besoldung aus (Urban, 1985). (Das Gehalt österreichischer Gymnasiallehrer ist geringer als das ihrer deutschen Kollegen.) Während der etablierte Lehrer keine beruflichen Existenzsorgen hat, führt hingegen der Weg des Lehramtsstudierenden oder Refendariats oft in die

Arbeitslosigkeit. Dieser Weg kann streßtheoretisch ein "life event" mit negativen Folgen in der materiellen und psychischen Lebensqualität sein (vgl. Ulich et al., 1985).

Ein Belastungsfaktor kann das *Berufsimage* in der Öffentlichkeit sein. Hier gehen die Meinungen allerdings auseinander. Während der Lehrerberuf in der Durchschnittsbevölkerung noch relativ gutes Ansehen genießt, ist sein Image unter akademischen Berufen recht gering. Dies belegen verschiedenste Meinungsumfragen zum Prestige einzelner Berufe in der Öffentlichkeit. Da der Lehrer - besonders der Gymnasial- und z.T. auch Handelslehrer - sich gemäß der Theorie der sozialen Vergleichsprozesse nach Festinger (1954) eher mit weiteren Akademikern als mit anderen Berufsgruppen vergleicht, schneidet er bezüglich entsprechender Attribute (Spezialwissen, Titel, akademische Arbeit, Gehalt u.dgl.m.) schlechter ab. Adorno (1965, 117) bemerkt hierzu, daß *"der Lehrerberuf, verglichen mit anderen akademischen Berufen wie dem des Juristen oder des Mediziners, ein gewisses Aroma des gesellschaftlich nicht ganz Vollgenommenen"* habe. Dies kann zumindest beim Lehrer mit ausgeprägten akademischen Ansprüchen zu negativen Beanspruchungsreaktionen führen. Merz (1979a), Elbing & Dietrich (1982) und Urban (1985) stellten fest, daß Lehrer mit dem Ansehen ihres Berufes in der Öffentlichkeit eher unzufrieden als zufrieden sind. Nach Elbing & Dietrich (ebenda) meinen ca. 40% der befragten Lehrer, daß das Lehrerimage in der Öffentlichkeit schlecht oder sehr schlecht sei. Bei Urban (1985) nahm das "gute Ansehen in der Öffentlichkeit" unter den Berufsvorteilen den letzten Rangplatz ein.

4.2. Belastungsmodelle und Belastungsanalysen im Lehrerberuf

4.2.1. Reizorientierte Modelle

Reizorientierte Belastungsmodelle bzw. -analysen sind im Lehrerberuf am häufigsten vertreten. Sie weisen alle den gleichen Ansatz auf: Es werden nach Auffassung und Ziel des Untersuchers bestimmte Belastungsfaktoren dem Lehrer zur Einschätzung vorgegeben und nach Häufigkeit ihrer Nennung in eine Rangreihe gebracht (vgl. Pratt, 1978; Kyriacou & Sutcliffe, 1978b; Leuschner, 1979; Merz, 1979b; Müller-Limmroth, 1980; Gehmacher, 1980; Fletcher & Payne, 1982; Laughlin, 1984; Solman & Feld, 1989). Je nach Anlage der Untersuchung werden die Belastungsfaktoren direkt benannt oder aus Korrelationen bzw. Faktorenanalysen extrahiert. Die dabei gefundenen Belastungsfaktoren sind plausibel und hinlänglich bekannt: Klassengröße, Stoffülle, administrative Arbeiten, schwierige Schüler, Lärm u.v.a.m.. Beispielhaft soll das Ergebnis von Solman & Feld (1989) gezeigt werden (siehe Tabelle 8).

Tabelle 8: Belastungen in Lehrertätigkeit (Solman & Feld, 1989)

Faktor 1: Schlechtes Schulklima
Fehlendes Engagement bei wichtigen Entscheidungen
Unzufriedenheit mit der Schulleitung und/oder dem Lehrkörper
Mangelnde Anerkennung für Leistungen in Lehre und/oder in Organisation
Schlechte Entwicklungschancen
Faktor 2: Schülerwiderstand
Einzelne Schüler, die kontinuierlich stören
Aufrechterhaltung der Klassendisziplin in schwierigen Klassen
Unhöfliches und freches Schülerverhalten
Exzessive Klassengröße
Faktor 3: Curriculare Anforderungen
Häufige Veränderungen im Curriculum
Probleme aufgrund von Curriculumänderungen
Anforderungen an religiöse und weltliche Lehrer aufgrund der rapiden Veränderungen in der Gesellschaft
Faktor 4: Differenzen mit Öffentlichkeit
Mangelndes Verständnis für die Arbeit des Lehrers in der allgemeinen Öffentlichkeit
Fehlende Achtung in der Öffentlichkeit gegenüber der Schule und den Lehrern
Unangemessene öffentliche Kritik der Lehrer und/oder des katholischen (staatlichen) Erziehungssystems
Faktor 5: Zeitliche Anforderungen
Fehlende Zeit für Vorbereitung, Durchführung und/oder Organisation
Fehlende Zeit zur adäquaten Einstellung und/oder Beschäftigung mit individuellen Schülerschwierigkeiten
Exzessive zeitliche Anforderungen durch Lehren und/oder Organisationsaufgaben
Faktor 6: Schlechte Arbeitsumwelt
Umweltbedingungen wie Lärm und Temperatur
Unerwünschte geografische Umgebung der Schule
Kürzungen von Ausstattungen und Finanzen
Faktor 7: Religiöse Pflichten
Religiöse Pflichten gegenüber der Schule und den Schülern
Religiöse Pflichten gegenüber der Öffentlichkeit

Reizorientierte Belastungsmodelle bzw. -analysen sind insofern positiv, als sie auf einzelne Belastungen oder Belastungsschwerpunkte in der Lehrertätigkeit hinweisen. Auf ihrer Grundlage wurden auch diagnostische Methoden zur Erfassung von Berufsbelastungen entwickelt. Die bekanntesten sind das "Teacher Event Stress Inventory" (TESI) von Pratt (1978), das "Teacher Stress Inventory" (TSI) von Fimian (1985), der "Teacher Occupationale Stress Factor Questionaire" (TOSFQ) von Moracco et al. (1982) und das "Teacher Stress Events Inventory (TSEI) von Chichon & Koff (1980). Reizbezogene Untersuchungen haben also durchaus eine heuristische und forschungsstrategische Funktion für differenziertere Analysen und Methodenentwicklungen.

Belastungen in der Lehrertätigkeit lassen sich aber mit einfachen Modellen nicht hinreichend beschreiben. Es sind Modelle nötig, die der Belastungsvielfalt in diesem Beruf gerecht werden. Demzufolge haben Konzepte, mit denen versucht wird, nur einzelne Belastungen unsystematisch zu erfassen, einen begrenzten Beschreibungs- und Operationalisierungswert. Denn die auf diese Weise erstellten zahlreichen Kataloge von Belastungsfaktoren im Lehrerberuf sind oft mehr Ausdruck ad hoc formulierter Überlegungen als eines theoretischen Modells. Ein weiteres Problem ist darin zu sehen, daß diese Belastungsfaktoren oft recht abstrakt, d.h. unabhängig von konkreten Situationen oder Tätigkeiten, erfaßt worden sind. Wie sie in der Tätigkeit auftreten, wie sie zusammenwirken usw., darüber wird nichts ausgesagt.

4.2.2. Stressorenmodelle

Nur wenige Konzepte zur Belastungsanalyse im Lehrerberuf sind theoriegeleitet. Einen solchen Ansatz stellen Milstein, Golaszewski & Duquette (1984), Mykletun (1984) und Renvoize (1986) vor. Die Autoren beziehen sich in Anlehnung an Cooper & Marshall (1980) auf sechs Belastungsbereiche, aus denen Stressoren der Lehrertätigkeit abgeleitet werden. Es sind

1. intrinsische Arbeitsstressoren,
2. Rollenprobleme,
3. soziale Arbeitsbeziehungen,
4. Organisationsklima und Organisationsstruktur der Schule,
5. Entwicklungs- und Förderungsprobleme,
6. Auswirkungen der Lehrertätigkeit auf andere Lebensbereiche.

Zu den *intrinsischen Arbeitsstressoren* zählen die Arbeitsaufgaben und -bedingungen. Ihre wesentlichen Faktoren wurden oben unter der Kategorie "Dauer, Art und Intensität der Arbeit" und "Arbeitshygienische Bedingungen" dargestellt. Aus den Arbeitsaufgaben und -bedingungen können ferner Tätigkeitsmerkmale abgeleitet werden, die in der (arbeits-)psychologischen Streßforschung von Bedeutung sind. Es sind die Kontrollmöglichkeiten bzw. nach Karaseks Modell (1979) der Handlungsspielraum und die Überforderung. Empirische Untersuchungen zu diesen streßrelevanten Tätigkeitsmerkmalen sind allerdings bislang kaum durchgeführt worden. Im deutschsprachigen Raum liegen lediglich Studien von Saupe & Möller (1981) und Rudow & Buhr (1986) bei Lehrern vor (siehe ausführlich Abschnitt 4.2.4.).

Rollenprobleme in der Schule sind in zwei verschiedenen Formen untersucht worden, und zwar als Rollen*ambiguität* und als Rollen*konflikt* (Dunham, 1976; Brenner, 1983; Milstein, Golaszewski & Duquette, 1984; Renvoize, 1986; Calderwood, 1989). Rollenambiguität liegt dann vor, wenn der Lehrer keine hinreichenden Informationen über zu erfüllende Rolle oder Aufgabe hat. Ein Rollenkonflikt ist dann gegeben, wenn verschiedene Rollen oder Aufgaben des Lehrers widersprüchlich sind bzw. nicht in gleicher Weise erfüllt werden können (siehe dazu ausführlich Kapitel 5.). Dies kann häufig auftreten, da dem Lehrer viele Rollen obliegen: das Erziehen, die Wissensvermittlung, die Beratung, die eigene Weiterbildung, die Ausführung von Verwaltungsaufgaben usw.. Milstein, Golaszewski & Duquette (1984) konnten an 130 Lehrern in Buffalo/New York feststellen, daß Rollenkonflikte stärker als Rollenambiguität belastet (siehe Tabelle 10).

Gestörte *soziale Beziehungen*, die sich in Kooperations- und Kommunikationsproblemen im Kollegium, zwischen Kollegium und Schulleiter usw. zeigen, können - wie schon oben ausgeführt - ein wesentlicher Belastungsfaktor sein. Soziale Beziehungen bestimmen sehr die Arbeitsatmosphäre an einer Schule. Diese wird ferner von der Organisationsstruktur determiniert. Der Führungsstil, die Hierarchien unter Kollegen und zwischen Lehrern und Schulleiter sowie Folgen derartiger Führungsstile und -hierarchien wie eingeschränkte Entscheidungsmöglichkeiten bei Entscheidungsdruck, geringe Kontrollmöglichkeiten über die eigenen Arbeitsbedingungen, Informationsdefizite, unzureichende Rückmeldungen u.a.m. können zu wesentlichen Stressoren eskalieren.

Berufliche Karrierechancen können ebenfalls eine Belastung für den Lehrer bedeuten. Sie können sich auf die Gehaltsentwicklung, auf eigene Fortbildungs- oder Qualifikationsmöglichkeiten, auf die Versetzung an eine andere Schule u.dgl.m. beziehen.

Schließlich hat die Berufstätigkeit auf *andere Lebensbereiche* einen Einfluß. Besonders relevant sind das Familienleben und die Freizeit. Da der Lehrer keine festgelegte, limitierte Arbeitszeit hat, besteht gerade bei ihm eine enge Verknüpfung von Berufs- und Privatleben. Da er sich der Öffentlichkeit, insbesondere den Eltern, stellen muß, ist er ferner stets der öffentlichen Kritik ausgesetzt. Dadurch wird er oft sogar in seiner Freizeit von der sozialen Umwelt nicht als Privatbürger, sondern als Vorbild betrachtet.

Zusammenfassend soll die theoriegeleitete Studie von Milstein et al. (1984) angeführt werden. Hier weisen die Stressoren folgende Belastungswerte auf:

Tabelle 9: Ausprägung organisationaler Stressoren im Lehrerberuf (Milstein et al., 1984)

Kategorie	Subkategorien	$\bar{x}$
Karriere	Gehalt Karrierechancen	4.34 2.67
Organisationsstruktur und -klima	Klima Struktur	3.03 2.98
Soziale Arbeits-beziehungen	Mangel an Kooperation Führungsstil Soziale Unterstützung	3.37 3.01 2.73
Intrinsische Arbeitsfaktoren	Quantitative Arbeitsüberlastung Qualitative Arbeitsüberlastung	3.35 3.12
Rolle in der Organisation	Verantwortlichkeit für Menschen Rollenkonflikt Rollenambiguität Transparenz	3.17 3.02 2.19 2.47

4.2.3. Situationsmodelle

Weitere Analysen berücksichtigen *Situationen* der Lehrertätigkeit. Belastungsbezogene Situationsanalysen weisen unterschiedliche Niveaus auf. Sie reichen von einer einfachen Phänomenologie pädagogisch schwieriger Situationen oder Konfliktsituationen oder kritischer Situationen bis zu Situationsbestimmungen nach handlungsrelevanten Merkmalen. Wulk (1988) unterscheidet z.B. "*kritische Situationen*" im Unterricht, außerhalb des Unterrichts und am häuslichen Arbeitsplatz. Die kritischen Unterrichtssituationen entstehen durch disziplinarische Störungen der Schüler, durch mangelnde Voraussetzungen der Schüler, durch schulorganisatorische Störungen, durch den Lärm- und Geräuschpegel und durch Mängel des Lehrers. Bluhme (1985) und Jahn (1987) wählten jeweils ein Merkmal für die Bestimmung der Belastungssituation, d.h. die Schwierigkeit, die Unvorhersehbarkeit oder die Handlungsunsicherheit. Grimm (1993) ließ sich von den Lehrern belastende und angenehme Unterrichtssituationen nennen. Belastend sind für Lehrer solche Unterrichtssituationen

- in denen Schüler gegen den Lehrer aggressiv sind und er spürt, daß er unbeliebt ist;
- in denen Schüler undiszipliniert und unkonzentriert arbeiten;
- in denen kein Kontakt zwischen Lehrer und Schülern besteht;
- in denen die Schüler passiv bzw. extrinsisch motiviert sind;
- in denen Lehrer und Schüler unmotiviert sind.

Die umfangreichste, gründlichste Studie zur Erfassung von "critical incidents" wurde von Blase (1986) durchgeführt. Er untersuchte "Streß"situationen von 392 Lehrern

verschiedenster Schularten in den USA. Methodisch ist die Untersuchung bemerkenswert, weil hier Situationen mit qualitativen Verfahren ermittelt und damit nicht vorgegeben wurden. Der Autor ermittelte folgende Bereiche von Belastungssituationen als Streßquellen:
- Organisation (39%),
- Schüler (18%),
- Administration (17%)
- Lehrerkollegium (9%),
- Eltern (5%).

Die entscheidende vermittelnde Variable zwischen Person und Situation ist nach Blase (ebenda) die wahrgenommene Kontrolle über die Belastungssituation. Das heißt, im Bereich der schulischen Organisation nehmen Lehrer am häufigsten fehlende Kontrolle wahr. Blase (1986) erfaßte ebenfalls die "Streß"gefühle, welche in diesen kritischen Situationen auftreten. Dabei unterschied er nachfolgende fünf Gefühle:
- Ärger, Frustration und Irritation,
- Depression (bzw. Hilflosigkeit),
- Angst (Antizipation negativer Konsequenzen des Verhaltens),
- Selbstkonzept (persönliche Blamage, eigene Schuldzuschreibung),
- physische Symptome (Kopfschmerzen, Schlaflosigkeit etc.).

Es stellte sich heraus, daß Lehrer in kritischen Belastungssituationen am häufigsten mit Ärger reagieren.

Der *situationsanalytische Ansatz* zur Belastungsbestimmung läßt sich wie folgt einschätzen: Mit ihm wird zweifelsohne über reizorientierte Belastungsanalysen hinausgegangen, indem der Situationsbestimmung objektive und/oder subjektive Merkmale der Lehrertätigkeit zugrunde gelegt werden. Allerdings muß bei allen angeführten Untersuchungen konstatiert werden, daß sie über das Pilotstadium nicht hinauskommen. Demgemäß weisen sie Grenzen auf. Die Bestimmung bzw. Erfassung von Belastungssituationen erfolgt oft noch recht willkürlich und z.T. nur exemplarisch nach ausgewählten Merkmalen oder Kognitionen. Hier wird auch deutlich, daß eine Taxonomie von pädagogischen Situationen einschließlich Belastungssituationen im Lehrerberuf noch aussteht. Bei Fortführung des situationsanalytischen Ansatzes zur Belastungsbestimmung bedarf es vor allem der Anwendung von handlungsrelevanten subjektiven Situationsmerkmalen, wie es z.B. in der Studie von Blase (1986) versucht wurde.

4.2.4. Handlungsmodelle

Hier ist zunächst das handlungstheoretische Modell der Belastung von Schönpflug (1985) zu nennen. Der Autor legt seinen Auffassungen zur Lehrerbelastung ein verhaltensökonomisches Modell zugrunde, das im wesentlichen auf Nutzen-Kosten-Bilanzierungen basiert. Als maximal belastend wird ein annähernd ausgeglichenes Anforderungs-Kapazitätsverhältnis gesehen; wenn die voll verfügbare Kapazität gefordert wird, wird die Beanspruchung zur Ausschöpfung der verfügbaren Kapazität maximal sein. Die Beanspruchung wird selbstverständlich geringer sein, wenn die verfügbare Kapazität nicht voll gefordert wird. Die Kapazität des Lehrers kann überschritten werden (gleich Überforderung), wenn folgende Belastungen auftreten:

Schulorganisation
1. Konflikte mit Kollegen,
2. Konflikte mit der Schulleitung bzw. der Schulbehörde,
3. Konflikte mit Eltern (institutionalisierte Elternräte, Einzeleltern),
4. Qualifikationsdefizite
5. Aufmerksamkeits- und Disziplindefizite bei den Schülern,
6. Defizite im Sozialverhalten, insbesondere Aggressivität, bei den Schülern;

Lehraufgaben und Lehrmittel
7. unklare oder anspruchsvolle Lehrziele,
8. Mängel in der Organisation des Lehrplans,
9. Fehlen von Unterrichtshilfen;

Außerberufliche Verpflichtungen
10. zusätzliche Aufgaben in Vereinen, Verbänden und politischen Vereinigungen, die sich aus dem gesellschaftlichen Engagement des Lehrers ergeben,
11. weiteres Engagement in Bezirk und Gemeinde vom Typus der Sozialarbeit.

Im Kontext dieser Belastungsquellen weist Schönpflug (ebenda) vor allem auf die Simultaneität von Mehrfachanforderungen aus verschiedenen Bereichen hin. Sie verlangt eine Koordinationstätigkeit, eine Aufmerksamkeitsverteilung, eine Zeitkontrolle und einen Planungsaufwand ab, welche die Belastungen aus den Einzelbereichen noch verstärken.

Schönpflug (ebenda) führt ferner Belastungen an, die aus den *Arbeitsaufgaben* resultieren:
- Überforderung durch Einzelaufgaben,
- Überforderung durch Mehrfachaufgaben,
- Überforderung durch konflikthafte Aufgabenstellung,
- Überforderung durch unklare Aufgabenstellung.

Weitere Belastungen sind im Bereich der *Rückmeldungen* zu finden. Lehrer leiden oft
- am Fehlen von Rückmeldungen,
- an der Unklarheit einzelner Rückmeldungen,
- an der Einseitigkeit der erhaltenen Rückmeldungen,
- an der falschen zeitlichen Plazierung von Rückmeldungen.

Die Rückmeldungen über die Qualität und Effizienz seiner Tätigkeit stellen für den Lehrer ein Problem dar, da es nur wenige objektive Effizienzkriterien für die Bildungs- und Erziehungsarbeit gibt. Woran soll der Lehrer seinen Erfolg messen? Er braucht Rückmeldungen über seine Tätigkeit. Da diese aber oft ausbleiben oder einseitig, unklar oder zeitlich deplaziert sind, fehlen ihm oft die Erfolgserlebnisse, die ein Beschäftigter hat, der seine Leistung täglich objektivieren kann.

Schließlich fordert Schönpflug (ebenda) ein Prozeßdenken bei der Analyse von Belastungen in der Lehrertätigkeit, indem z.B. schlichte Unterscheidungen des Zeitpunkts der Belastungen vorgenommen werden. Man sollte differenzieren Belastungen

- während der Unterrichtszeit: mentale Belastung aufgrund der Interaktion mit den Schülern unter der Zielsetzung des Lehrplans und der Schulordnung (gleich Unterrichtsbelastung);
- vor der Unterrichtszeit, während der Vorbereitung: auch hier mentale Belastung durch Auseinandersetzung mit der bevorstehenden Aufgabe, aber verbunden mit emotionaler Belastung (Angst) durch Gedanken an mögliches Versagen;
- nach der Unterrichtszeit: mentale Auseinandersetzung mit Erfolgen oder Mißerfolgen, die emotionale Belastungen (Frustration, Selbstwertverlust u.dgl.m.) nach sich ziehen kann.

Den Zeitaspekt sollte man aber nicht nur auf die Unterrichtstätigkeit i.e.S. beziehen, sondern darüber hinaus auf die Tätigkeit über die Unterrrichtswoche, über Unterrichtsmonate bzw. im Verlauf eines Schuljahres. Es gibt zweifellos saisonale Belastungsgipfel in der Tätigkeit des Lehrers, z.B. der Zeitpunkt der Notenkonferenzen.

Schönpflug (ebenda) hat mit seinem handlungsorientierten Konzept angedeutet, welche Belastungen unter den Aspekten der Zeit, der Aufgaben, der sozialen Unterstützung, der Organisation usw. zu beachten sind.

Ein weiterer handlungsorientierter Ansatz zur Erfassung von Belastungen ist die *Analyse von Arbeitsaufgaben bzw. Teiltätigkeiten* nach ausgewählten Belastungskriterien. In Anlehnung an das arbeitspsychologische Konzept von Hacker (1986) zum hierarchischen Aufbau der Tätigkeit (siehe Abbildung 10) wurden Tätigkeitseinheiten in Form von Teiltätigkeiten erfaßt (vgl. Rudow, 1986). Die Analyse der Teiltätigkeiten wurde im Vergleich zu einzelnen Handlungen bevorzugt, da Teiltätigkeiten an längerfristige Aufgabenkomplexe, welche die Lehrertätigkeit über Jahrzehnte hindurch organisieren bzw. ausrichten und somit einen wichtigen Bestandteil der Persönlichkeit bilden, gebunden sind (Tomaszewski, 1981). Einzelne Handlungen oder Teilhandlungen von Lehrern sind stärker von aktuellen Ausführungsbedingungen abhängig und weisen damit eine geringere zeitliche Stabilität auf.

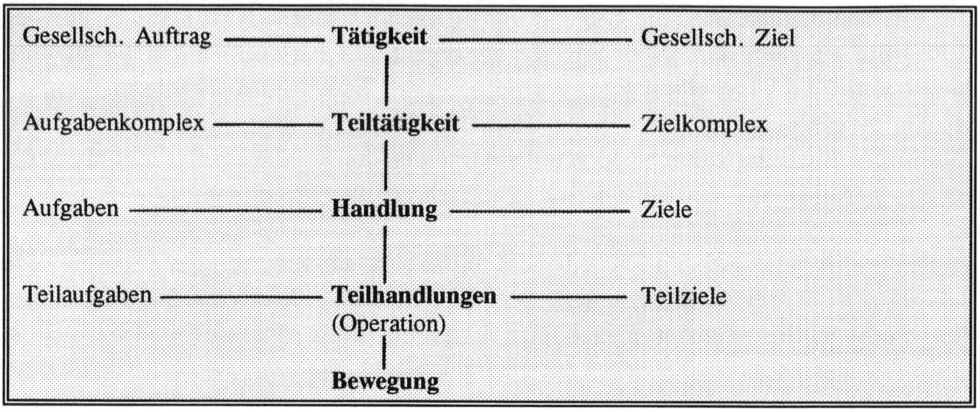

Abbildung 10: Struktur der (Lehrer-)Tätigkeit

Zur empirischen Erfassung der Arbeitsaufgaben bzw. Teiltätigkeiten ging ich von einer nach funktionalen Gesichtspunkten gegliederten Lehrertätigkeit aus. Nach den Tätigkeitsbereichen Unterrichtsvorbereitung, Unterrichtsvollzug, Unterrichtsnachbereitung, außerunterrichtliche Tätigkeit und (berufsbedingte) gesellschaftliche Tätigkeit wurden auf der Grundlage von Expertenratings diejenigen Teiltätigkeiten bestimmt, die am häufigsten in der Lehrertätigkeit auftreten. Der erstellte Katalog von 55 Teiltätigkeiten (siehe Tabelle 10) bildete die Basis für die Entwicklung von Fragebögen zur Diagnostik der subjektiven Belastung nach den Tätigkeitsmerkmalen "Schwierigkeit" (kognitive Belastung) und "Aversivität" (emotionale Belastung). Danach schätzten die Lehrer im Fragebogen jeweils auf einer fünfstufigen Skala die einzelnen Teiltätigkeiten ein ("Die Tätigkeit ist für mich ... schwierig bzw. ... unangenehm" - Antwortstufen: völlig - überwiegend - etwas - kaum -nicht).

Tabelle 10: Teiltätigkeiten des Lehrers

I. Unterrichtsvorbereitung

1. Informieren zum Unterrichtsthema
2. Erfassen der aktuellen Klassensituation
3. Einstellen auf extreme Schüler oder Schülergruppen
4. Orientieren am Lehrplanwerk
5. Einhalten des Stoffverteilungsplanes
6. Planen des didaktisch-methodischen Vorgehens
7. Nutzen bzw. Beschaffen nötiger Unterrichtsmittel
8. Planen der Einbeziehung von Schülern in die Unterrichtsgestaltung
9. Einstellen auf vorgegebene Stundenplangestaltung, einschließlich Raumverteilung
10. Einstellen auf Besonderheiten im Schulbetrieb (Hospitation, Klima o.a.)

II. Unterrichtsvollzug
11. Aktivieren einzelner Schüler oder der Klasse
12. Konzentrieren auf Unterrichtsstoff und -ziel
13. Konzentrieren und Einflußnahme auf Verhalten schwieriger Schüler
14. Auseinandersetzung mit undisziplinierten Schülern
15. Förderung zurückgebliebener Schüler
16. Realisieren des geplanten didaktisch-methodischen Vorgehens
17. Wiederholen bzw. Festigen, Vertiefen und Systematisieren des Stoffes
18. Anleiten der Schüler zur selbständigen Aufgabenlösung
19. Kontrollieren bzw. prüfen von Schüleraufgaben und -leistungen
20. Einflußnahme auf Konzentration der Schüler für den Unterrichtsstoff
21. Bewerten von Schülerleistungen
III. Unterrichtsnachbereitung
22. Analysieren der eigenen Tätigkeit bzw. Wirksamkeit im Unterricht
23. Kontrollieren und Bewerten von Schülerleistungen
24. Analysieren des Schülerverhaltens, ibs. von Disziplinproblemen
25. Analysieren von Schülerleistungen, ibs. von schlechten Leistungen
26. Analysieren von Veränderungen der Klassensituation
27. Schlußfolgern für künftige Unterrichtsgestaltung
IV. Außerunterrichtliche Tätigkeit
28. Anleiten und Führen von Arbeitsgruppen, Klubs, Zirkeln u.a.m.
29. Arbeit in gesellschaftlichen Organisationen
30. Anleiten und Beraten von Schülern mit Problemen
31. Förderung begabter Schüler
32. Förderung zurückgebliebener Schüler
33. Auseinandersetzen mit undisziplinierten Schülern
34. Gespräche mit Eltern und weiteren Erziehungsträgern
35. Versammlungen, Sitzungen, Beratungen im Lehrerkollegium zu schul- und unterrichtsbezogenen Aspekten
36. Anfertigen von Plänen und Berichten zur Bildungs- und Erziehungsarbeit
37. Erledigen von verwaltungstechnischen und organisatorischen Aufgaben (Ausarbeitung des Klassenleiterplans, Führen des Klassenbuchs u.a.m.)
38. Rechenschaftslegung über Ergebnisse der Bildungs- und Erziehungsarbeit in zuständigen Gremien
39. Versammlungen zu gesellschaftspolitischen Themen
40. Organisieren von Veranstaltungen mit Schülern oder Kollegen
41. Besuch von gesellschaftlichen, kulturellen oder anderen Veranstaltungen mit Schülern oder Kollegen
42. Pausen- und Aufsichtstätigkeit
43. Organisieren und Teilnahme an Pflege und Gestaltung von Klassenraum, Fachkabinett u.a.m.
44. Hospitationen bei Kollegen, Mentorentätigkeit usw.
V. Gesellschaftliche Tätigkeit
45. Obligatorische Weiterbildung
46. Individuelle Weiterbildung oder Qualifikation
47. Propagandistische Tätigkeit in Schule und in Öffentlichkeit
48. Organisatorische Tätigkeiten in beruflichen Funktionen
(Schulleitung, Gewerkschaft usw.)
49. Tätigkeit in gesellschaftlichen Organisationen

VI. Weitere allgemeine und besondere Tätigkeiten
50. Kurzfristiges Übernehmen von Vertretungsstunden
51. Einhalten der Schulordnung
52. Durchsetzen der Hausordnung
53. Finden angemessener Schulstrafen für besonders schwierige Schüler
54. Auseinandersetzen mit Problemen von bzw. unter Kollegen
55. Einstellen auf Lärm, hygienische Bedingungen usw. an der Schule

Die Lehrer differenzierten hinreichend zwischen kognitiver und emotionaler Belastung, d.h. zwischen Schwierigkeit und Aversivität der einzelnen Teiltätigkeiten. Dies wurde durch relativ geringe Korrelationen beider Merkmale bei jeder Teiltätigkeit festgestellt. Zur Beantwortung der Frage, welche Teiltätigkeiten bzw. Arbeitsaufgaben wie belastend bzw. schwierig oder unangenehm sind, erfolgten ferner eine Cluster- und Diskriminanzanalyse. Mit ihrer Hilfe wurden Klassen von Teiltätigkeiten unterschiedlichen Belastungsgrades ermittelt (siehe dazu ausführlich Rudow, 1990b).

Hier soll exemplarisch auf die Analyse des (Teil-)Tätigkeitsmerkmals "Schwierigkeit" hingewiesen werden. Folgende Subklassen von schwierigen Teiltätigkeiten wurden ermittelt:

Subklasse I

(a) Kontrollieren bzw. Prüfung von Schüleraufgaben und -leistungen,
(b) Analysieren des Schülerverhaltens, insbesondere von Disziplinproblemen,
(c) Analysieren der Schülerleistungen, insbesondere von schlechten Leistungen,
(d) Kontrollieren und Bewerten von Schülerleistungen.

Zusammenfassend kann diese Klasse mit "Analysieren, Kontrollieren und Bewerten von Schülerverhalten und -leistungen" beschrieben werden.

Subklasse II

(a) Einstellen auf Besonderheiten im Schulbetrieb,
(b) Gespräche mit Eltern und weiteren Erziehungsträgern,
(c) kurzfristiges Übernehmen von Vertretungsstunden,
(d) Pausen- und Aufsichtstätigkeit,
(e) Organisieren und Teilnahme an Pflege und Gestaltung von Klassenraum, Fachkabinett u.a.m.

Zusammenfassend kann diese Klasse als "Besondere außerunterrichtliche bzw. außerplanmäßige Tätigkeiten" bezeichnet werden.

Subklasse III

(a) Anfertigen von Plänen und Berichten zur Bildungs- und Erziehungsarbeit,
(b) Erfüllen von verwaltungstechnischen und organisatorischen Aufgaben,
(c) Organisatorische Arbeiten im Rahmen gesellschaftlicher Organisationen.

Zusammenfassend kann diese Klasse mit "Organisatorische und verwaltungstechnische Tätigkeiten" gekennzeichnet werden.

Dieser belastungsanalytische Ansatz ist *aufgaben*bezogen. Damit trägt er zur Schließung einer oft beklagten Lücke in der Lehrerforschung bei, d.h. zur Aufgabenanalyse unter dem Gesichtspunkt der Arbeitsbelastung (vgl. Schönwälder, 1983b). Er ist aber nicht problemlos. Ein Problem stellt die Interpretation der ermittelten Einzelbelastungen (Teiltätigkeiten) im Sinne der Mehrfachbelastung dar. Es bleibt offen, wie die kumulative Wirkung verschiedener, zum Teil gleichzeitig und gleichsinnig wirkender belastenden Teiltätigkeiten ist. Ein anderes Problem besteht darin, daß bei dieser Analyse nicht die psychischen Regulationsprozesse (Bewältigungsformen, Einstellungen u.a.m.), die subjektiv belastenden Teiltätigkeiten zugrunde liegen, miterfaßt wurden.

Die Analyse der *Gesamttätigkeit* ist ein weiterer belastungsanalytischer Zugang. Schubert (1983) ermittelte an 48 Lehrern mit Hilfe des halbstandardisierten Interviews belastende Tätigkeitsmerkmale (siehe Tabelle 11). Ferner wurden Tätigkeitsmerkmale geprüft, die besonders aus der arbeitspsychologischen Streßforschung bekannt sind. Saupe & Möller (1981) analysierte die Variablen "Eigenkontrolle" und "Person-Umwelt-Adaptation" in bezug auf Depression, psychosomatische Beschwerden, Gereiztheit u.dgl.m.. Sie konstatierten positive Beziehungen zwischen dem Grad der subjektiven bzw. der Person-Umwelt-Adaptation und der geringeren Ausprägung dieser psychischen Störungen. Analog ist das Ergebnis von Rudow & Buhr (1986), die - ausgehend von dem Karasek-Modell (1979) - eine signifikant positive Korrelation zwischen dem Tätigkeitsmerkmal "Anforderungshöhe" und verhaltensneurotischen Störungen bzw. dem chronischen Ermüdungs- und Streßerleben und eine signifikant negative Korrelation zwischen dem Tätigkeitsmerkmal "Entscheidungsspielraum in der Arbeit" und der Ausprägung chronischen Ermüdungserlebens fanden.

Die Gesamttätigkeit wurde bisher im Lehrerberuf nur allgemein nach einzelnen Merkmalen analysiert. Sie sollte in Zukunft noch stärker unter dem Zeitaspekt analysiert werden. Das heißt: Wie belastend ist die Gesamttätigkeit einschließlich einzelner Tätigkeitsmerkmale (Anforderungsvielfalt und -intensität, Handlungs- und Entscheidungsspielraum usf.) im Verlaufe eines Unterrichtstages, einer Unterrichtswoche, einer Unterrichtsperiode (von Ferien zu Ferien) oder gar eines Schuljahres? Die Beantwortung solcher Fragen steht noch aus.

Tabelle 11: Belastende Tätigkeitsmerkmale im Lehrerberuf

Rang-platz	Tätigkeitsmerkmale	Häufig-keit
1	Unzufriedenheit mit Führungsstil der Schulleitung bzw. akute Konflikte mit der Leitung	78,3 %
2	eingeschränkter Entscheidungs- und Handlungspielraum	75,0 %
3,5	zeitweise Überforderung durch Häufung von Anforderungen in best. Zeitabschnitten des Schuljahres	70.0 %
3,5	keine Identifikation mit einzelnen Anforderungen im außerunterrichtlichen Bereich	70,0 %
5,5	fehlende bzw. unzureichende soziale Hilfe	66,6 %
5,5	hektisches und störungsvolles Arbeitsklima an der Schule	66,6 %
7	Überforderung durch langandauernde psychomentale Belastung	63,3 %
8	Angreifbarkeit und Rechtfertigungspflicht hins. getroffener Entscheidungen	56,6 %
9	unzureichende Wertschätzung der eigenen Tätigkeit	50,0 %
10	Selbstwertbedrohung durch Schülerverhalten	48,3 %
11	Verantwortungsdruck	46,6 %

4.2.5. Das Modell der Mehrfachbelastung

Die Lehrerbelastung ist nicht über *einen* repräsentativen Faktor, *eine* Größe oder *eine* Kategorie definierbar. Die Arbeit des Lehrers ist prinzipiell eine Mehrfachtätigkeit und daher *Mehrfachbelastung*. Dies heißt: Auf den Lehrer wirken gleichzeitig und dauerhaft mehrere, verschiedenartige Belastungsfaktoren ein. Dauerhaft bedeutet jedoch nicht, daß die Kombination unbedingt ständig bestehen muß, sie muß jedoch wiederholt mit entsprechender Intensität und Zeitdauer auftreten. Bedeutsam ist eine Kombination von Anforderungen oder Belastungen dann, wenn sie mit höherer Wahrscheinlichkeit zu negativen Beanspruchungsreaktionen und/oder -folgen führt.

Es kann angenommen werden, daß bei Mehrfachbelastung die Belastungsfaktoren oder -arten gleichsinnig zusammenwirken. Hierbei lassen sich zwei Möglichkeiten denken (vgl. Semmer, 1984; Dunckel, 1991):

(a) *Summation* der Belastungsfaktoren

Es wird davon ausgegangen, daß eine additive Verknüpfung der Einzelbelastungen stattfindet. Liegen begründete Hypothesen über die relative Bedeutung verschiedener

Belastungsfaktoren vor, so kann man sie zusätzlich gewichten. (Life-Event-Listen sind ein Beispiel für den Summationsansatz.)

(b) *Multiplikative* Verknüpfung der Belastungsfaktoren
Geht man davon aus, daß sich mehrere Belastungsfaktoren in ihrer Wirkung wechselseitig verstärken oder daß die Existenz des einen Voraussetzung für die Wirkung des anderen ist, so ergibt sich ein multiplikatives Modell.

Es fehlen bislang empirische Belege dafür, welche Kombinationen von Belastungsfaktoren in der Lehrertätigkeit auftreten. Wie in ihr einzelne Belastungsfaktoren zur Mehrfachbelastung verschmelzen, darüber können gegenwärtig keine verbindlichen Aussagen getroffen werden. Es ist offen, wie die oben genannten vielen und verschiedenartigen Belastungsfaktoren zusammenwirken. Ob dies additiv oder multiplikativ oder kompensierend, gleichzeitig oder aufeinander erfolgt usw., dies sind Fragen, über die bei der gegenwärtigen Forschungslage nur vage Hypothesen formuliert werden können.

4.2.6. Das Modell der belastenden Lebens- und Tagesereignisse

Das Konzept der lebensverändernden Ereignisse oder "*life events*" (Katschnig, 1984 u.a.m.) und der täglichen Ärgernisse oder "*daily hassles*" (DeLongis et al., 1988) kann auch beim Lehrer nicht umgangen werden. Ein Problem besteht darin, daß in der Klinischen oder Gesundheitspsychologie - unter weitgehender Vernachlässigung der beruflichen Belastungen - die belastenden Lebens- und/oder Tagesereignisse im Vordergrund stehen, während in der arbeits- und organisationspsychologischen Belastungsforschung der Fokus des Interesses auf die Arbeitsbelastungen - unter weitgehender Vernachlässigung anderer Lebensbelastungen - gerichtet ist. Wenn wir die Belastungen von Lehrern im umfassenden Sinne verstehen wollen, so bedarf es auch der Berücksichtigung von beruflichen und außerberuflichen Lebens- und Tagesereignissen.

Das Konzept der belastenden Lebens- und Tasgesereignisse hat für die Lehrertätigkeit in zweifacher Hinsicht eine Bedeutung. Zum einen hat es eine Relevanz, wenn es um die psychische Belastung arbeitsloser Lehrer geht (Ulich et al., 1985). Hier stellt die Arbeitslosigkeit ein oft anhaltendes, stark belastendes Lebensereignis dar. Zum anderen ist es bedeutsam, wenn der Einfluß gravierender biografischer Ereignisse und täglicher Ärgernisse im beruflichen und außerberuflichen Leben auf die Arbeitstätigkeit bestimmt wird.

Life events haben Einfluß auf Beanspruchungsreaktionen und -folgen von Lehrern. Georgas & Giakoumaki (1984) prüften beispielsweise die Beziehungen zwischen ihnen und psychosomatischen Symptomen sowie der manifesten Angst bei 129 Lehrern. Sie stellten fest, daß Lehrer mit hohen Angstwerten und ausgeprägten psychosomatischen

Beschwerden mehr und spezifisch belastende Lebensereignisse angaben. Ein vergleichbares Ergebnis erhielten Brenner & Bartel (1984) bei kanadischen Lehrern. Hier zeigten sich ebenfalls Effekte von life events auf den subjektiven Arbeitsstreß.

4.2.7. Folgerungen

Die Modelle belegen, daß es keinesfalls *den* Ansatz zur Beschreibung und Ermittlung der psychischen Belastung gibt. Sie beleuchten das Belastungsproblem von verschiedenen Seiten her. Sie zeigen, wo Belastungsschwerpunkte liegen. Sie machen aber auch deutlich, daß es schwierig oder gar unmöglich ist, die *Gesamt*belastung des Lehrers in qualitativer oder quantitativer Form zu erfassen und dementsprechend Allgemeinaussagen zu treffen. Deshalb läßt sich besonders die recht häufig diskutierte Globalfrage, ob Lehrer *über-* oder *fehl*belastet seien, nicht so einfach beantworten. Vielmehr sollte nach *Schwerpunkten* psychischer Belastung in der Arbeitstätigkeit des Lehrers - differenziert nach der Art der Lehrertätigkeit (Schulart, Fachkombinationen, Funktionen usw.) - gefragt werden. Dabei ist es angebracht, von einfachen quantitativen Belastungsangaben, besonders unter dem Zeitaspekt, zu differenzierten tätigkeitsanalytischen Studien, die vorwiegend qualitative Gesichtspunkte aufweisen, überzugehen. Hierfür bieten der situations- und handlungsanalytische Zugang gute Anknüpfungspunkte. Es ist zum Beispiel zu prüfen, ob und in welcher Form eine tätigkeitsanalytische Methode, wie sie zur Analyse industrieller Arbeitstätigkeiten Anwendung findet, ebenfalls zur Belastungsanalyse in der Lehrertätigkeit entwickelt werden kann. Gewiß ist die Lehrertätigkeit komplexer und facettenreicher als viele industrielle Arbeitstätigkeiten. Zumindest sollte die Entwicklung tätigkeitsanalytischer Methoden in bezug auf ausgewählte Lehrertätigkeiten (Gymnasium, Realschule, Hauptschule, Sonderschule usw.) geprüft werden.

4.3. Zusammenfassung

(1) Die Belastung trägt objektiven wie subjektiven Charakter. Als *objektive Belastung* sind alle Arbeitsanforderungen zu verstehen, welche der Lehrer zu bewältigen hat. Die psychische oder *subjektive Belastung* ist das Ergebnis kognitiver Widerspiegelung objektiver Belastungsfaktoren, wobei eine wesentliche Komponente die *Selbstbelastung* ist.

(2) Es gibt nicht *die* psychische Belastung im Lehrerberuf. Grundsätzlich stellen die Anforderungen im Lehrerberuf eine *Mehrfachbelastung* dar. Das heißt, die Lehrertätigkeit weist mehrere, verschiedenartige Belastungsfaktoren und -arten auf, die sich

in Auftrittsdauer und -intensität unterscheiden. Die reale Belastung ist durch das Zusammenwirken mehrerer Belastungsquellen und -faktoren bestimmt. Über die Art des Zusammenwirkens ist in der Lehrertätigkeit wenig bekannt.

(3) Zur Beschreibung der Lehrerbelastung finden reizorientierte, Stressoren-, Situations- und handlungsorientierte Modelle Anwendung. Ihre Vor- und Nachteile werden diskutiert. Handlungsorientierte Modelle werden meines Erachtens der Komplexität der Lehrerbelastung am meisten gerecht. Zudem berücksichtigen sie Aspekte der übrigen Modelle.

(4) Empirische Belastungsanalysen beziehen sich auf einzelne Belastungsfaktoren, belastende Situationen, Arbeitsaufgaben bzw. Teiltätigkeiten oder Merkmale der Gesamttätigkeit. Aufgrund der Vielfalt der Untersuchungsansätze ist gegenwärtig kein eindeutiger Schluß von empirischen Forschungsergebnissen auf eine bestimmte Qualität oder gar Quantität der psychischen Belastung im Lehrerberuf möglich. Vorliegende Ergebnisse lassen aber eher den Schluß auf eine (zu) hohe psychische Belastung zu.

(5) Empirische Studien sollten neben der Arbeitszeit weitere relevante Belastungsfaktoren differenziert erfassen. Für eine systematische empirische Belastungsforschung wurden Modelle dargelegt. Dabei sind diejenigen methodischen Ansätze zu favorisieren, welche als Analyseeinheit Arbeitsaufgaben bzw. Teiltätigkeiten (einschließlich Ausführungsbedingungen) und Tätigkeitsmerkmale aufweisen.

Kapitel 5. Streß und Angst

Es gibt heute Schulen, an denen "streunende" Lehrer -
Lehrer, die sich einfach nicht in ihre Klasse trauen -
ein fast so großes Problem sind wie streunende Schüler.
(H. v. Hentig, 1976, S. 70)

5.1. Einführung

Unter den Beanspruchungsreaktionen und -folgen interessieren im weiteren besonders der *Streß* einschließlich Angst, *Burnout* und die *Arbeitszufriedenheit*. Monotonie und psychischen Sättigung treten gewiß auch in der Lehrertätigkeit auf. Monotonie wird beispielsweise beim Lehrer durch einförmige Wiederholungstätigkeiten folgender Art erzeugt: die Behandlung desselben Unterrichtsstoffes in mehreren Klassen, das wiederholte Erklären von bestimmten Fakten, Gesetzen, Regeln u.dgl.m. für "dumme" Schüler usw. Psychische Sättigung gehört ebenfalls zum Lehreralltag. Sie kann z.B. dann auftreten, wenn derselbe Schüler wiederholt die Hausaufgaben nicht gemacht hat, wenn immer wieder die gleichen falschen Antworten auf bestimmte Fragen kommen, wenn einige Schüler einen relativ leichten Stoff nicht begreifen usf.. Wir gehen aber davon aus, daß diese Zustände zeitlich sehr begrenzt und in der Lehrertätigkeit nicht dominant sind (wie beispielsweise bei der Fließbandtätigkeit in der Industrie). Deshalb haben sie sowohl im Kontext der Leistungsfähigkeit als auch der Gesundheit bzw. in der Ätiologie und Pathogenese von Gesundheitsstörungen und Erkrankungen nicht solchen großen Stellenwert wie vor allem Streß und Burnout. Die psychische Ermüdung wird ausgespart, weil zu ihr bislang im Lehrerberuf kaum empirische Untersuchungen vorliegen, die der Diskussion wert wären. Da aber Phänomene psychischer Ermüdung in der Lehrertätigkeit relativ häufig auftreten - und diese eine Relevanz für Leistungsfähigkeit und Gesundheit haben - wird eine Lücke deutlich, die zu schließen ist.

5.2. Theoretische Aspekte

"Streß" und "Angst" sind seit geraumer Zeit nicht nur in der Alltagssprache, sondern auch im fachwissenschaftlichen Vokabular oft zu Schlagworten oder zu Globalkonzepten verwässert sind, mit denen man jedwede Belastung oder Beanspruchung beschreibt oder erklärt. Das gleiche Schicksal hat mittlerweile die Begriffe "Lehrerstreß" und "Lehrerangst" ereilt (vgl. Weidenmann, 1984; Holtz, 1987). Sollte man Aussagen von Lehrern oder der großen Anzahl von populär- oder fachwissenschaftlichen Veröffentlichungen folgen, so könnte sogar - überspitzt formuliert - der Eindruck entstehen, die Lehrertätigkeit sei ein Synonym für Streß und/oder Angst. Abgesehen davon, daß damit das öffentliche Image des Lehrerberufs verzerrt wird, steht die Vielzahl von Meinungen und Publikationen in keinem angemessenen Verhältnis zum realen Problem. Weitgehende Unklarheit oder gar Verwirrung herrscht vor allem zu den Fragen: Was ist Streß? Was ist Angst? Wie können Streß- und/oder Angstphänomene im Lehrerberuf gemessen werden?

Es besteht seit Lazarus (1966) ein Konsens darüber, daß psychischer Streß im Kontext von kognitiven Bewertungs- und Bewältigungsprozessen zu verstehen ist. "Streß" tritt dann auf, wenn Reize, Anforderungen oder Belastungen in spezifischer Weise bewertet werden. Nach der Meinung von Lazarus (1966) tritt dieser dann auf, wenn die Anforderung bzw. Belastung als Gefährdung oder Bedrohung bewertet wird. Diesem Konzept folgten viele Autoren besonders in den 70er Jahren (z.B. Hoyos, 1974; Cox, 1978). Später wurde es erweitert (Lazarus & Launier, 1981; Lazarus & Folkman, 1984). Danach können Ereignisse als irrelevant, angenehm oder streßrelevant (stressful) eingeschätzt werden. Werden sie als streßrelevant beurteilt, können sie einer von drei möglichen Ereignisklassen zugeordnet werden:

1. *Schädigung oder Verlust* (harm-loss)

Die Ereignisse sind bereits abgeschlossen, z.B. körperliche Beeinträchtigung, Verlust des Arbeitsplatzes, einer nahestehenden Person, der Selbstachtung usw..

2. *Bedrohung* (threat)

Die Ereignisse können ähnlich wie unter 1. sein, sie sind jedoch noch nicht abgeschlossen, sondern werden zumeist antizipiert.

3. *Herausforderung* (challenge)

Die Ereignisse werden zwar als (etwas) diskrepant zu den eigenen Handlungsmöglichkeiten wahrgenommen, sie werden jedoch als Anregung zur Auseinandersetzung mit ihnen aufgefaßt, um Wachstum, Erfolg, Selbstbestätigung u.dgl.m. zu erfahren. Mit der Belastungsbewältigung sollen positive Effekte erreicht werden, d.h. Verbesserungen (1) der zukünftigen Handlungsmöglichkeiten, (2) der sozialen Beziehungen, (3) des Selbstwertgefühls, (4) der körperlichen Leistungsvoraussetzungen, (5) der materiellen Ressourcen u.a.m.. Die Herausforderung ist mit einer Erregung verbunden, die als unangenehm erlebt werden kann.

"Streß" ist folglich als Schirmbegriff für negative Emotionen, die bei aversiven (unangenehmen) (Arbeits-)Anforderungen auftreten können, zu verstehen. Das Hauptmerkmal ist ein unangenehmer Spannungszustand. Dazu zählen Emotionen wie Ärger, Wut, Aggressivität, Gereiztheit, Frustration, Enttäuschung, Depressivität und insbesondere Angst. Mit dieser Auffassung folgen wir auch Kyriacou (1987, 146), der "teacher stress" im gleichen Sinne definiert. *Beispiel*: *Wenn sich ein Lehrer über die*

Dummheit der Schüler ärgert, wütend ist über die Eltern, welche die schlechten Leistungen ihres Kindes ignorieren, frustriert ist durch die Disziplinlosigkeit einiger Schüler im Unterricht, enttäuscht ist über das schlechte Abschneiden der Klasse in einer Klassenarbeit usf., dann ist er im "Streß".

"Streß" wird nicht nur als Reiz oder Reaktion oder Zustand betrachtet, sondern als *Prozeß*, der durch Phasen der Bewertung und Bewältigung bestimmt ist. Das Prozeßmodell fand auch Eingang in die Lehrerforschung. Kyriacou & Sutcliffe (1978a) und Freeman (1987) übertrugen es auf "Lehrerstreß". Ihre Modellvorstellung wurden von mir erweitert (vgl. Abbildung 11).

Arbeitsbelastungen werden vom Lehrer bewertet (primäre Bewertung). Wenn die Bewertung eine reale oder potentielle Gefährdung tätigkeitsbestimmender Bedürfnisse bzw. Motive (Bedrohung des Selbstkonzeptes, des Wohlbefindens, der Gesundheit usf.) impliziert, dann wird die (an sich indifferente) Belastung zum Stressor für den Lehrer. *Beispiel: Disziplinverstöße einer Klasse werden als Bedrohung des Selbstkonzeptes wahrgenommen.*

Der Stressor (z.B. die undisziplinierte Klasse) wird danach eingeschätzt, welche (individuellen und Umwelt-) Ressourcen zu seiner Bewältigung gegeben sind (sekundäre Bewertung). *Beispiel: Der Lehrer stellt sich Fragen wie "Habe ich genügend Kompetenzen und Kraft, um mit dieser Klasse fertig zu werden?", "Kann ich mit den Eltern konstruktiv über das Verhalten ihrer Kinder sprechen?"*

Auf der Grundlage dieser Einschätzung folgt sodann der aktive Bewältigungsversuch. Ist dieser erfolgreich, so treten keine Streßreaktionen auf. Ist er nicht erfolgreich, so können Streßreaktionen auf der Erlebens- und/oder Verhaltens- und/oder psychobiologischen Regulationsebene auftreten.

In Abhängigkeit von der Effizienz der Bewältigung erfolgt eine Neubewertung der Arbeitsbelastung. Ist die Arbeitsbelastung nicht angemessen bewältigt worden, so bleibt ihr Stressorencharakter. Das heißt, es folgen wieder die (sekundäre) Bewertung der Bewältigungsressourcen, die aktive Bewältigung usw.usf. Sollte die Bewältigung erneut ineffizient sein, so wird die Streßreaktion anhalten. Chronischer Streß ist die Folge. Streßfolgen in Form funktioneller Störungen besonders im Herz-Kreislauf- und Magen-Darm-System, neurotischer Störungen (Angst, Depression, Arbeitsstörungen usw.) oder gar psychosomatischer Störungen (Eßstörungen, Sexualstörungen, Obstipation usw.) oder Erkrankungen (Ulcus duodeni, Ulcus ventriculi, ischämische Herzerkrankungen usw.) treten auf.

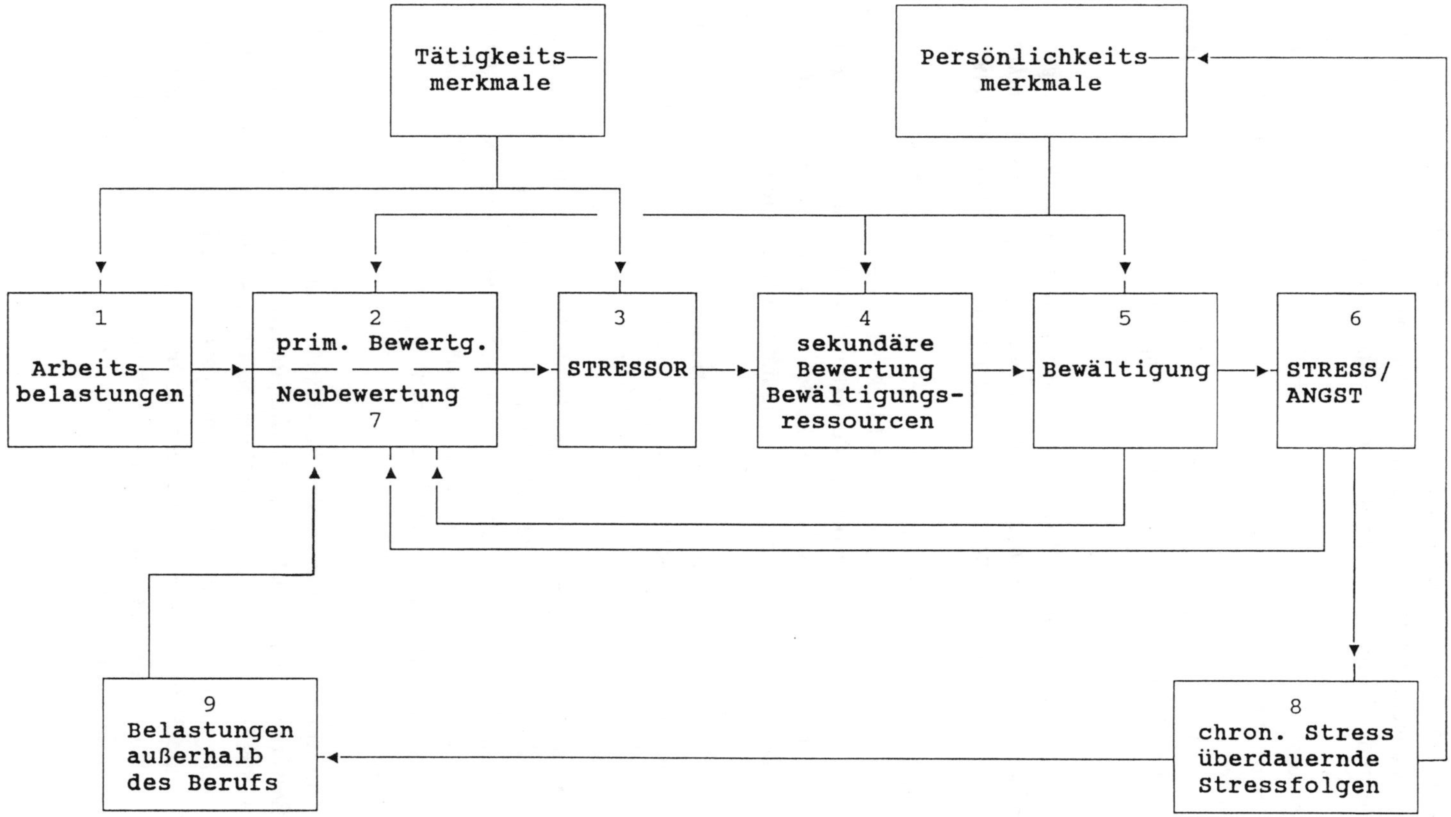

Abbildung 11: Modell des Lehrerstreß

Chronischer Streß und seine Folgen haben ferner einen Einfluß auf die Wahrnehmung psychischer Belastungen außerhalb des Berufslebens, indem der Lehrer z.B. auf Alltagsprobleme in der Familie übersensibel und gereizt reagiert.

Bewältigungsprozesse können die Bewertung von Arbeitsbelastungen verändern. *Beispiel: Ein Lehrer ärgert sich über den Lärm in der Klasse, er sagt sich aber:" Was soll's, die Mitarbeit der Schüler ist doch gut."*

Außerdem kann erlebter Streß die Bewertung von Arbeitsbelastungen beeinflussen. *Beispiel: Wenn die Nerven des Lehrers bereits strapaziert sind, stört eben jede Kleinigkeit.*

Schließlich können auch erlebte außerberufliche Belastungen die Bewertung von Belastungen im Beruf modifizieren. *Beispiel: Der Lehrer, der durch Ehekonflikte zu Hause schon gestreßt ist, wird auf Belastungen in der Schule sensibler reagieren.*

Bewertungs- und Bewältigungsprozesse werden entscheidend von Persönlichkeitsmerkmalen des Lehrers bestimmt. Biografische Merkmale (life events, Erziehungsstil der Eltern, Berufsalter u.a.m.) spielen bei der Bewertung und Bewältigung eine Rolle; Bedürfnisse und Motive beeinflussen besonders die Bewertung von Arbeitsanforderungen; Copingstile haben Bedeutung für die Bewältigung von Stressoren.

Umgekehrt können Persönlichkeitsmerkmale vom erlebten Streß beeinflußt werden. *Beispiel: Ein Lehrer verändert, vom chronischen Streß angegriffen, seine Motive und pädagogischen Wertpräferenzen in der Berufstätigkeit.*

Ein weiterer Einflußbereich sind die *Tätigkeitsmerkmale* des Lehrers. Im Kontext von Streß sind die Aufgabenkomplexität, die Aufgabentransparenz, die Aufgabenvariabilität, der Handlungs- und Entscheidungsspielraum, die Kooperations- und Kommunikationsmöglichkeiten, die Verantwortlichkeit, die Rollenvielfalt und die Nützlichkeit zu beachten. Sie üben wesentlichen Einfluß auf die Arbeitsbelastungen, auf die sekundäre Bewertung und die aktive Bewältigung aus.

"Streß" ist also im weiteren Sinne als Prozeß zu verstehen, der folgendes einschließt: die kognitive Bewertung und Bewältigung als Hauptdeterminanten, die kurzzeitigen und chronischen Streßphänomenen i.e.S. als Folge belastungsunangemessener Bewertungen und Bewältigungen, die psychischen bzw. psychosomatischen Gesundheitsstörungen und Erkrankungen als Folge von chronischem Streß, die Persönlichkeits- und Tätigkeitsmerkmale als wesentliche Einflußbereiche, mit Rückwirkungen von erlebtem Streß und dessen Folgen auf Bewertungsprozesse und Persönlichkeitsmerkmale usf..

Im Zusammenhang mit "Streß" wird häufig die Angst thematisiert. In den meisten Arbeiten wird jedoch auf den Angstbegriff nur kurz eingegangen. Oft wird ein wissenschaftliches oder Alltagsverständnis vorausgesetzt. Häufig werden Angst und Streß synonym oder als ähnliche Phänomene aufgefaßt.

Wegen der unbefriedigenden Begriffssituation möchte ich "*Angst*" zunächst folgendermaßen definieren: Angst wird als ein negativer, unangenehmer Gefühlszustand verstanden, der bei der Wahrnehmung einer bedrohlichen Situation auftritt. Bedrohlich ist die Situation dann, wenn einerseits die Notwendigkeit der Handlungsausführung besteht, andererseits aber die Bewältigung der Situation aufgrund objektiver Informationsdefizite (Ungewißheit) oder/und subjektiver Inkompetenzen problematisch ist. Es liegt eine Handlungsunsicherheit bei Handlungsnotwendigkeit vor. Die Bedrohlichkeit resultiert aus den negativen Konsequenzen unbewältigter Anforderungen.

Die Angst weist zwei Komponenten auf: (a) die *Erregung* (emotionality) als emotionale Komponente und (b) die *Besorgheit* (worry) als kognitive Komponente (Liebert & Worris, 1967). Im alltagspsychologischen Verständnis ist sie vorwiegend an die Erregungskomponente geknüpft; denn Angst ist das bewußte Erleben einer unangenehmen Erregung (Lukesch, 1986). Der Lehrer im Angstzustand ist beunruhigt, erregt, reflektiert eine unangenehme Spannung, macht sich Sorgen, zweifelt an den eigenen Fähigkeiten, fühlt sich schuldig, beobachtet mehr sich selbst als die Problemsituation, erwartet Mißerfolge, vergleicht sich mit anderen Personen, stellt sich selbst in Frage, sieht überwiegend die bedrohlichen Merkmale einer Situation usw.

Angst läßt sich präzisieren als Existenz-, Leistungs- und soziale Angst. *Existenzangst* ist objektbezogen und stellt eine Bedrohung der körperlichen Unversehrtheit oder des Selbstkonzepts dar. *Leistungsangst* läßt sich definieren als die Besorgtheit und Erregung angesichts von Leistungsanforderungen, die als selbstwertbedrohlich angesehen werden. *Soziale Angst* tritt hingegen in sozialen Situationen auf, die als selbstwertbedrohlich eingeschätzt werden.

Leistungsangst und insbesondere die Sozialangst dürften in der Lehrertätigkeit auftreten. Leistungsangst kann z.B. aufkommen, wenn der Lehrer befürchtet, den Lehrplan nicht angemessen umzusetzen bzw. die Lehrziele nicht zu schaffen. Oder: Der Lehrer ist nicht in der Lage, auf Fragen der Schüler zu antworten. Häufiger wird jedoch beim Lehrer die soziale Angst auftreten. Dabei lassen sich vier Arten unterscheiden: Verlegenheit, Scham, Schüchternheit und Publikumsangst. Hauptmerkmal der Verlegenheit ist das Erröten. Der Lehrer kommt sich linkisch, befangen oder lächerlich vor Die unmittelbare Ursache von Verlegenheit ist oft ungeschicktes oder fehlerhaftes Verhalten gegenüber den Schülern. Scham ist längerdauernd, schwerwiegender und moralisch bedeutsam. Die unmittelbaren Ursachen liegen beim Lehrer oft in erlebten Minderleistungen oder in der Nichterfüllung sozialer Erwartungen seitens der Schüler oder Eltern. Schüchternheit stellt eine Beeinträchtigung des Sozialverhaltens dar. Der schüchterne Lehrer ist öffentlich selbstaufmerksam und besorgt über seine Verhaltensweisen und deren Wirkungen auf den Schüler. Schüchternheit dürfte eher bei jungen Lehrern auftreten. Für Publikumsangst ist die soziale Hervorgehobenheit ausschlaggebend. Die Person ist besorgt angesichts eines potentiell bewertenden sozialen Kontextes, vor dem eine Handlung ausgeführt werden soll. *Beispiel: Der Lehrer soll eine Rede vor Schülern, Eltern und Kollegen halten.*

Der Angstzustand läßt sich von der *Ängstlichkeit* als Persönlichkeitsmerkmal unterscheiden (State-Trait-Angstmodell nach Spielberger, 1972). Im ersten Fall handelt es sich um eine akute Reaktionsweise, im zweiten um eine chronische Angstbereitschaft. Die Ängstlichkeit bezieht sich auf relativ stabile interindividuelle Differenzen in der Neigung, Situationen als bedrohlich zu bewerten und hierauf mit Zustandsangst zu reagieren. Sie wird als zeitlich überdauernd und (mehr oder weniger) anforderungsunabhängig angesehen.

Streß- bzw. Angstphänomene können von verschiedenen Faktoren beeinflußt werden. Zum einen sind es *Persönlichkeitsmerkmale* des Lehrers, die als Determinanten in Frage kommen (vgl. Abbildung 12). Zunächst ist das *Selbstbewußtsein* eine wesentliche Determinante von Streß bzw. Angst (Müller 1981). Eine wichtige Komponente ist das Selbstvertrauen. Darunter wird die subjektiv angenommene Fähigkeit zur Bewältigung von Anforderungen der gesellschaftlichen Umwelt, mithin der Arbeitsaufgaben, verstanden. Es ist zentraler Bestandteil eines Persönlichkeitsmerkmals, das Kobasa (1979) mit "Hardiness" beschreibt. Dies zeichnet sich durch eine positive Einstellung gegenüber Veränderungen in der Umgebung, z.B. gegenüber daily hassles, und durch internale Kontrollüberzeugungen (siehe unten) aus. Ein vergleichbares Persönlichkeitsmerkmal ist die Selbstsicherheit (assertiveness), welche sich ebenfalls als Puffer bei der Wirkung psychischer Belastungen erwiesen hat. Darunter soll die Fähigkeit des Individuums verstanden werden, in Beziehung zu seiner Umgebung eigene Ansprüche zu stellen und sie auch zu verwirklichen. Sie ist aufgegliedert in drei Bereiche:
(a) eigene Ansprüche zu haben (subjektive Einstellung zu sich selbst),
(b) sich trauen, sie zu äußern und zu überwinden (soziale Angst und Hemmung) und
(c) fähig sein, sie auch durchzusetzen (soziale Kompetenz).
Die Ausprägung der Selbsteinschätzung bzw. das Selbstbewußtsein ist von verschiedenen Faktoren abhängig, z.B. von der Intelligenz, dem Bildungsgrad, der Reife, der sozialen Umwelt und der sozialen Stellung in der Gruppe.

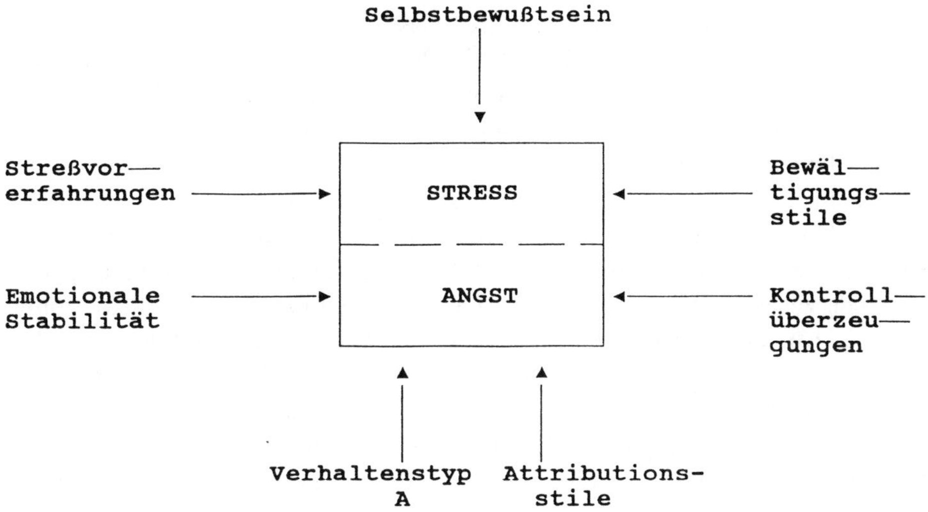

Abbildung 12: Stress- und angstbeeinflussende Persönlichkeitsmerkmale

Es ist nach bisherigen Ausführungen plausibel, daß *Bewältigungsstile oder -prozesse* entscheidenden Einfluß auf Streß- oder Angstreaktionen haben. Es können nach Lazarus & Folkman (1984) das emotionsorientierte und problemorientierte Coping unterschieden werden. Ersteres wird vom Individuum dann bevorzugt, wenn eingeschätzt wurde, daß die bedrohlichen oder herausfordernden Umweltbedingungen nicht veränderbar sind. Problemorientiertes Coping findet statt, wenn solche Bedingungen als veränderbar angesehen werden. Das emotionsorientierte Coping umfaßt eine große Gruppe von kognitiven Strategien: das Vermeiden, das Bagatellisieren, das Distanzieren, d.h. die kritischen Ereignisse mit Abstand zu betrachten, die selektive Aufmerksamkeit, d. h. überwiegend die positiven Seiten der kritischen Ereignisse sehen, die positiven Vergleiche, d.h. Vergleiche mit schlimmeren Ereignissen anstellen, u.a.m.. Problemlösestrategien umfassen die Definition des Problems, das Finden alternativer Lösungsstrategien, ihre Gewichtung unter dem Aspekt der Kosten-Nutzen-Relation, die Auswahl optimaler Strategien und deren Anwendung. Man unterscheidet hierbei zwei Gruppen: die auf die Umwelt und auf das Selbst bezogenen Strategien. Zu letzteren zählen motivationale und kognitive Veränderungen wie z.B. die Anstrengungsveränderung, die Reduktion des Anspruchsniveaus, die Entwicklung neuer Verhaltensstandards oder das Erlernen neuer Fertigkeiten.

Kontrollüberzeugungen haben in der Streßforschung zunehmend Beachtung gefunden (Krampen, 1982). Damit sind individuell reflektierte Möglichkeiten gemeint, auf subjektiv relevante Ereignisse (Belastungen, Stressoren usw.) einwirken zu können. Sie hängen von drei Merkmalen dieser Ereignisse ab: von der Durchschaubarkeit, der Vorhersehbarkeit und der Beeinflußbarkeit. Bezüglich der Kontrolle über Ereignisse und Umweltbedingungen darf davon ausgegangen werden, daß das Verständnis von für das Individuum bedeutsamen Zusammenhängen und die Erklärung von Ereignissen, Handlungsergebnissen usw. (Durchschaubarkeit) eine wesentliche Voraussetzung für das Bilden von Hypothesen und Prognosen über den künftigen "Lauf der Dinge" (Vorhersehbarkeit) darstellen. Die Möglichkeit, etwas vorherzusehen, macht kommende Ereignisse kalkulierbar und erlaubt es, sich mit Ereignissen angemessen auseinanderzusetzen (Beeinflußbarkeit). Qualität und Ausprägung von Kontrollüberzeugungen hängen in starkem Maße davon ab, wo bzw. wie die Einflußmöglichkeiten lokalisiert werden. Diese Auffassung geht im Ursprung auf das "Locus of Control"-Konzept von Rotter (1966) zurück. Rotter (ebenda) unterscheidet internale und externale Kontrollüberzeugungen. Die internale Kontrollüberzeugung bezieht sich auf die Wahrnehmung von streßinduzierenden Ereignissen als einer Konsequenz der eigenen Handlungen und so als unter eigener Kontrolle stehend (z.B.: "Ich habe die Situation im Griff".); die externale bezieht sich auf die Wahrnehmung von streßinduzierenden Ereignissen als relativ unabhängig vom eigenen Verhalten und deshalb außer individueller Kontrolle stehend. Das Reflektieren unzureichender Kontrollmöglichkeiten bzw. ein erlebter Kontrollverlust kann zum Streß, zur Angst oder gar zur Depression in Form der "gelernten Hilflosigkeit" führen. Derartige Phänomene können z.B. auftreten, wenn der Lehrer glaubt, eine Klasse nicht mehr "im Griff" zu haben, ihr also beispielsweise bei Disziplinierungsversuchen hilflos gegenüber steht. In der Beziehung zwischen psychischen Belastungen und Streß haben Kontrollüberzeugungen eine Pufferfunktion (vgl. Krause & Stryker, 1984).

Ein beeindruckendes Beispiel für die Hilflosigkeit eines älteren Lehrers liefert die "Frankfurter Rundschau" vom 11. August 1988 (S. 11) mit folgendem Zitat: "Äußerlich ruhig, als wäre nichts geschehen, verläßt Paul L. seine grölende 9. Klasse. Hoffentlich merkt niemand, daß er drei Minuten früher Schluß gemacht hat. Paul L. ist am Ende. Wieder einmal hat er sich so richtig "fertig machen" lassen, hat er sich nicht gewehrt".

Im engen Zusammenhang mit Kontrollüberzeugungen stehen *Attributionsstile*. Jeder Mensch hat das Bedürfnis, persönlich erlebte Ereignisse zu erklären, d.h. zu attribuieren. Es ist ein Interpretationsprozeß, bei dem das Individuum Ereignissen und Handlungen Gründe bzw. Ursachen zuschreibt. Eine große Rolle spielt also die Kausalattribution, d.h. das Bemühen, Ursachen für das persönliche Ereignis zu finden. Nach dem Konzept von Weiner (1977) können zur Erklärung Personen- und Umweltvariablen herangezogen werden. Demnach können die eigene Motivation ("Ich hatte keine Lust".), die eigene Fähigkeit ("Ich bin für den Lehrerberuf ungeeignet".), die Aufgabenschwierigkeit ("Die Disziplinierung dieser Klasse ist unmöglich.") oder

der Zufall ("Das heutige disziplinlose Verhalten dieser Klasse ist untypisch für sie".) Attributionsmuster repräsentieren. Diese Attributionen können also external oder internal und global ("Die ganze Klasse ist dumm".) oder spezifisch ("Einzelne Schüler der Klasse sind dumm") und stabil oder variabel über die Zeit ("Bei diesem Schüler ist für alle Zeiten Hopfen und Malz verloren" versus "Dieser Schüler hat nur zur Zeit eine Krise") sein. Streßphänomene treten mit größerer Wahrscheinlichkeit bei bestimmten Attributionsmustern auf. Es ist plausibel, daß bei internalen fähigkeitsbezogenen, globalen und zeitlich stabilen Attributionen von Mißerfolgen eher Schuldgefühle auftreten als bei externalen, globalen und zeitlich stabilen Attributionen. *Beispiel: Ein Lehrer bekommt eine Klasse nicht "in den Griff".* Dieses unangenehme Ereignis kann von ihm unterschiedlich attribuiert werden: Entweder sieht der betroffene Lehrer als Ursache für diesen pädagogischen Mißerfolg die Klasse, welche durchweg undiszipliniert ist. Er kann aber auch bei sich selbst die Ursache sehen, indem er beispielsweise zu der Meinung gelangt, daß er für diese Klasse nicht durchsetzungsfähig genug ist. Im letzteren Fall können Schuldgefühle aufkommen. In gleicher Weise attribuieren auch Personen mit depressiven Störungen. Hier wird ein Kontrollverlust (im Sinne der gelernten Hilflosigkeit) wahrgenommen, dem bestimmte Attributionsprozesse folgen. Depression tritt dann ein, wenn die Attribution von Mißerfolg (1) internal, (2) global und (3) zeitlich stabil ist. Der Betroffene macht sich selbst für die Hilflosigkeit verantwortlich, indem er beispielsweise sagt: Ich bin unfähig, das unangenehme Ereignis beeinflussen zu können. Solche Einschätzung wird verallgemeinert auf viele ähnliche Ereignisse.

Seit Mitte der 70er Jahre erlangte der sog. *Verhaltenstyp A* im Rahmen der Streß- und Herz-Kreislauf-Forschung zunehmende Popularität. Er wird durch folgende Merkmale charakterisiert (vgl. Friedman & Rosenman, 1975):

- Er zeichnet sich durch eine ausgeprägte Leistungshaltung aus. Eine übermäßige Arbeitsorientierung, die Setzung und häufig simultane Realisierung von mehreren Handlungszielen, die unverzügliche Bildung neuer Ziele nach erfolgter Zielrealisierung sind besondere Kennzeichen. Ihr liegt ein starkes Streben nach Erfolg und Anerkennung zugrunde. Diese Haltung wird auch oft auf den Freizeitbereich übertragen.
- Er ist durch eine charakteristische Arbeitsdynamik bestimmt. "Alles scheint eilig und dringend" (Friedman & Rosenman, 1975, 75). Typ-A-Personen haben das Gefühl, ständig unter Zeitdruck zu stehen; sie haben den Drang, möglichst viele Arbeiten in kurzer Zeit zu schaffen; sie sind ungeduldig, häufig hektisch; sie sprechen, schreiben schnell u.v.a.m.
- Er weist ein auffälliges Sozialverhalten auf. Wesentliche Merkmale sind ein starkes Wettbewerbs- oder Rivalitätsverhalten sowie Aggressivität beim Streben nach prestigehaltigen Rangplätzen.
- Gefühle der Ermüdung oder gar Erschöpfung bleiben oft und lange unterdrückt. Belastungen mit potentiell negativen Beanspruchungsfolgen werden kaum antizipiert. Damit ist unter anderem eine mangelnde Erholungsfähigkeit verbunden.

Beim Verhaltenstyp A wird ein erhöhter Sympathikustonus vermutet, der sich vor allem in einer erhöhten Aktivität und Reaktivität in leistungsrelevanten Lebensbereichen zeigt. Demzufolge sollen solche Personen zu stärkeren psychophysiologischen Reaktionen neigen.

In einer prospektiven Studie (Western Collaborative Group Study, WCGS) an mehr als 3 000 Männern aus kalifornischen Firmen konnten Friedman & Rosenman (1975) nachweisen, daß nach Auspartialisierung der klassischen Risikofaktoren wie Bluthochdruck, Cholesterinspiegel etc. Typ-A-Männer doppelt so häufig an koronarer Herzkrankheit erkranken als Typ-B-Männer. Die Bedeutung des Typ-A-Verhaltens als herausragender Risikofaktor wurde in den folgenden Jahren - bis heute - auf der Grundlage empirischer Studien teils bestätigt und teils angefochten.

Ein weiterer Einflußfaktor auf Streß bzw. Angst ist der *Neurotizismus* bzw. die *emotionale Stabilität vs. Labilität*. Seine Untersuchung hat besonders in den osteuropäischen Ländern Tradition (Vjatkin, 1981; Abolin, 1987; Strelau, 1983). Im Kontext des Temperaments werden hier Eigenschaften des vegetativen Nervensystems untersucht. Sie gehen auf die Grundtypen der höheren Nerventätigkeit nach Pawlow (1953) zurück: die Stärke (Stabilität), Beweglichkeit und Ausgeglichenheit der nervalen Grundprozesse Erregung und Hemmung. Diese Typologie ist etwa mit der Persönlichkeitstheorie von Eysenck, d.h. mit der Extraversion vs. Introversion und emotionaler Stabilität vs. Labilität, zu vergleichen (vgl. Eysenck & Rachman, 1971). Es wurde in vielen Studien nachgewiesen, daß Personen mit einer geringeren Stärke, Beweglichkeit und Ausgeglichenheit des Nervensystems eher zu Streßreaktionen neigen als Personen, die sich durch Stärke, Beweglichkeit und Ausgeglichenheit des Nervensystems auszeichnen.

Schließlich sind *Streßvorerfahrungen* eines Individuums ein streßbeeinflussender Faktor. Sie sind als verfestigte Gedächtnisrepräsentationen über erlebte streßinduzierende Ereignisse zu verstehen. Solche Ereignisse können insbesondere gravierend belastende Berufsereignisse, aber auch tägliche Ärgernisse sein, die wiederholt erlebt werden. Einerseits können berufsbedingte Streßerfahrungen den Lehrer sensibilisieren, indem sie Streßreaktionen provozieren oder verstärken. Andererseits kann der Lehrer durch gemachte Streßerfahrungen Bewältigungskompetenzen erworben haben, die ihn zumindest gegenüber vergleichbaren Stressoren stabiler werden lassen. Die Art der Wirkung hängt weitgehend davon ab, wie er die Streßerfahrungen verarbeitet hat.

McGrath (1970) schließt eine breit angelegte Analyse von Streßuntersuchungen mit dem Resümee ab, daß Vorerfahrungen mit der Arbeitsaufgabe, mit dem Stressor und/oder mit der Untersuchungssituation im allgemeinen Streßreaktionen vermindern. Dieser Effekt läßt sich vermutlich auf die kombinierte Wirkung der Vertrautheit mit der Problemlösung, der Entwicklung von spezifischen Bewältigungsstrategien und der abnehmenden Bedrohlichkeit des Stressors zurückführen.

Neben o.g. differentialpsychologisch relevanten Persönlichkeitsvariablen sind ferner *demographische Merkmale* zu beachten. Es sind besonders das Geschlecht, das (kalendarische) Lebensalter, das Berufsalter sowie der Familienstand incl. Kinder. Die geschlechtsvergleichende Perspektive dürfte im Vergleich zu anderen berufspsychologisch relevanten "Mannes"tätigkeiten besonders im Lehrerberuf, der ja überwiegend durch Frauen repräsentiert ist, sehr interessant sein. Das Lebens- und Berufsalter dürfte ebenfalls von Belang sein, da mit ihm bestimmte Erfahrungen, Bewältigungsstile usw. verbunden sind, die durchaus Einfluß auf Streß/Angst haben können. Der Familienstand erscheint deshalb interessant, weil damit ein soziales Netz (Partner, Kinder) vorhanden sein kann, das im Sinne von "social support" eine Bedeutung bei der Vorbeugung von Stress/Angst hat.

Des weiteren üben *Tätigkeits- bzw. Organisationsmerkmale* Einfluß auf Streß und Angst bei Lehrern aus (vgl. Abbildung 13).

Zunächst sei die *Aufgabenkomplexität* genannt. Bei ihr geht es um die für die Arbeit erforderlichen Qualifikations- und Lernerfordernisse. Es stellt sich die Frage, welche Ausbildung für die jeweilige Tätigkeit erforderlich ist, welche Kenntnisse man anwenden muß und welche Notwendigkeit besteht, neue Kenntnisse zu erwerben. Es wurde schon im Kapitel 4 darauf hingewiesen, daß die Lehrertätigkeit durch zahlreiche Aufgaben- und Anforderungsbereiche gekennzeichnet ist. Die Aufgabenerfüllung erfolgt häufig nicht sukzessive, sondern viele Aufgaben überschneiden sich zeitlich bzw. treten sogar simultan auf. Diese hohe Aufgabenkomplexität kann zu einer Streßquelle werden, wenn sie für den Lehrer eine Überforderung ist. Besonders stressend wird die Aufgabenkomplexität dann, wenn sie mit einem eingeschränkten Handlungs- und Entscheidungsspielraum verbunden ist.

Ein streßrelevantes Merkmal ist die *Aufgabenvariabilität*. Eine Arbeitstätigkeit kann entweder einförmig bzw. langweilig oder abwechselnd bzw. interessant sein. Die Variabilität wird von der Anzahl und dem Inhalt der Arbeitsaufgaben und der Arbeitsbedingungen, unter denen die Aufgaben ausgeführt werden, bestimmt. Bezüglich der Variabilität in der Lehrertätigkeit sollten verschiedene Aspekte berücksichtigt werden. Einerseits ist die Lehrertätigkeit aufgrund der Aufgabenvielfalt abwechslungsreich; andererseits ist aber der Inhalt der Arbeitsaufgaben und das damit zusammenhängende

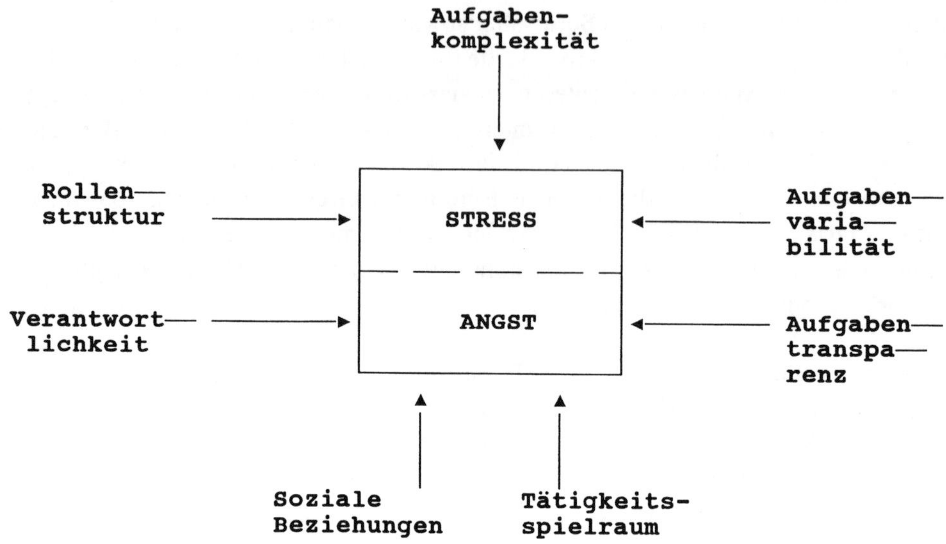

Abbildung 13: Stress- und angstbeeinflussende Tätigkeits- bzw. Organisationsmerkmale

Motivationspotential sehr unterschiedlich. Da Lehrer oft über die Überrepräsentanz von organisatorischen und administrativen Aufgaben klagen, kann die Aufgabenvariabilität auch aversiven Charakter annehmen, der zur Sättigung bzw. zum Streß führt. Ferner dürfte die Aufgabenvariabilität auch vom Dienstalter abhängen. Während der junge Lehrer die Vielfalt der Arbeitsaufgaben noch als abwechslungsreich wahrnimmt, wird beim älteren, erfahrenen Lehrer vieles zur Routine. Das heißt, der Unterrichtsstoff ist seit Jahren oder gar Jahrzehnten derselbe geblieben, die Probleme der Schüler sind ihm bestens bekannt, die organisatorischen Aufgaben werden "automatisiert" erledigt usf. Hier kann aus der Aufgabenvariabilität eine Unterforderung werden, die zu Streß führt. Die Wirkung der Aufgabenvariabilität im Lehrerberuf scheint folglich großen interindividuellen Differenzen zu unterliegen.

Bei der *Aufgabentransparenz* sind folgende streßrelevante Gesichtspunkte zu unterscheiden:

(a) die Durchschaubarkeit von Arbeitszielen, -aufgaben und -bedingungen,

(b) die Vorhersehbarkeit von Arbeitsaufgaben und -bedingungen,

(c) die Rückmeldungen über Arbeitsergebnisse bzw. -leistungen.

Die Durchschaubarkeit, d.h. die Erkennbarkeit des Inhalts, des Anliegens, der Ziele usw. von Arbeitsaufgaben, hängt in erster Linie von der Beschaffenheit der

Bildungs- und Erziehungsziele einschließlich des Lehrplans ab. Ein Grundproblem besteht darin, daß es "fundamentale Ungewißheiten" (Bönsch, 1990) über den Bildungs- und Erziehungsbegriff gibt. Viele Fragen sind in diesem Kontext für die Gesellschaft und besonders für den Lehrer kaum zu beantworten. Wer kann heute als gebildet gelten? Kann man mit den zu unterrichtenden Fächern bildungsrelevantes Wissen vermitteln? Die Diskussion der letzten 20 bis 25 Jahre über Erziehung und Autorität hat viele Lehrer im Selbstverständnis zu relevanten Erziehungszielen eher verunsichert als stabilisiert.

In der Unterrichtstätigkeit ist der Lehrplan für den Lehrer die Hauptorientierung. Dieser kann mehr oder minder transparent sein, wobei dies in Abhängigkeit vom Unterrichtsfach sehr variiert. Die Durchschaubarkeit der Arbeitsbedingungen kann auch ein Problem sein; denn nicht immer ist dem Lehrer klar, warum sich die Schüler oder die Klasse heute in dieser oder jener Weise verhalten hat. Noch problematischer scheint die Vorhersehbarkeit von Arbeitsaufgaben und insbesondere von Arbeitsbedingungen zu sein. Während die Unterrichtstätigkeit auf Grundlage des Lehrplans, der Anzahl von Unterrichtstunden, des Niveaus der Klasse usw. noch weitgehend planbar ist, sind die Arbeitsbedingungen, besonders das Verhalten der Schüler, nicht stets vorhersehbar. Die Lernmotivation, die Stimmung, die Disziplin der Schüler ist oft eine unberechenbare Größe, die er in der Unterrichtsplanung nur begrenzt berücksichtigen kann. Ferner ist das Verhalten des Schulleiters bei Entscheidungen, bei Anweisungen, bei Aufgabenverteilungen, bei der Stundenplangestaltung usw. auch nicht immer vorhersehbar. Ein besonderes Problem der Transparenz stellen Rückmeldungen dar. Der Lehrer kann Rückmeldungen über die Qualität und den Erfolg seiner Tätigkeit von den Schülern, Eltern, der Schulleitung und den Kollegen erhalten. Dabei gibt es realistische, einseitige, verzerrte, offene und verdeckte und widersprüchliche Rückmeldungen. Manche Informationen sind durschschaubar, d.h. im Sachgehalt erkennbar und nachvollziehbar, manche Informationen sind aber weder interpretierbar noch nachvollziehbar. Besonders problematisch ist aber die geringe Vorhersehbarkeit der Anzahl, der Qualität, der zeitlichen Plazierung und der Wirkung von Rückmeldungen auf ihn selbst, aber auch auf die Schüler, die Schulleitung und die Eltern. Die Lehrertätigkeit weist also grundlegende und partielle Aufgabenintransparenzen auf.

Der *Tätigkeitsspielraum* ist ein Merkmal, das in der arbeitspsychologischen Forschung besondere Aufmerksamkeit fand. Nach Ulich (1984) kann dieser in den Handlungs-, Gestaltungs- und Entscheidungsspielraum ausdifferenziert werden. Im Lehrerberuf ist der Tätigkeitsspielraum jedoch nicht eindeutig zu bestimmen. Denn auf der einen Seite bewegt sich der Lehrer im Rahmen administrativer Anordnungen, des vorgegebenen Stundenplans, des vorgegebenen Lehrplans, der vorgegebenen Klassen, vorgegebener materiell-technischer und organisatorischer Bedingungen und des

Führungsstils an der Schule ; auf der anderen Seite hat er die Möglichkeit, den vorgegebenen Lehrplan, die Freistunden, die Ferien usw. gemäß seinen Motiven und Kompetenzen z.T. individuell zu gestalten. Das heißt, es können von ihm eigenständige Vornahmen hinsichtlich

- des Zeitpunktes, des Ortes, der Dauer, des Tempos und der Abfolge der Unterrichtsvorbereitung;
- der Gestaltung von Unterrichtsstunden bezüglich des methodischen Vorgehens, der Wahl von Unterrichtsmitteln, der Tempobestimmung usw.;
- des Zeitpunktes, des Ortes, der Dauer, des Tempos und der Abfolge der Unterrichtsnachbereitung;
- der Planung von Lehrplanteilzielen bzw. -ergebnissen über bestimmte Zeitperioden

erfolgen.

Die Bestimmung dieses Merkmals sollte folglich, da es in der Lehrertätigkeit nicht *den* Tätigkeitsspielraum gibt, differenziert auf einzelne Anforderungen oder Anforderungsbereiche bezogen werden.

Der Lehrerberuf zählt zu den sozial-interaktiven, besonders kommunikativen Berufstätigkeiten. Deshalb spielen *soziale Beziehungen* eine wesentliche Rolle. Diese lassen sich über die Qualität der Kommunikation und Kooperation bestimmen. Die Kommunikation ist in erster Linie auf den Schüler bezogen. Was den Schüler betrifft, ist die Lehrertätigkeit besonders kommunikativ. Darüber hinaus sind seine Kommunikationsmöglichkeiten aber begrenzt. Mit den Kollegen kann er noch in den Pausen sprechen, soweit sie anwesend sind; mit der Schulleitung und den Eltern kann er in der Regel nicht spontan, sondern nur nach vorheriger Anmeldung diskutieren. Es ist also hier nur sehr begrenzt möglich, anstehende Probleme unverzüglich zu klären. Deshalb bleibt der Lehrer oft ein Einzelkämpfer, besonders an der "Front der Schüler". Begrenzt sind auch seine Kooperationsmöglichkeiten. Aufgrund der häufig großen Klassenfrequenzen kann der Lehrer gegenüber dem Schüler nur sehr eingeschränkt kooperativ sein. Dies gilt auch für die Kontakte zu den Kollegen, der Schulleitung und den Eltern. Letztendlich hängen die Kooperationsmöglichkeiten auch von der Kooperationsbereitschaft der potentiellen Partner bzw. vom Sozialklima an der Schule ab. Demzufolge kann "Streß" durch die Einschränkung von Kommunikations- und Kooperationsmöglichkeiten, die oft mit fehlender sozialer Unterstützung verbunden sind, auftreten. Das Tätigkeitsmerkmal "social support" hat besonders im Kontext genannter Kommunikations- und Kooperationsmöglichkeiten seine Bedeutung (vgl. House, 1981).

Die *Verantwortlichkeit* ist ebenfalls ein streßrelevantes Tätigkeitsmerkmal. Dabei können drei Aspekte unterschieden werden:

(a) die gesellschaftliche Verantwortlichkeit,

(b) die soziale Verantwortlichkeit,
(c) die materielle Verantwortlichkeit.
Beim Lehrer dominieren die gesellschaftliche und soziale Verantwortlichkeit. Als Beamter hat der Lehrer einen gesellschaftlichen Auftrag übernommen und damit auch eine Verantwortung gegenüber dem Grundgesetz und dem Gesetzgeber. Gesetze, Verhaltensnormative, Bildungsinhalte u.dgl.m. des Staates müssen von ihm eingehalten werden, wenn er keine Sanktionen befürchten will. Besonders bedeutsam ist aber die soziale Verantwortung gegenüber dem Schüler. Der Lehrer trägt - neben den Eltern - Verantwortung für die Persönlichkeitsbildung und -entwicklung vieler Schüler, ja von Schülergenerationen. Wenn man bedenkt, wieviel tausende Schüler jeder Lehrer auf dem "Weg ins Leben" begleitet, so wird ihre Größe deutlich.

Ein weiteres Problem im Lehrerberuf ist die *Rollenstruktur*. Bekanntlich ist der Lehrer Wissensvermittler, Erzieher, Klassenleiter, Berater, Organisator, Koordinator usw. zugleich. Er muß also - oft parallel - mehreren Rollen(erwartungen) gerecht werden. Unterschiedliche Erwartungen werden von Schülern, Kollegen, Eltern, Vorgesetzten, der Öffentlichkeit usw., die Kahn (1978) als Rollensender bezeichnet, an ihn herangetragen. Dabei kann er, was ihre Realisierbarkeit betrifft, in Konflikt geraten. Dieser besteht immer dann, wenn einem Rollenträger inkompatible Rollenerwartungen übermittelt werden, wenn er es also "nicht allen recht machen" kann. Dies trifft oft auf den Lehrer zu, da er beim besten Willen nicht allen Rollensendern gerecht werden kann. Kahn (1978) unterscheidet mehrere Typen des Rollenkonflikts, die sich alle auf die Lehrertätigkeit übertragen lassen. Ein Intra-Sender-Konflikt liegt dann vor, wenn einundderselbe Rollensender inkompatible Anweisungen erteilt. Dies ist beispielsweise der Fall, wenn die Eltern vom Lehrer erwarten, daß er einerseits freundlich zu undisziplinierten Schülern ist, andererseits er aber nicht ohne Härte und Konsequenz eine Verbesserung des Verhaltens und der Schulleistungen erreichen kann. Bei einem Inter-Sender-Konflikt sind es die Anforderungen verschiedener Sender, die nicht vereinbar sind, jedoch auch nicht bedenkenlos ignoriert werden können. Dieser Konflikttyp ist in der Lehrertätigkeit permanent zu verzeichnen; denn von der Schulleitung, den Schülereltern, den Schülern, den Kollegen werden an ihn Anforderungen gestellt, die oft nicht vereinbar sind. Ein dritter Typus von Rollenkonflikt ist gegeben, wenn externe Erwartungen mit eigenen Vorstellungen von der Rolle kollidieren. Dies ist in der Lehrertätigkeit zum Beispiel der Fall, wenn in einer konservativ geführten Schule der Schulleiter erwartet, daß der Lehrer als Autorität Distanz gegenüber dem Schüler bewahrt, der reformorientierte Lehrer aber vorwiegend "Freund und Helfer" des Schülers sein will. Als weiterer Typ des Rollenkonflikts kann die quantitative oder qualitative Rollenüberlastung angesehen werden. Sie tritt ein, wenn Rollensender Anforderungen stellen, die prinzipiell erfüllbar sind, aber in Anbetracht der verfügbaren Zeit oder aufgrund eingeschränkter individueller Kompetenzen nicht erfüllt werden können. Sollte ein Lehrer alle Erwartungen bzw. Anforderungen von infragekommenden Rollensendern erfüllen wollen, so würde ein ein langer Arbeitstag kaum ausreichen. In der Regel ist im Lehrerberuf eine quantitative Rollenüberlastung gegeben.

Die zweite Hauptkategorie streßauslösender Bedingungen ist nach Kahn (1978) die Rollenunklarheit oder -ambiguität. Rollenunklarheit ist zu verzeichnen, wenn ein Rollenträger weniger Informationen zur Verfügung hat, als er zur Bewältigung der mit den übermittelten Rollen verbundenen Anforderungen benötigt. Für die sachgerechte Ausführung mancher Rollen fehlen dem Lehrer, besonders Junglehrer, zum Teil Kenntnisse und Erfahrungen, da er in seiner Ausbildung auf diese nicht vorbereitet worden ist. Dies betrifft besonders die Rollen als Erzieher, Berater und Beurteiler. Schließlich kann ein Rollenkonflikt bezüglich der Geschlechtsidentität auftreten. Tatsächlich ist der Lehrerberuf, zumindest in der Grundschule, ein Lehrerinnenberuf. Die Erwartungen, die an ihn gestellt werden, sind aber oft solche, die mehr auf ein (konventionelles) maskulines Rollenverhalten zugeschnitten sind. Bezeichnend ist hierfür die Aussage der Schweizer Lehrerin Veronika S. (Kazis, 1980, 1210): *"Die Forderungen an mich als Lehrerin unterscheiden sich grundlegend von den Erwartungen an mich als Frau. Einerseits sollte ich souverän, autoritär und sachlich sein, andererseits über Flexibilität, Mütterlichkeit und Einfühlungsvermögen verfügen. Es ist oft schwierig, in dieser Widersprüchlichkeit einen Standort zu finden, den ich verantworten kann."*

Aufgrund der vielfältigen und komplizierten Rollenstruktur in der Lehrertätigkeit, die sich vornehmlich im Rollenkonflikt und in der Rollenambiguität äußert, können Überforderungen, auftreten, die mit "Rollen-Streß" beschrieben werden.

Die Tätigkeits- und Organisationsmerkmale sind einerseits objektiv, andererseits werden sie vom Lehrer in Abhängigkeit von der Schule, der Fachkombination, den Berufserfahrungen usw. unterschiedlich widergespiegelt, so daß es in ihrer Wahrnehmung und Bewertung große interindividuelle Unterschiede geben kann. Sie sind also überwiegend subjektive Merkmale.

5.3. Empirische Studien und Ergebnisse

Untersuchungen zum "Lehrerstreß" wurden häufig durchgeführt. Ihr Spektrum reicht von sehr allgemeinen Analysen bis zu differenzierten Studien. Am allgemeinsten sind die Studien, in denen ad hoc mit wenigen Items erfaßt wurde, ob und wie sich Lehrer "gestreßt fühlen". Hierbei wurden z.B. folgende Ergebnisse gewonnen: Brenner (1982) berichtet, daß 25 bis 50% der befragten schwedischen Lehrer "Streß" angaben.

Biener (1988) erfaßte den beruflichen Streß bei 325 Schweizer Lehrern mit der Frage: Fühlen Sie sich zur Zeit beruflich gestreßt? (vgl. Tabelle 12)

Tabelle 12: Subjektiver "Streß" bei Lehrern

Streß"gefühle"	Männer (n=152)	Frauen (n=173)	Gesamt (n=325)
sehr stark	8%	4%	6%
stark	25%	7%	15%
mittel	38%	40%	39%
wenig	21%	28%	24%
nicht	8%	21%	16%

Zählt man die Wertungsitems "sehr stark" und "stark" zusammen, so fühlen sich immerhin 21% im "Streß", und zwar auffällig mehr Männer als Frauen. Summiert man noch die Wertung "mittel" dazu, so sind sogar 60% beruflich "gestreßt". Im Vergleich mit Unternehmern gaben Lehrer etwa ebenso viel "Streß" an, während es bei Journalisten insgesamt 90% waren, die sich gestreßt fühlten.

Weitere typische Resultate sind folgende: "65% der Wiener Lehrer sagen, sie seien an der Grenze ihrer Leistungsfähigkeit angelangt" (Köppel, 1983). In der Studie von Kyriacou (1980) erleben 23,4% ihren Beruf als sehr oder extrem "stressful". Capel (1987) berichtet, daß von 78 befragten englischen Lehrern 81 % niedrige "Streß"niveaus und 19% mittlere "Streß"niveaus angaben. In Malta berichten von 844 Lehrern sogar ca. 30%, daß ihr Job "very/extremely stressful" sei (Borg & Falzon, 1989). Nach Sparks (1979) berichten sogar 75% der befragten amerikanischen Lehrer, daß ihr Job "physically or emotionally stressful" sei.

Subjektive Streßberichte wurden auch in Beziehung zu biografischen Variablen gesetzt. Als Beispiel sei hier die Studie von Laughlin (1984) angeführt. Der Autor stellte fest, daß (a) Lehrerinnen, (b) ältere Lehrer (über 40 Jahre) und (c) Lehrer, die entweder weniger als fünf Jahre oder über 10 Jahre Berufserfahrung haben, signifikant höhere "Streß"werte aufweisen. Daß mit zunehmendem Berufsalter das Streßerleben zunimmt, dies konnten ferner Borg & Falzon (1989) und Scheuch et al. (1982) konstatieren.

Bei allen diesen Studien wird deutlich, daß in der Einschätzung von subjektiv erlebtem Streß die Lehrer in der Welt weitgehend übereinstimmen. Im Vergleich mit vielen anderen Berufsgruppen haben sie mehr "Streß" (vgl. Kyriacou, 1987).

Über die zahlreichen relativ simplen Streßberichte gehen *Längsschnittstudien* zum "teacher stress" hinaus (Brenner et al., 1985; Mäkinen & Kinnunen, 1986; Kinnunen, 1989). Unter ihnen soll die finnische Studie der beiden letztgenannten Autoren hervorgehoben werden, da sie bezüglich der Meßpunkte, zeitlichen Dauer, der Anzahl der Variablen usw. am anspruchsvollsten ist. 187 Lehrer wurden über 14 Monate von April 1983 bis Mai 1984 untersucht. (Das finnische Frühjahrssemester endet am 31. Mai). Dabei wurden folgende Streßvariablen in der Arbeitswoche und am Wochenende erfaßt:

- Angst, Depression, "strain" (subjektiver Streß) und sexuelle Passivität,
- psychosomatische Störungen bzw. Symptome,
- Medikamentengebrauch.

Zusätzlich wurden die Katecholamine (Adrenalin und Noradrenalin) im Nachturin bestimmt.Diese Variablen wurden zu folgenden Zeitaspekten in Beziehung gesetzt:

- totale Arbeitszeit,
- Unterrichtszeit,
- außerunterrichtliche Arbeitszeit,
- totale Freizeit für sich selbst,
- Schlafzeit.

Ferner wurden die Zeitanteile erhoben, die sich der Lehrer physischen und sozialen Erholungsaktivitäten widmet. Schließlich erfolgte die Erfassung von Variablen aus dem sozialen Bereich wie die Schülermotivation, das Schülerverhalten, die kollegialen und persönlichen Kontakte.

Die Ergebnisse zeigen eine Kumulation von Streßreaktionen bzw. -folgen im Spätherbst, d.h. in den Monaten November und Dezember. Die folgenden Weihnachts- (10 Tage), Winter- (8 Tage im Februar/März) und Osterferien (5 Tage) scheinen eine präventive Funktion; denn in den Monaten Januar bis Mai sind in der Regel - abgesehen von leichten Befindensverschlechterungen im April (vor Ostern) - die Streßreaktionen wieder geringer. Unterschiede zeigen sich besonders deutlich in den Wochenendmessungen. Unter den Kovariablen weist die Qualität der Lehrer-Schüler-Interaktion die höchsten Korrelationen mit den Streßvariablen auf. Auch die Zeitvariablen zeigen teilweise signifikante Korrelationen zu den Streßreaktionen. Besonders der Umfang der aufgewendeten Zeit für physische Erholungsaktivitäten steht in signifikant negativer Beziehung zur Ausprägung von Angst, Depressivität und subjektivem Streß. Interessant ist ferner, daß in der Zeit der Befindensverbesserung die Adrenalin- und Noradrenalinausscheidung signifikant abnimmt. Obgleich die subjektiven und objektiven Streßindikatoren nur eine geringe Korrelation aufweisen, korrelieren sie im gleichen Sinne mit den Variablen der Zeit und der sozialen Beziehungen.

In einer weiteren Analyse dieser finnischen Längsschnittstudie konnten vier zeitbezogene "Streß"reaktionsmuster festgestellt werden (vgl. Kinnunen, 1988). Die erste Gruppe umfaßt Lehrer (n=31), die während des gesamten Herbstsemesters im Vergleich mit anderen Gruppen erhöhte Werte der Erschöpfung, der Depressivität, des Streß und der Angst zeigen. Die zweite Gruppe (n=53) weist Streßreaktionen nur in den ersten Wochen des Herbstsemesters auf. Die dritte Gruppe (n=46) ist während des gesamten Herbstsemesters ohne jegliche Streßsymptome. Die vierte Gruppe (n=23) zeigt "Streß" nur am Anfang und am Ende des Herbstsemesters, d.h. der Streßverlauf ist U-förmig.

Neben zahlreichen Untersuchungen zum subjektiven "Streß" gibt es wenige Studien, in denen *physiologische* und *biochemische Beanspruchungsindikatoren* erfaßt worden sind. Dabei wurde besonders die *Herzschlagfrequenz* berücksichtigt. Zum Beispiel seien hierfür die Studien von Scheuch et al. (1978) und Knothe et al. (1991) genannt. Scheuch und Mitarbeiter (ebenda) konnten bei 41 Lehrern feststellen, daß die durchschnittliche Herzschlagfrequenz (HSF) während des Unterrichts 99±11 min, während der Pausentätigkeit 103±10 min und die Ruhe-HSF im Sitzen nach Unterrichtsschluß 79±10 min beträgt. Betrachtet man den Verlauf der HSF über die ersten vier Unterrichtsstunden, so fällt auf, daß die Werte am Anfang der Unterrichtstätigkeit recht hoch sind und dann leicht abfallen (vgl. Tabelle 13). Mit wachsender psychischer Ermüdung nimmt von der ersten zur vierten Unterrichtsstunde die durchschnittliche HSF leicht ab.

Tabelle 13: Durchschnittliche Herzschlagfrequenz (HSF) bei Lehrern während des Unterrichts (Scheuch, Leipnitz, Schreinicke & Rudow, 1978)

	1. U.-Stunde		**2. U.-Stunde**		**3. U.-Stunde**		**4. U.-Stunde**	
	1.	**2.**	**1.**	**2.**	**1.**	**2.**	**1.**	**2.**
HSF/min	114±3	112±11	105±12	104±11	106±11	103±10	109±13	102±10

Der *Blutdruck* (normal: ca. 120/80 mm Hg) verhielt sich ähnlich wie die Herzschlagfrequenz:
- 50% der Lehrer unter 30 Jahren hatten vor Unterrichtsbeginn einen erhöhten Blutdruck über 150 mm Hg bzw. 95 mm Hg; 27,3% hatten diesen erhöhten Blutdruck auch nach Unterrichtsende;
- 36,8% der Lehrer über 30 Jahren haben vor Unterrichtsbeginn einen erhöhten Blutdruck über 160 mm Hg bzw. 100 mm Hg; 26,3% hatten diesen erhöhten Blutdruck nach Unterrichtsende.

Diese Ergebnisse können als Streßreaktionen, die ein hohes Gesundheitsrisiko darstellen, interpretiert werden (vgl. Müller-Limmroth, 1980).

Interessant ist ferner die psychophysiologische Studie an sieben Lehrern einer Sonderschule von Bönner und Walenzik (1982). Die Autoren konnten ebenfalls überdurchschnittlich hohe Pulsfrequenzen während der Unterrichtstätigkeit in der ersten und zweiten sowie in der fünften und sechsten Stunde feststellen. Darüber hinaus ließen sich aber individuelle HSF-Reaktionen bei kurzzeitigen Belastungen oder bei der Belastung über den Unterrichtstag finden. Während z.B. bei einem Lehrer ein Anstieg der Herzschlagfrequenz von der ersten zur sechsten Stunde zu verzeichnen war, war bei einem anderen Lehrer ein Rückgang in dieser Zeit zu registrieren. Interessant ist ferner, daß sich bei drei Lehrern in aversiven Unterrichtssituationen (Zurechtweisung von Schülern, zusätzliche Erklärungen bei Nichtverständnis des vermittelten Stoffes usw.) der Herzschlag verlangsamte. Parallel zu den Pulsfrequenzmessungen wurde in der Studie das störende Schülerverhalten mittels eines Beobachtungsbogens erfaßt. Die stärksten Streßreaktionen zeigten sich dann, wenn Schüler die Autorität des Lehrers mißachteten oder seine Persönlichkeit angriffen.

Ferner möchte ich zwei *psychoimmunologische Studien* zum Lehrerstreß anführen. Ursin et al. (1984) erfaßten Immunglobuline (IgA, IgG, IgM) unter chronischem und akutem "Streß" bei 40 Lehrern. Sie stellten fest, daß Lehrer, die anhaltende erhöhte subjektive Belastungen im Berufsleben angaben, in einer experimentellen sozialen Belastungssituation besonders verringerte IgM-Werte aufwiesen. Bei Lehrern mit akuten erhöhten psychischen Belastungen ("Tagesstreß") zeigten sich keine Veränderungen der Immunglobuline. Aber gerade bei den IgM-Werten spielten als Moderatorvariablen das Geschlecht, das Lebens- und Berufsalter und Neurotizismus eine wesentliche Rolle. Neurotizismuswerte korrelierten signifikant negativ mit den IgM-Werten. Ein vergleichbares Ergebnis erhielten Godaert et al. (1990). Sie konstatierten, daß Lehrer mit chronischen Lebensbelastungen (chronic life stress) in einer experimentellen sozialen Belastungssituation mit Veränderungen in der Verteilung von T-Lymphozyten und NK-Zellen reagierten. Die Verteilung der T-Lymphozyten und N-Zellen korrelierte positiv mit der Herzschlagfrequenz und dem Blutdruck.

Im folgenden werden exemplarisch empirische Untersuchungen angeführt, die wesentliche Beziehungen des "Streß" zu anderen Variablen prüften.

Zunächst ist es die Beziehung zwischen "Streß" und *Arbeitszufriedenheit*, welche recht häufig untersucht worden ist. Die Ergebnisse stimmen weitgehend überein. Die signifikanten Korrelationen betragen beispielsweise r= -.27 bis -.43 zwischen subjektivem "Streß" und allgemeiner Arbeitszufriedenheit (Kyriacou & Sutcliffe, 1980; Borg & Falzon, 1989; Laughlin, 1984), r= -.34 bis -.49 zwischen chronischem "Streß" und verschiedenen Facetten der Arbeitszufriedenheit (Rudow, 1986). Es besteht also ein positiver Zusammenhang zwischen "Streß" und Arbeitsunzufriedenheit.

"Streß" weist eine signifikant positive Korrelation zur *Absentismusrate* bzw. zur Absicht, aus dem Beruf "auszusteigen" (drop-out), auf (vgl. Kyriacou & Sutcliffe, 1980; Galloway et al., 1984; Solman & Feld, 1989; Borg & Falzon, 1989).

Interessant sind überdies die Beziehungen von subjektivem "Streß" zu Variablen der *psychischen Gesundheit*. Ich konstatierte eine signifikant hohe Korrelation ($r = .72$) zwischen chronischem Streß und neurotisch-funktionellen Störungen (Rudow, 1986). Kyriacou & Pratt (1985) fanden ebenfalls überwiegend signifikant positive Korrelationen zwischen subjektivem "Streß" (erfaßt mit dem Teacher-Event Stress Inventory - TESI) und Variablen des MHQ (vgl. Tabelle 14). Solman & Feld (1989), Hiebert & Farber (1984), Needle et al. (1981), Pratt (1978) und andere bestätigen diese Ergebnisse zur positiven Beziehung zwischen subjektivem Streß und psychischen Gesundheitsstörungen im Lehrerberuf.

Tabelle 14: Korrelationen zwischen subjektivem "Streß" und Variablen psychischer Gesundheit bei Lehrern (*$p < .05$)

MHQ-Skalen	**TESI Lehrerinnen (N=90)**	**TESI Lehrer (N=37)**
Angst	r = 0.43*	r = 0.36*
Phobien	r = 0.21*	r = 0.41*
Zwangsstörungen	r = 0.25*	r = 0.23
Somatische Störungen	r = 0.32*	r = 0.40*
Depressive Störungen	r = 0.43*	r = 0.34*
Hysterische Störungen	r = 0.19*	r = 0.29*

Wieweit wurden die für die Streßentstehung konzeptualisierten *Persönlichkeitsmerkmale* in empirischen Untersuchungen berücksichtigt? Zunächst soll der Einfluß des *Selbstbewußtseins* auf Streß thematisiert werden. Diesbezüglich ist eine Untersuchung von Innes & Kitto (1989) an australischen Lehrern zu nennen. Die Autoren stellten fest, daß das Selbstbewußtsein bei der Wirkung von Belastungen auf Streßsymptome eine entscheidende Moderatorvariable ist. Während bei selbstbewußten Lehrern sich die subjektive Belastung nicht in Streßsymptomen zeigt, weisen weniger selbstbewußte Lehrer häufiger Streßreaktionen auf. Parkay et al. (1988) berichten, daß die subjektive Selbstwirksamkeit (self-efficancy) mit berichtetem "Streß" negativ korreliert. Bhagat & Allie (1989) fanden, daß Lehrer mit einem hohen Kompetenzgefühl (sense of competence) bei Arbeitsaufgaben weniger Streßsymptome im Beruf und Leben zeigen. Wilkinson (1988) schlußfolgert ebenfalls, daß besonders Lehrer mit wenig Selbstvertrauen (self-confidence) zu Streßreaktionen neigen. In diesem Sinne kann auch das Ergebnis von Scheuch & Buhr (1991) interpretiert werden. Hier wies die Gruppe ohne neurotische Tendenzen, die ein geringeres Streßerleben zeigt, ein höheres Selbstkontrollbewußtsein auf.

Untersuchungen von *Bewältigungsstilen* und -prozessen im Lehrerberuf sind eine logische Konsequenz des stress-coping-Konzeptes. Hierzu liegen aber - gemessen an ihrer postulierten Schlüsselfunktion im Streßprozeß - bislang wenige Studien vor. Sie lassen sich wie folgt zusammenfassen: In einigen wurden die Bewältigungsstrategien ermittelt, welche von Lehrern am häufigsten bei subjektiven Belastungen im Beruf angewandt werden. Kyriacou & Pratt (1985) befragten 127 Schullehrer, wie sie streßinduzierende Situationen bewältigen. Die häufigsten Antworten waren:

- versuchen, Ruhe zu bewahren,
- das Problem mit anderen zu besprechen,
- die Dinge mit Abstand zu betrachten,
- Konfrontationen zu vermeiden,
- beten,
- sich gut auf den Unterricht vorzubereiten,
- sich nach der Arbeit zu entspannen.

Dewe (1985) stellte an 1.181 Lehrern in Neuseeland fest, daß palliative, d.h. auf die Regulation von Emotionen gerichtete Strategien gegenüber direkten Aktionen, die auf eine Problemlösung orientiert sind, bevorzugt werden. Es wurden folgende Coping-Strategien am häufigsten genannt:

- Ignorieren oder Übergehen der (kritischen) Situation,
- rationales, aufgabenorientiertes Verhalten,
- Anwendung eines konservativen Unterrichtsstils (z.B. autoritäres Verhalten, um die Kontrolle über die Schüler zu wahren),
- Schüler positiv zu bekräftigen,
- die Inanspruchnahme kollegialer Unterstützung,
- die Betrachtung der Dinge mit Distanz,
- die Arbeit gut organisieren und planen,
- Abschalten nach der täglichen Arbeit.

Bei Freeman (1987) waren die populärsten Strategien folgende:

- rationales und problemlösungsorientiertes Verhalten,
- Verdrängung,
- das Suchen emotionaler Unterstützung,
- versuchen, auf der Grundlage des aktuellen Problemverständnisses unmittelbar zu reagieren,
- positives Denken.

Grimm (1993) erkundete folgende Coping-Strategien bei Lehrern in belastenden Unterrichtssituationen:

- aktive Lösungssuche: Auseinandersetzen mit Problemsituation, auf gedanklicher, verbaler und aktionaler Ebene Lösungen entwickeln, z.T. gemeinsam mit Schülern;
- ständiges Nachdenken oder Grübeln, verbunden mit Schuldgefühlen;
- repressives Verhalten: den Schüler bedrohen, beschimpfen, bestrafen;
- Abwehr: Steuerung der Gedanken, z.T. Leugnen und Ignorieren der belastenden Situation, Ablenken usw.;
- Neubewerten/Intellektualisieren: Gedankliche Neuinterpretation der belastenden Situation, "positiv sehen" usw.;

- spontane Änderung des Unterrichts: Spontanreaktion, ohne gedankliche Reflexion der Problemsituation;
- Flucht/Vermeidung: Unterricht beenden, Beschwerde bei der Schulleitung usw.

Die Häufigkeit des Gebrauchs o.g. Bewältigungsstrategien ist vom Geschlecht und von den Berufserfahrungen abhängig. Eine häufig angewandte Strategie muß aber nicht zwangsläufig effektiv in bezug auf die Vorbeugung oder Bewältigung von Streßreaktionen sein. Brenner, Sörbom & Wallius (1985) stellten fest, daß direkte Copingaktionen gegenüber palliativen Strategien hinsichtlich der Verringerung von erlebtem Streß im Verlauf eines Schuljahres effektiver sind. Schonfeld (1990) fand bei 67 amerikanischen Lehrern, daß folgende Coping-Strategien eine signifikant negative Beziehung zu (streßbedingten) depressiven Reaktionen und psychophysiologischen Störungen aufweisen: "Rat suchen", "positive Vergleiche" und "direkte positive Aktion". Long & Gessaroli (1989) konstatierten eine Geschlechtsabhängigkeit der Copingeffektivität; und zwar schätzten Lehrer die Vermeidung effektiver ein, während Lehrerinnen das Problemlösen als besonders effektiv beurteilten.

Die Beziehung zwischen *Kontrollüberzeugungen* und subjektivem "Streß" wurde mehrmals untersucht (Halpin, Harris & Halpin, 1985; Soh, 1986; Arney, 1988; Parkay et al,, 1988). Den Untersuchungen lag das Konzept von Rotter (1966) zugrunde. Die Kontrollüberzeugungen wurden häufig mit der "Teacher Locus of Control Scale" (Hall et al., 1980) erfaßt. Es wurden signifikante Beziehungen zwischen beiden Variablen festgestellt, und zwar in dem Sinne, daß Lehrer mit internalen Kontrollüberzeugungen weniger Streß hatten. Dies war besonders bei "Streß" in der Lehrer-Schüler- und Lehrer-Vorgesetzten-Beziehung oder bei Rollenambiguität und Aufgabenkomplexität der Fall.

Zur Beziehung zwischen *Verhaltenstyp A* und "teacher stress" liegen widersprüchliche Ergebnisse vor. Wir fanden zwischen dem Typ-A-Verhalten und dem Streßerleben sowie (streßbedingten) neurotisch-funktionellen Störungen keine signifikante Beziehung (vgl. Rudow & Buhr, 1986). Orpen & King (1987) konnten dieses Ergebnis an 42 australischen Lehrern replizieren, wobei sie keine Unterschiede zwischen dem Typ A und Typ B bei emotionalen und physischen Streßreaktionen feststellten. Scheuch & Buhr (1991) konnten hingegen konstatieren, daß Lehrer mit neurotischen Tendenzen, deren Entwicklung über 10 Jahre erfaßt wurde, häufiger ein ausgeprägtes Typ-A-Verhalten aufweisen. Bei Vogel et al. (1988) ist das Typ-A-Verhalten eine signifikante Trennvariable zwischen Pädagogen mit einem erhöhten und einem geringeren Niveau psychischer und somatischer Beschwerden. Pädagogen mit einem erhöhten Beschwerdeniveau zeigten ein dem Typ A entsprechendes Verhaltensmuster. Differenzierter ist die Studie von Rhodewalt et al. (1984), da hierbei neben dem Typ-A-Verhalten auch Belastungsvariablen erfaßten worden sind. Typ-A-Lehrer zeigten erst dann psychische und kardiovaskuläre Beschwerden, wenn sie unter hoher Berufsbelastung stehen. Bei geringer Berufsbelastung unterschieden sie sich in der Ausprägung der Beschwerden nicht vom Verhaltenstyp B. Die Autoren sehen darin eine Bestätigung des Diathese-Streß-Modells, welches zur Erklärung der Beziehung von Typ-A-Verhalten und Herz-Kreislauf-Erkrankungen dient.

Unter "Diathese" wird eine individuelle Prädisposition für die Entwicklung spezifischer Krankheitsprozesse angenommen. Wenn Personen mit solcher erworbenen oder hereditär bedingten Anfälligkeit wiederholt mit starken psychischen Belastungen konfrontiert werden - was beim Verhaltenstyp A der Fall ist -, dann können Herz-Kreislauf-Beschwerden oder -Erkrankungen auftreten.

Wilson et al. (1990) fanden ebenfalls eine signifikante Beziehung zwischen Typ-A-Verhalten und subjektivem "Streß", dies aber nur bei männlichen Lehrern. Sie kommen u.a. zu dem Schluß, daß kulturbedingte Geschlechtsrollen Einfluß auf diese Beziehung haben.

In einigen Studien wurde *Neurotizismus* im Zusammenhang mit Streßreaktionen geprüft. Bei Innes & Kitto (1989) ist Neurotizismus der entscheidende Prädiktor für den Auftritt psychischer und körperlicher Streßsymptome. Wilson & Mutero (1989) stellten gleichfalls fest, daß dieser ein wesentlicher Prädiktor von Streß bei Lehrern ist. Besonders interessant ist eine Studie, in der die Beziehung zwischen *Temperaments*merkmalen und dem Streßerleben sowie neurotisch-funktionellen Störungen geprüft wurde (Rudow & Buhr, 1986). Die Temperamentsmerkmale Stärke (bzw. Stabilität) der Erregung des Nervensystems, Stärke der Hemmung des Nervensystems und Beweglichkeit des Nervensystems weisen signifikante Korrelationen zum (chronischen) Streßerleben auf (vgl. Tabelle 15). Beachtenswert ist die Korrelation der Stärke der Erregung. Teilweise noch höher sind die Korrelationen der drei Temperamentsmerkmale zu den neurotisch-funktionellen und verhaltensneurotischen Störungen. Dieses Ergebnis deckt sich weitgehend mit den Ergebnissen der Strelau-Gruppe und weist darauf hin, daß besonders die Stärke der Erregbarkeit des Nervensystems eine Kernvariable der psychischen Belastbarkeit sein dürfte (Strelau, 1983). Sie scheint sich besonders für die Prädiktion von Streßreaktionen, mithin bei Lehrern, zu eignen.

Eine weitere Variable, die als Moderator zwischen Belastung und Beanspruchung eine Bedeutung hat, ist die *soziale Unterstützung*. Sie fand auch in der Lehrerforschung Beachtung. Dabei konnten im wesentlichen die Ergebnisse bestätigt werden, welche anzeigen, daß eine wahrgenommene soziale Unterstützung eine Pufferfunktion zwischen Belastungen und Streßreaktionen einnimmt bzw. zur Reduktion von Streß oder Streßfolgen führt (Leuschner, 1976; Kyriacou, 1981; Fimian, 1986; Needle, Griffin & Svendson, 1981; Brenner, Sörbom & Wallius, 1985; Kearney & Turner, 1987). Dies scheint besonders auf Lehrerinnen zuzutreffen, welche der sozialen Unterstützung in der Arbeit eine höhere Bedeutung als ihre männlichen Kollegen zumessen (Punch & Tuettemann, 1990).

Tabelle 15: Signifikante Korrelationen von Temperamentsbesonderheiten zum Streßerleben und zu neurotischen Störungen (N= 100; ** p<.01; * p<.05).

	Erregung	Hemmung	Beweglichkeit
Neurot.-funkt. Störungen	r=- 0.39**		r=- 0.32**
- körperl. Beschwerden	r=- 0.36**		r=- 0.31**
- psych. Beschwerden	r=- 0.33**		r=- 0.22*
Verhalt.neurot. Störungen	r=- 0.36**		r=- 0.31**
Ermüdungserleben	r=- 0.57**		r=- 0.43**
Streßerleben	r=- 0.51**	r=- 0.25*	

Wichtig erscheint die soziale Unterstützung durch Supervision für Lehrer im ersten Berufsjahr zu sein, nicht zuletzt im Sinne der Vorbeugung eines "Praxisschocks". Ferner sind die Unterstützung durch Kollegen (peer support) und im privaten Bereich für Lehrer bedeutsam.

Bei o.g. Untersuchungen wurde die soziale Unterstützung unterschiedlich akzentuiert. Zum einen wird sie vorwiegend als Coping-Strategie betrachtet, d.h., die wahrgenommene soziale Unterstützung ist das Ergebnis einer Suche bzw. Pflege von sozialen Kontakten besonders in Belastungssituationen oder allgemein der sozialen Handlungskompetenz (vgl. Kyriacou, 1981). Zum anderen wird sie eher als Tätigkeits- oder Organisationsmerkmal angesehen (vgl. Pettegrew & Wolf, 1982; Fletcher & Payne, 1982; Brenner, Sörbom & Wallius, 1985). Sie ist in der Lehrertätigkeit als ein differentiertes Konzept zu analysieren. Fimian (1986) konzipierte per Fragebogen folgende Faktoren: die Unterstützung durch Vorgesetzte bzw. durch die Administration, die Supervision und die Unterstützung durch Kollegen. Überraschend ist jedoch, daß bei den empirischen Untersuchungen der sozialen Unterstützung in der Lehrertätigkeit der Schüler - als häufigster Interaktionspartner - kaum berücksichtigt wird.

Die soziale Unterstützung hat nicht nur für "Streß" im engeren Sinne eine Relevanz, sondern gleichfalls für streß(mit)bedingte Gesundheitsstörungen. Punch & Tuettemann (1990) fanden, daß (fehlende) kollegiale Unterstützung zum "teacher distress" signifikante Korrelationen aufweist, und zwar bei der Gesamtstichprobe (N=574) r= 0.21, bei männlichen Lehrern r=0.18 und bei weiblichen Lehrern r=0.25. Schubert (1983) stellte fest, daß besonders Lehrer, welche Patienten mit neurotischen und funktionellen Störungen in der Psychotherapie waren, als besonders belastende Tätigkeitsmerkmale "fehlende bzw. unzureichende soziale Unterstützung" und "Unzufriedenheit mit dem Führungsstil der Schulleitung" angaben. Hier ist allerdings die Frage nach der Kausalität zu stellen: Sind die neurotischen und funktionellen Störungen die Folge fehlender sozialer Unterstützung? Oder: Ist die fehlende soziale Unterstützung die Folge neurotischer Verhaltensstörungen? Obgleich sich diese Frage zur Zeit nicht klar beantworten läßt, ist davon auszugehen, daß der vorherrschende Führungsstil an einer Schule Streßphänomene hervorruft (Leuschner, 1976; Beasley & Myette, 1983; Brenner, 1982; Harris, Halpin & Halpin, 1984; Blase, Dedrick & Strathe, 1986). Beispielsweise fanden Harris, Halpin & Halpin (ebenda) eine positive Korrelation zwischen "teacher stress" und einer autoritären Schülerkontrolle durch die Schulleitung. Der Führungsstil ist also im Kontext der sozialen Unterstützung recht eindeutig als streßrelevantes Organisationsmerkmal zu interpretieren.

Obwohl der *Tätigkeitsspielraum* in der arbeitspsychologischen Forschung relativ häufig untersucht wurde, fand er im Lehrerberuf wenig Beachtung. Hierzu können lediglich drei Untersuchungen genannt werden. Punch & Tuettemann (1990) fanden bei australischen Lehrern signifikante Korrelationen zwischen den Variablen "Einflußmöglichkeiten/Autonomie" und "teacher distress", und zwar bei der Gesamtstichprobe $r=0.20$ und bei weiblichen Lehrern sogar $r=0.25$. Wir prüften die Beziehung zwischen dem Entscheidungsspielraum und dem (chronischen) Streßerleben. Bei 100 Lehrern war diese Korrelation zwar negativ, aber nur in der Tendenz signifikant (Rudow & Buhr, 1986). Schubert (1983) prüfte das Tätigkeitsmerkmal "Entscheidungs- und Handlungsspielraum" bei Lehrerpatienten mit zahlreichen Streßsymptomen. In dieser Studie gaben 40%, daß die Einschränkung des Entscheidungs- und Handlungsspielraums besonders belastungsrelevant sei.

Schließlich ist unter den Tätigkeitsmerkmalen noch die *Aufgabenkomplexität* untersucht worden. Sie wurde als Anforderungshöhe nach dem "stressmanagement modell of strain" von Karasek (1979) in bezug auf das Streßererleben erfaßt (Rudow & Buhr, 1986). Wir konnten folgende signifikante Korrelation konstatieren: Je größer die erlebte Aufgabenkomplexität bzw. Anforderungshöhe ist, desto stärker ist das Streßerleben.

Im folgenden werden einige empirische Untersuchungsergebnisse zur *Lehrerangst* skizziert. Zunächst werden epidemiologische Befunde zu ihrer Auftrittshäufigkeit und Ausprägung dargestellt.

In der Studie von Wittern & Tausch (1980) an 43 Lehrern gaben 51% "Schwierigkeiten im Umgang mit Schülern" an, wobei eines von vier Items für diese Beeinträchtigung lautete: "Schüler machen mir manchmal Angst". Peez (1983) und Jehle (1986) führten eigens zur Feststellung der Verbreitung und Ausprägung der Angst von Lehrern Untersuchungen durch. Bei Peez (1983) nahmen 152 Lehrer an der Studie teil, die mit einem Fragebogen zu den neun Angstformen von Grossmann & Winkel (1977) durchgeführt wurde. Sie konnten Urteile auf vierstufigen Skalen abgeben, d.h. von "häufig" bis "nie" (Häufigkeitsskala) und "gar nicht" bis "sehr stark" (Intensitätsskala) von Angst betroffen zu sein. Die je Angstform angegebenen Häufigkeiten schwankten bei der höchsten Stufe "häufig" von 14,6% (Konfliktangst) und 11,3% (Versagensangst) bis 3,2% (Trennungsangst) und 2% (Strafangst). Bei der nächsten Stufe "manchmal" variierten die Werte von 41,3% bis 12,5%. Auf der Intensitätsskala wurden geringere Werte ermittelt, und zwar bei den beiden höchsten Intensitätsstufen von 10,9 bis 2,7% bzw. von 23,6 bis 8,1%. Die Häufigkeit, mit der Lehrer einzelne Ängste benannten, unterscheiden sich beträchtlich; bei der Intensität treten hingegen geringere Schwankungen auf.

Jehle (1986) nahm die Systematik von Weidenmann (1978) als Grundlage für die Entwicklung eines Fragebogens mit 24 Items. Die 99 befragten Lehrer konnten die Häufigkeit und Intensität ihrer Angst in Verbindung mit der Unterrichtstätigkeit bewerten, und zwar auf 7stufigen Skalen (0-6) von "überhaupt nicht" bis "ständig" (Häufigkeit) und "überhaupt nicht" bis "sehr stark" (Intensität). In einer Metaanalyse von Jehle & Nord-Rüdiger (1989) wurde die Auftrittshäufigkeit und -intensität der 24 Items (Mittelwerte) in einzelnen Skalenstufen ermittelt (vgl. Tabelle 16). Es ist zu erkennen, daß sich die Werte bezüglich der Häufigkeit und Intensität ungleich auf den gesamten Skalenbereich verteilen. Die Standardabweichungen der 24 Items erstrecken sich von 0.46 bis 1.50 (Häufigkeit) und von 0.78 bis 1.89 (Intensität). Die vorhandenen Ängste sind dem unteren Häufigkeits- und Intensitätsbereich zuzuordnen. Dies bedeutet: Die Mehrheit der befragten Lehrer zeigt eher nicht häufig auftretende, geringere Ängste. Nur wenige Lehrer müssen hohe Angstwerte mitgeteilt haben.

Schließlich soll die Studie von Nuding (1984) erwähnt werden. Sie ist deshalb interessant, weil hier versucht wird, die Komponenten Besorgtheit und Aufgeregtheit bei 112 Lehrern, die sich aus drei Teilstichproben (Lehreramtsanwärter, Lehrer an Grund- und Hauptschulen, Sonderschullehrer) rekrutieren, getrennt zu erfassen. Dafür entwickelte er einen "Fragebogen zur Erfassung von Lehrerangst (F-E-L)" mit jeweils 6 (insgesamt 12) entsprechenden Items. Nuding (ebenda) kommt zu folgenden Resultaten: (1) Bei Lehramtsanwärtern (49% der Befragten) dominiert die Besorgheit, die vor allem angesichts von Lehrplananforderungen, neuer Klasse oder kurzfristig angemeldetem Unterrichtsbesuch aufkommt. Lehrer an Sonderschulen weisen demgegenüber die geringsten Werte in der Besorgheit auf. (2) In der Aufgeregtheit sind die Lehrer an Grund- und Hauptschulen (43% der Befragten) am auffälligsten, was sich besonders beim Anblick des Schulrats im Haus sowie beim Vorstellen ihrer unterrichtlichen Arbeit vor der Klassenpflegschaft ausdrückt.

Tabelle 16: Auftrittshäufigkeit und -intensität der angstmessenden Items (nach Jehle & Nord-Rüdiger, 1989)

Skalenstufen	Häufigkeit	Intensität
0,00-0,5	1	1
0,51-1,0	5	0
1,01-1,5	6	6
1,51-2,0	9	5
2,01-2,5	3	4
2,51-3,0	0	0
3,01-3,5	0	2
3,51-4,0	0	0
4,01-4,5	0	0
4,51-5,0	0	0
5,01-5,5	0	0
5,51-6,0	0	0
Summe:	24 Items	24 Items

5.4. Forschungsstand und Folgerungen

(1) Der Begriff "Streß" wird inhaltlich sehr heterogen verwendet. Er reicht vom bloßen, negativ akzentuierten Schlagwort, mit dem jedwede unangenehme Belastung oder Beanspruchung assoziiert werden kann, bis hin zu einem konzeptgeleiteten Begriff. Häufig ist der gebrauchte "Streß"begriff weder definiert, geschweige denn in eine theoretische Rahmenkonzeption eingeordnet. Dadurch ist eine inhaltliche Abgrenzung von inhaltlich verwandten Konzepten wie "Ermüdung", "Burnout", "Angst" usw. schwer möglich. "Streß in der Lehrertätigkeit" sollte künftig vielmehr in ein theoretisches Rahmenkonzept eingeordnet werden und demgemäß eakter definiert werden. Wir haben dies versucht, indem unter anderem (a) "Streß" als *eine* Beanspruchungsreaktion und -folge neben weiteren bestimmt wurde und (b) zwischen akutem und chronischem "Streß" unterschieden wird. Die Konzeptualisierung ist in Wechselwirkung mit theoriegeleiteten empirischen Untersuchungen fortzuführen.

(2) Die heterogene Verwendung des Streßbegriffs wirkt sich auf die empirischen Untersuchungsansätze aus. Viele Untersuchungen, welche das Ziel verfolgen, "Streß"

im Lehrerberuf zu bestimmen, bleiben einer simplen Befragung mit ad hoc konstruierten, mitunter sogar suggestiven Items verhaftet. Demgemäß erscheinen die Ergebnisse zwar sehr plausibel, wenn die befragten Lehrer global "viel Streß" oder ähnliches in ihrer Berufstätigkeit angeben. Aber wieviel und welchen "Streß" die Lehrer wirklich haben, darauf können die meisten Ergebnisse keine exakte Antwort geben. Gleiches betrifft die Studien zur Angst. Eine Zusammenfassung und ein Vergleich vorliegender empirischer Befunde ist wegen der Heterogenität der Angstkonzepte und der entsprechend angewandten Methoden schwierig. Die empirischen Befunde lassen jedoch den Schluß zu, daß die Verbreitung stärkerer Angstphänomene unter Lehrern offenbar geringer als oft angenommen ist.

Konzeptgeleitet ist es eine vordringliche Aufgabe, den subjektiven "Streß" inclusive Angst in Form verschiedener Erlebnisqualitäten und -facetten differenzierter zu erfassen. Dabei ist unter anderem stärker zwischen kurzzeitigen (akuten) und anhalten (chronischen) Streßerscheinungen zu unterscheiden. Es kann also nicht in erster Linie um die Frage gehen "Wieviel "Streß" hat der Lehrer?", sondern um die Beantwortung der Frage "Welchen "Streß" hat der Lehrer in welchem Maße?"

(3) Die empirischen Untersuchungen zum "teacher stress" beschränken sich überwiegend auf subjektive Indikatoren. Dadurch läßt sich zwar recht einhellig konstatieren, daß Lehrer häufig über "Streß" berichten, wir wissen aber zu wenig darüber, wie sich der subjektive "Streß" objektiv auswirkt. Die wenigen empirischen Untersuchungen mit physiologischen, endokrinologischen und immunologischen Methoden lassen keinen Schluß auf den objektiven Berufsstreß durch die Lehrertätigkeit zu. Es bedarf also verstärkt der Berücksichtigung objektiver Streßmessungen auf den Ebenen des Verhaltens- bzw. der Leistung sowie insbesondere der physiologischen, endokrinen und immunologischen Regulation. Um diese Indikatoren als valide Streßindikatoren ausweisen zu können, ist die Hinzuziehung von solchen Tätigkeitsmerkmalen des Unterrichts nötig, die es wahrscheinlich machen, daß beispielsweise mit der Herzschlagfrequenz tatsächlich tätigkeitsbedingte Streßreaktionen erfaßt werden.

(4) Verhaltens- bzw. Leistungsmerkmale finden als Streßindikatoren in der Lehrertätigkeit bislang überhaupt keine Beachtung. Obwohl es in der Lehrertätigkeit schwierig ist, derartige Merkmale zu bestimmen und zu erfassen, erscheint ihre Erfassung unabdingbar. Hierbei sollte es vor allem um die Diagnostik des Sprechverhaltens sowie kognitiver Fehlhandlungen gehen. Darüber hinaus sollten streß(mit)bedingte Verhaltensweisen wie der Kaffee- und Alkoholgenuß, der Zigarettenverbrauch, das Eßverhalten, das Schlafverhalten usw. berücksichtigt werden.

(5) Persönlichkeitsmerkmale sind im unterschiedlichen Maße untersucht worden. Einige, wie z.B. das Selbstbewußtsein, die Kontrollüberzeugungen und der Neuro-

tizismus, sind meines Erachtens im Zusammenhang mit "Streß" hinreichend geprüft worden. Das Typ-A-Verhalten sollte differenzierter im Hinblick auf einzelne Komponenten untersucht werden. Demgegemüber sind Attributions- und besonders Bewältigungsstile zu wenig Forschungsgegenstand. Die bislang diagnostizierten Bewältigungsstile sind noch recht allgemein und beziehen sich zu wenig auf definierte Anforderungsbereiche des Lehrers. Auf Grund ihrer Schlüsselfunktion im Streßprozeß sollte besonders die empirische Forschung zu den Bewältigungsstilen bzw. -prozessen forciert werden. Dabei ist den Handlungsstilen in der Lehrertätigkeit größere Aufmerksamkeit zu widmen.

(6) Streßrelevante Tätigkeitsmerkmale fanden in empirischen Untersuchungen mehr sporadisch als kontinuierlich Berücksichtigung. Die soziale Unterstützung ist relativ häufig untersucht worden. Dagegen sind vor allem Aspekte des Arbeitsinhalts, d.h. die Aufgabenkomplexität, -variabilität und -transparenz sowie der Tätigkeitsspielraum, zu wenig empirisch thematisiert worden. Solche Untersuchungen können nur als erste Ansätze einer streßbezogenen Tätigkeitsanalyse im Lehrerberuf verstanden werden.

(7) Personale und organisationale Streßressourcen sollten mehr konzeptgeleitet untersucht werden. Von einer Konzeption ausgehend - wie im Kapitel 5 dargelegt - könnten personale und organisationale Streßressourcen einzeln und besonders komplex analysiert werden. Dabei ist jedoch von einfachen korrelativen Analysen, z.B. zwischen sozialer Unterstützung und Streß, wegzukommen, indem komplexere Beziehungen zwischen personalen bzw. organisationalen Streßressourcen und Streßreaktionen wie -folgen geprüft werden.

(8) Streßphänomene einschließlich Angst sind wenig in ihrer Wirkung auf Leistung und Gesundheit analysiert worden. Fragen wie z.B. "Zeigen gestreßte Lehrer eine geringere Leistungsfähigkeit?" oder "Welche langfristigen Auswirkungen auf die Gesundheit haben Streßreaktionen?" oder allgemeiner "Sind Lehrer bezüglich der Gesundheit eine Risikogruppe?" können bei der jetzigen Forschungslage nicht eindeutig beantwortet werden. Hierzu sind Längsschnittuntersuchungen nötig.

(9) Die Angstforschung im Lehrerberuf weist zwar relativ viele Arbeiten auf. Diese können aber theoretisch und empirisch oft nicht zufriedenstellen. Es fehlt ein einheitliches theoretisches Konzept der Lehrerangst. Beispielsweise wurde ihre Differenzierung in Zustand und Eigenschaft oder in Besorgheit und Aufgeregtheit aus der allgemeinen Literatur noch nicht übernommen. (Eine Ausnahme bildet die Arbeit von Nuding, 1984.) Der progressive handlungstheoretische Ansatz von Weidenmann (1978, 1981) zur Erklärung der Lehrerangst hat leider bis heute - ausgespart die Studie von Jehle (1986) - keine empirische Fortsetzung gefunden. Insgesamt sollte

aufgrund der engen konzeptionellen Beziehungen die Angst stärker in die Streßforschung eingebettet werden.

5.5. Zusammenfassung

(1) Streß und Angst in der Lehrertätigkeit lassen als theoretisches Modell darstellen. Es berücksichtigt vor allem den Prozeßcharakter von Streß, auf den Persönlichkeits- und Tätigkeitsmerkmale einen Einfluß haben.

(2) Stress- und angstbeeinflussende Persönlichkeitsmerkmale sind das Selbstbewußtsein, Bewältigungsstile, Kontrollüberzeugungen, Attributionsstile, der Verhaltenstyp A, Neurotizismus/Emotionale Labilität und Streßvorerfahrungen. Als stress- und angstbeeinflussende Tätigkeitsmerkmale wurden die Aufgabenkomplexität, die Aufgabenvariabilität, die Aufgabentransparenz, der Tätigkeitsspielraum, die sozialen Beziehungen, die Verantwortlichkeit und die Rollenstruktur angeführt.

(3) Streß und Angst sind in der Lehrertätigkeit häufig - mehr oder weniger differenziert - empirisch erfaßt worden sind. Den empirischen Untersuchungen liegen überwiegend subjektive Aussagen von Lehrern zugrunde. Objektive Indikatoren wurden bisher kaum herangezogen. Ferner gibt es nur wenige Längsschnittuntersuchungen, die den Streßverlauf über die Zeit geprüft haben.

(4) Nach übereinstimmenden Berichten sind subjektive Streßphänomene unter Lehrern häufig verbreitet. Der Auftritt von Streß in der Lehrertätigkeit wird auch durch einige objektive Befunde (Herzschlagfrequenz, Blutdruck, Immunglobuline) belegt. Streß weist Beziehungen zur Arbeitszufriedenheit, zum Absentismus bzw. zum drop-out und zu Variablen der psychischen Gesundheit auf.

(5) Der Einfluß von Selbstbewußtsein, Kontrollüberzeugungen, Neurotizismus und sozialer Unterstützung auf Streß konnte bei Lehrern empirisch nachgewiesen werden. Unter den Tätigkeitsmerkmalen erwies sich vor allem der Führungsstil als streßrelevant. Tätigkeitsmerkmale sind in ihrem Einfluß auf Streß und Angst wenig empirisch untersucht worden.

(6) Die Streß- und Angstforschung im Lehrerberuf sollte sich künftig vorwiegend auf die konzeptgeleitete Untersuchung von objektiven Indikatoren (physiologische und immunologische, Verhaltens- und Leistungsparameter), die Erfassung von Organisations- bzw. Tätigkeitsmerkmalen sowie auf Beziehungen zwischen Streß/Angst und Leistung bzw. Gesundheit konzentrieren.

Kapitel 6. Burnout

KOLLEGEN
keiner wird Eure Forderung
nach 1 Stunde weniger
Arbeit verstehen,
wenn Ihr nicht auch sagt,
- wie leer Ihr Euch nach
6 Stunden oft fühlt,
- daß niemand 28 Stunden
Unterricht so vorbereiten
kann, daß er selbst
damit zufrieden ist,
- daß man nach 40 Jahren
Lehrersein
ausgebrannt ist ...

(aus einem Gedicht von Ingrid Kiel-Krau, 1991, 38)

6.1. Theoretische Aspekte

Nachdem in den 70er Jahren in der Lehrerforschung überwiegend "Streß" und "Angst" thematisiert worden sind, trat etwa zu Beginn der 80er Jahre "*Burnout*" (*im folgenden BO*) seinen Siegeszug an, der bis heute anhält. In den letzten Jahren sind zu diesem Thema allein im deutschprachigen Raum (z.T. Übersetzungen) neun Bücher erschienen (Ullrich, 1987; Buchka & Hackenberg, 1987; Enzmann & Kleiber, 1989; Burisch, 1989; Bronsberg & Vestlund, 1990; Freudenberger & Richelson, 1990; Pines, Kafry & Aronson, 1991; Meyer, 1991; Barth, 1992).

Vom BO-Syndrom ist als sog. Helferberuf insbesondere der Lehrer betroffen. In der von Enzmann & Kleiber (1991) erstellten Bibliografie zum Thema BO in psychosozialen Berufen (1969-1989) betreffen von insgesamt 2 496 Titeln 307 den Lehrerberuf, das sind 12,3% aller Arbeiten zum BO. Unter allen Berufen, die hierbei genannt werden, dominieren die Lehrer. Von den 307 Schriften stammen 295 (96,1%) aus dem englischsprachigen Raum, aber nur 12 (3,9% !?) sind deutsche Schriften. Schaut man sich die Verteilung der Arbeiten über die Jahre an, so ist festzustellen, daß im englischsprachigen Raum "teacher burnout" von 1981 bis 1983 seine Höhepunkte hatte, während im deutschsprachigen Raum diese Forschung - abgesehen von einer Ausnahme 1981 - erst 1985 zaghaft begann und danach keinesfalls forciert wurde (siehe Tabelle 17).

Tabelle 17: Forschungsarbeiten zum Burnout im Lehrerberuf im englisch- und deutschsprachigen Raum

Erscheinungsjahr	englisch	deutsch
1978	1	0
1979	14	0
1980	30	0
1981	35	1
1982	46	0
1983	38	0
1984	31	0
1985	25	2
1986	19	1
1987	26	4
1988	20	1
1989	10	3
	Summe: 295 (96,1%)	Summe: 12 (3,9%)

Es ist allerdings unklar, ob diese im Vergleich zu den USA geringe Forschungsaktivität auf den öfter feststellbaren Zeitverzug bei der Rezeption internationaler Literatur oder auf andere, z.B. wissenschaftspolitische oder sozialgesellschaftliche Faktoren zurückzuführen ist. Meines Erachtens ist es nicht nur ein Rezeptionsproblem, sondern Ausdruck mangelhafter sozialer und gesellschaftlicher Sensibilität hierzulande gegenüber einem derartigen potentiell krankmachenden Phänomen allgemein und besonders in der Berufsgruppe der Lehrer.

Es stellt sich die Frage, ob mit "Burnout" ein Phänomen abgebildet wird, das sich wesentlich von anderen Beanspruchungsfolgen, vor allem vom Streß unterscheidet. Die Frage läuft auf seine theoretische Bestimmung hinaus, unter anderem mit dem Ziel der Abgrenzung zum "Streß" und zu verwandten Begriffen (Ermüdung, Depression, Arbeitszufriedenheit etc.). Die Definition ist ein Grundproblem, da es bislang keine Bestimmung von BO gibt, die als Standard akzeptiert ist.

Was unter "Burnout" zu verstehen ist, dies soll anschaulich am Beipiel des schon zitierten Lehrers aus dem Artikel der "Frankfurter Rundschau" (11.8.1988) "Wenn ein Lehrer nicht mehr "durchhält" " demonstriert werden:

"Paul L., 52 Jahre alt, unterrichtet Deutsch und Französisch an einem großen Gymnasium in Süddeutschland. Seine 9. Klasse hatte ihn mit Gejohle empfangen: 30 Jungen und Mädchen sangen in Sprechchören:
"Paule, laß uns in Ruh
Mach lieber die Schule zu
Scheißschule
Wir kennen nur Frust,
Wir haben null Lust
Auf den Schiller und dich
Kapierste das nicht?."
Als Paul L. vor 22 Jahren an diese Schule kommt, ist alles anders. Die Zeit des Einstiegs günstig: Aufbruchstimmung selbst in diesem eher konservativen Bundesland, Reformvorhaben, die auf eine "andere", eine bessere Schule zielen. Sein Gymnasium ist ein Glücksfall... Paul L., dem man jahrelang sogenannte "Problemklassen" zugeteilt hat, schafft es nicht mehr. Er ist inzwischen 46 Jahre alt. Diese Erfahrung trifft den Erfolgsgewohnten unverhältnismäßig hart. Er beginnt an sich zu zweifeln, ist taub für Tröstungen von Kollegen ... Er versagt, er schafft es eben nicht...Immer häufiger muß er sich pädagogische und fachliche Fehler eingestehen. Schuldgefühle stellen sich ein."

Hierbei werden folgende *Bestimmungsmerkmale* deutlich:

(1) BO ist ein Phänomen, das sich über Jahre oder Jahrzehnte herausbildet. Es ist folglich ein schleichender *Prozeß,* der oft vom betroffenen Lehrer nicht oder nur unzureichend wahrgenommen wird. Zeitweilige oder gar anhaltende Streß- oder Ermüdungsreaktionen werden oft als erste Burnoutsignale nicht wahrgenommen. BO ist demnach als eine Funktion der Berufstätigkeitsdauer zu verstehen. Bei Lehrern können Symptome schon in den ersten Berufsjahren in Form des "Praxisschocks" eintreten. Häufiger zeigt sich aber das BO-Syndrom erst deutlich nach 15 bis 20 Berufsjahren, wie das obige Beispiel zeigt. Es ist also einerseits ein individuelles Entwicklungsphänomen, andererseits aber auch ein Sozialisationsprodukt, an dem Berufstätigkeits-, organisationale, soziale und gesellschaftliche Faktoren Anteil haben (vgl. Kleiber & Enzmann, 1986).

Edelwich & Brodsky (1984) formulierten BO als einen *vierstufigen Prozeß*, der sich auf die Lehrertätigkeit übertragen läßt:

1. *Idealistische Begeisterung*: Die erste Stufe ist durch große Hoffnungen und unrealistische Erwartungen gekennzeichnet, wobei die größten Risiken in der Überidentifikation mit dem Schüler und in exzessiver, ineffektiver Verausgabung an Energie liegen.
2. *Stagnation*: Es ist die Stufe des "Festgefahrenseins". Sie ist gekennzeichnet durch große Bemühungen der Lehrer bei gleichzeitiger Unzufriedenheit mit Aspekten der Arbeitssituation wie Feierabend- und Wochenendarbeit, niedriger Bezahlung, mangelnden Aufstiegsmöglich-

keiten etc. und dem wachsenden Bewußtsein, daß persönliche Bedürfnisse in der Arbeit nicht befriedigt werden können.
3. *Frustration*: Es ist die entscheidende Phase. Sie ist gekennzeichnet durch Gefühle von Machtlosigkeit, Infragestellen der eigenen Effektivität und der Einschätzung, daß die Einrichtung den Schülerbedürfnissen nicht gerecht wird.
4. *Apathie*: Im Endstadium schützt sich der Lehrer vor weiterer Enttäuschung und Frustration durch Zynismus, emotionalen Rückzug und Vermeidung von Kontakten zu Schülern, Kollegen, Schülereltern und gibt seine ursprünglichen Ideale auf.

(2) Zentrales Beschreibungsmerkmal oder Leitsymptom von BO ist die körperliche, emotionale und geistige *Erschöpfung* (vgl. auch Pines, Kafry & Aronson, 1983; Freudenberger & Richelson, 1990; Cunningham, 1983; Maslach & Jackson, 1981; Kyriacou, 1987). Körperliche Erschöpfung ist gekennzeichnet durch Energiemangel, chronische Ermüdung, Schwäche, erhöhte Krankheitsanfälligkeit, Kopfschmerzen, Appetitveränderungen und Schlafstörungen. Zur emotionalen Erschöpfung gehören Gefühle von Depressivität, Hilflosigkeit und Leere, Reizbarkeit, Entmutigung, Hoffnungslosigkeit und Verzweiflung. Unter geistiger Erschöpfung werden negative Einstellungen zum Selbst, zum eigenen Leben und zu anderen Menschen verstanden.

(3) Ein weiteres BO-Merkmal ist die sog. *Depersonalisierung* (oder Dehumanisierung). Sie zeigt sich in der Tendenz, Klienten oder Schüler als unpersönliche Objekte wahrzunehmen und zu behandeln. Gleichgültigkeit und Desinteresse oder gar Zynismus gegenüber Fragen und Problemen von Schülern nehmen zu. Aus dem Schüler wird für den Lehrer zunehmend ein Name oder eine Nummer statt einer Persönlichkeit, die man achten soll. Zuweilen wird sogar vom "Schülermaterial" gesprochen.

(4) BO ist durch eine subjektiv erlebte *Leistungsschwäche* gekennzeichnet, welche bis zur Leistungsunfähigkeit gehen kann.

BO ist folglich als *Syndrom* zu verstehen, in dem die Erschöpfung und die Depersonalisierung von besonderer Bedeutung sind. Darüber hinaus treten Gefühle der Leistungsschwäche und -unfähigkeit auf, die überwiegend als Folge der Erschöpfung anzusehen sind. Weitere Folgen sind psychosomatische Beschwerden (Magen-Darm-, Herz-Kreislauf-Beschwerden, Eßstörungen, Schlafstörungen usw.), Fehlzeiten am Arbeitsplatz und drop-out-Intentionen. BO ist eine Folge anhaltender Streß- und/oder Ermüdungszustände, wobei "Streß" ein besonderes Gewicht zu haben scheint. Es kann als Folge von Arbeitsstreß analog dem Drei-Phasen-Modell der Streßreaktion nach Selye (1981) verstanden werden, wobei die Erschöpfung in Beziehung zum Endstadium des Streß gesetzt wird. BO tritt weniger als Folge von traumatischen Ereignissen, also von einmalig stark belastenden Lebensereignissen auf, sondern es ist vielmehr Folge von häufig oder anhaltend auftretenden täglichen Belastungen. Zusammenfassend sind Merkmale, Symptome bzw. Folgen von BO in der Tabelle 18 dargestellt.

Zur Erklärung von BO gibt es mehrere *theoretische Konzepte,* die im folgenden kurz dargelegt werden sollen. Dabei werde ich mich, da die wesentlichen Burnoutmodelle schon bei Enzmann & Kleiber (1989) und Barth (1992) zusammenfassend dargestellt sind, auf die Ansätze konzentrieren, welche eine tätigkeits- bzw. handlungstheoretische Orientierung aufweisen.

Zunächst ist es das *kybernetische Burnout-Modell* von Heifetz & Bersani (1983). Die Autoren stellen in den Mittelpunkt die Selbstentfaltung (personal growth) des Helfers. Sie beschreiben, was nötig ist, um Zufriedenheit und Erfüllung in Helferberufen zu garantieren und machen grundlegende Annahmen über die Motivation der Helfer. Die erste Voraussetzung von BO ist, daß der Helfer engagiert ist und sich verpflichtet fühlt gegenüber den Klienten, indem er eine positive Veränderung, d.h. Wachstum, Entwicklung bei ihnen erreichen will. Eine Grundbedingung von BO ist also eine hohe Motivation. Die zweite Grundannahme ist, daß Menschen allgemein nach Vervollkommnung ihrer Tätigkeit streben und daß sie durch das Gefühl der eigenen Wirksamkeit bestärkt werden. Diese "effectance motivation" hat bei Helfern eine besondere Form: Das Wachstum der Klienten ist Voraussetzung für das Gefühl des eigenen Wachstums bzw. der Selbstentfaltung. Hier liegen zwei grundlegende Bedürfnisse der Helfer vor: Sie haben "1. ein Bedürfnis, Wachstum bei anderen zu fördern und 2. ein Bedürfnis, persönlich in der Arbeit zu wachsen" (ebenda, 49). Als für die Erfüllung von Helferbedürfnissen nötige Voraussetzungen werden folgende angeführt:

1. Klar definierte und in Übereinstimmung mit den Werten und Prioritäten der Helfer stehende Ziele. Sie schließen das Wachstum der Kienten ein und führen selbst zur Kompetenzerweiterung der Helfer.
2. Objektive und zuverlässige Marksteine (mittelfristige Teilziele), die den Prozeß der Zielerreichung widerspiegeln.
3. Eine Reihe von kurzfristigen Indikatoren der Zielerreichung.
4. Verfahren zur Gewinnung und Interpretation von Daten, die auf kurzfristige Indikatoren bezogen sind.
5. Strategien, die Zielerreichung in Form von kleinen Schritten anzustreben.

Zusammen bilden diese Elemente einen kybernetischen Prozeß, mit dem Klientenwachstum und Selbstverwirklichung angestrebt wird. Das Wesentliche des Prozesses besteht darin, daß es möglich ist, zielbezogene Aktivität zu steuern. Insbesondere macht es die Rückmeldung in einem solchen Prozeß möglich, das Erreichen eines Ziels auf Grundlage einer kontinuierlichen Datenbasis zu überwachen und den Kurs, wenn nötig, zu ändern. Quellen von BO sehen Heifetz & Bersani in Defiziten und Störungen dieses kybernetischen Prozesses.

Tabelle 18: Merkmale, Symptome und Folgen von Burnout

Anfangsphase	**Erste Warnsymptome**	**Erste Warnsymptome**
Großes Engagement für Schule * Hyperaktivität * häufige und intensive Kontakte zu Schülern * starke Empathie * häufig Feierabend- und Wochenendarbeit * freiwillige Mehrarbeit	Erschöpfung * chron. Ermüdung * chron. Streß * Energiemangel Antriebsschwäche Lustlosigkeit Distanz zum Schüler Meidung der Eltern Akzeptanz von Schülerstrafen	Desillusionierung Widerwillen Überdruß Gefühle mangelnder Anerkennung Konflikte mit Schülern Abnahme der Empathie Zynismus
Emotionale Reaktionen	**Emotionale Reaktionen**	**Kognitive Reaktionen**
Depressivität * Schuldgefühle * Insuffizienz-gefühle * Nervosität * Pessimismus * Ohnmachts- und Hilflosigkeits-gefühle * Apathie	Aggression * Schuldzuweisung an Andere oder an die Schule * Vorwürfe an Schüler * Ungeduld * Intoleranz * Mißtrauen * Streitsucht * Launenhaftigkeit	Konzentrations-, Gedächtnisschwäche Zerfahrenheit Desorganisation Entscheidungs-unfähigkeit keine Flexibilität und Kreativität rigides Schwarz-Weiß-Denken
Verhaltens-reaktionen	**Psychosomatische Reaktionen**	**Endphase**
Kontaktverlust zum Schüler Verlust der Empathie Desorganisation in der Arbeit keine Unterrichts-vorbereitung Konflikte mit Eltern, Schulleitung	Schlafstörungen Kopfschmerzen Rückenschmerzen Sexuelle Störungen Übelkeit Herzklopfen Angst und Panik-attacken Atembeschwerden Eßstörungen Verdauungsstörungen	Verzweiflung Hilflosigkeit Hoffnungslosigkeit Lebenspessimismus Gefühle der Sinnlosigkeit Depressionen Suizidgedanken Flucht in Krankheit soziale Isolation

Ein anderes Konzept zur Erklärung von BO ist das *Soziale-Kompetenz-Modell* von Harrison (1983). Der Autor stellt das Kompetenzgefühl in den Mittelpunkt. Notwendige Voraussetzungen sind dabei die Motivation zu helfen und der Attribuierungsprozeß, in welchem Informationen in bezug auf seine Effektivität ursächlich bewertet werden. BO verhält sich umgekehrt zu wahrgenommener Kompetenz und Effektivität. Umso geringer die (subjektiv eingeschätzte) Effektivität der Helfenwollens ist, und umso mehr dies auf eigene soziale Inkompetenz zurückgeführt wird, desto größer ist BO. Zentral ist in dem Modell, daß Helfer nur dann positive affektive Reaktionen auf ihre Arbeit zeigen, *"...wenn eine gewisse Sicherheit besteht, daß das, was sie tun, wirklich Veränderungen beim Klienten bewirkt"* (Harrison 1983, 30). Es findet ein Prozeß der Desillusionierung und des Engagementverlusts mit abnehmenden Autonomie- und Kontrollüberzeugungen statt.

Interessant ist das *Phasenmodell des Burnout* von Golembiewski & Munzenrider (1988). Es stützt sich auf die Burnoutkonzeption von Maslach & Jackson (1981) einschließlich des MBI (Maslach-Burnout-Inventory) mit den Faktoren *Emotionale Erschöpfung, Reduzierte persönliche Leistungsfähigkeit* und *Depersonalisierung*. Anhand dieser Faktoren wird ein Burnoutprozeß über acht Phasen dargestellt (siehe Abbildung 14). Die Autoren meinen, daß die Faktoren unterschiedlich bedeutsam sind: Depersonalisierung am geringsten und emotionale Erschöpfung am stärksten. Der Burnoutprozeß beginnt mit der Depersonalisierung und schreitet über die (wahrgenommene) reduzierte persönliche Leistungsfähigkeit zur emotionalen Erschöpfung vor. Dabei wird zwischen chronischem und akutem BO unterschieden: Chronisches BO durchläuft die Phasen I, II, IV und VIII. Akutes BO wird durch eine plötzliche, akute Beanspruchung hervorgerufen, was einen charakteristischen Phasenverlauf von I, V und VIII bedeuten könnte. Zusammenfassend beschreiben Golembiewski & Munzenrider (1988, 24 f.) aus organisationspsychologischer Sicht den BO-Prozeß folgendermaßen:

"... Wenn der Arbeitende Überforderung erlebt... oder mit einer nur begrenzt stimulierenden, herausfordernden Umgebung konfrontiert ist, ...kann das Individuum ein Gefühl von Autonomie- und Kontrollverlust erleiden, das das persönliche Selbstbild bedroht oder vermindert... Das Fortdauern der Situation kann einen dazu führen, andere als Objekte zu behandeln - d.h. man wird mit den anderen so umgehen, wie man selbst behandelt worden ist. Die resultierende Depersonalisierung könnte auf eine Weise, daß persönliche Leistungsfähigkeit verringert wird, zurückwirken und zu verstärkter emotionaler Erschöpfung führen".

Die Autoren sehen Überforderung bzw. "Streß" als Ausgangspunkt von BO.

Abbildung 14: Phasenmodell von Burnout

Burnout-Merkmale	**Burnout-Phasen**							
	I	**II**	**III**	**IV**	**V**	**VI**	**VII**	**VIII**
Depersonalisierung	nied.	hoch	nied.	hoch	nied.	hoch	nied.	hoch
Leistungsfähigkeit	hoch	hoch	nied.	nied.	hoch	hoch	nied.	nied.
Emot. Erschöpfung	nied.	nied.	nied.	nied.	hoch	hoch	hoch	hoch

Bei der Prozeßbetrachtung soll auch der *Ansatz von Künzel & Schulte* (1986) erwähnt werden. Die Autoren sehen BO als ein Phänomen an, das in den ersten drei Berufsjahren auftritt. Es ist eine Folge des Praxisschocks. Als solcher wird die anfängliche Phase im Beruf nach dem Übergang vom Studium in das Berufsleben bezeichnet, in der gehäuft Streßreaktionen auftreten. BO ist dann eine spezielle Form oder Folge der Bewältigung von Arbeitsstreß, besonders des Praxisschocks. Es ist im wesentlichen durch Aktivitätshemmung und Rückzug, die in erster Linie dem Selbstschutz dienen sollen, gekennzeichnet. Künzel & Schulte (ebenda) beziehen sich auch auf den Praxisschock bei Junglehrern, der von Müller-Fohrbrodt, Cloetta & Dann (1978) bzw. Dann et al. (1981) untersucht wurde. Dieser ist durch Unzufriedenheit, Desorientierung, Resignation und Gefühle der Hilflosigkeit bestimmt, gefolgt von einer Anpassungsphase, in der Engagement und Reformbemühungen zurückgehen und berufliche Einstellungen konservativer werden.

Eine weiterer Ansatz ist die *soziale Verstärkertheorie* nach Meier (1983). Der Autor legt die soziale Lerntheorie von Bandura (1977) zugrunde. Er definiert BO "*...as a state in which individuals expect little reward and considerable punishment from work because of a lack of valued reinforcement, controllable outcomes, or personal competence*" (ebenda, 899). BO ist also ein Zustand, in dem das Individuum wenige Erfolge und Belohnungen bei seiner Arbeit, dafür Mißerfolge, Fehlschläge und Bestrafung erwartet. Gründe dafür sind der Mangel an positivem Feedback, die Unkontrollierbarkeit der Arbeitsergebnisse oder persönlicher Kompetenzmangel. BO resultiert aus negativen Erfahrungen während der Arbeit, die das Individuum in einer bestimmten Art und Weise verarbeitet. Dabei nehmen Erwartungen eine Schlüsselstellung ein. Sie treten in folgenden Formen auf:

(a) als geringe Erwartungen, was die Anwesenheit positiver Verstärker für die Arbeit betrifft und große Erwartungen, was die Anwesenheit negativer Faktoren der Arbeitsumgebung betrifft;

(b) als geringe Erwartungen, was die Kontrollmöglichkeiten der vorhandenen Verstärker betrifft;
(c) oder als geringe Erwartungen in die eigene Fähigkeit, die notwendigen Verhaltensweisen zur Kontrolle der Verstärker zu besitzen und zu beherrschen.
Ein weiteres Element des Modells betrifft die "Kontextverarbeitung", die als menschliche Informationsverarbeitung innerhalb eines bestimmten Kontextes definiert ist. Die "Kontextverarbeitung" legt fest, wie diese Erwartungen gelernt und verändert werden. Belohnungserwartungen, Ziel- oder Ergebniserwartungen, Erwartungen über die eigene Kompetenz haben in folgender Weise Einfluß auf BO: Belohnungserwartungen sind Vorstellungen darüber, welche Erfolge durch die Arbeitstätigkeit eintreffen. Durch das hohe Engagement erwarten Helfer in der Regel Erfolg. BO kann nun eintreten, (a) wenn dieser erwartete Erfolg ausbleibt oder (b) der Erfolg so häufig eintritt, daß er seine Verstärkerfunktion verliert. Auch letzteres kann beim Lehrer auftreten, wenn der Erfolg Alltag und Routine wird.

Ziel- oder Ergebniserwartungen beschreiben, durch welches Verhalten bestimmte Ziele erreicht werden können. Wenn z.B. ein Lehrer der Meinung ist, er kann methodisch, didaktisch usw. noch so gut sein, trotzdem begreifen die Schüler den vermittelten Stoff nicht, so bleibt die positive Verstärkung durch eigenes Verhalten aus. Er wird resignieren.

Schließlich sollen Erwartungen über die eigene Kompetenz eine Rolle spielen. Gerade Berufsanfänger haben oft Selbstzweifel in bezug auf die eigene Kompetenz. Durch derartige negative Erwartungen können positive Verstärkungen ausbleiben, was u.a. zum BO führen kann. Nach Meier (1983) werden die Erwartungen bezüglich der Verstärker der Arbeit, der Kontrolle der Verstärker und der eigenen Fähigkeit, die gewünschten Verstärker zu erlangen, durch die individuelle kognitive Verarbeitung und durch Faktoren der Umwelt beeinflußt. Die Erwartungen sind wiederholte Lernerfahrungen während der Arbeit und haben direkten Einfluß auf BO.

Zur *Bestimmung von BO aus tätigkeits- und handlungstheoretischer Sicht* läßt sich folgendes sagen:

(1) Eine berufsbezogene hohe Motivation - die *"Helfer"motivation* - ist eine entscheidende Voraussetzung für BO. Sie ist durch überwiegend klienten- bzw. schülerorientierte Motive und entsprechende Handlungsziele gekennzeichnet. Sollten die "Helfer"motive anhaltend nicht realisiert werden können, so tritt BO auf. Das heißt: In der (Lehrer-)Tätigkeit erfüllen sich diese Motive nicht - und rufen in der Konsequenz BO hervor. Der tätigkeitstheoretischen Orientierung sensu Leontjew (1982; siehe Kapitel 2.1.) kommen das Modell von Harrison (1983) und besonders das kybernetische Modell von Heifetz & Bersani (1983) am nächsten. Hier wird die

Dominanz bestimmter Motive in der Tätigkeit des Helfers betont. Die Nichterfüllung dieser Motive in der Helfertätigkeit führt zum BO. Im Kontext der Motive finden auch die Handlungsziele Berücksichtigung. Eine motivinadäquate Zielsetzung und das Ausbleiben von Rückmeldungen stellen eine wesentliche Quelle von BO dar.

(2) BO ist ein *Prozeß*. Es ist ein Phänomen der Berufstätigkeitsdauer und darüber hinaus der gesamten Sozialisation des Individuums. Daß BO ein Prozeß ist, wird vor allem in den Modellen von Golembiewski & Munzenrider (1988) und Künzel & Schulte (1986) deutlich. Im Laufe der Arbeitstätigkeit kommt es zunehmend zu einer Diskrepanz zwischen Motiven und Handlungszielen und Motiven und Tätigkeitsbedingungen. Darunter ist ein Prozeß zu verstehen, in dem der Lehrer die Arbeitsaufgaben vor dem Hintergrund seiner Bedürfnisse und Motive widerspiegelt oder redefiniert. Bei der Motiv-Ziel-Diskrepanz wird dies erschwert oder verhindert oder kann nur unvollständig erfolgen, da die Ziele nicht mit den tätigkeitsauslösenden Motiven vereinbar sind. Bei der Motiv-Bedingungs-Diskrepanz gefährden, erschweren oder verhindern die redefinierten Arbeitsbedingungen die Entwicklung oder Aufrechterhaltung von tätigkeitsbestimmenden Motiven.

(3) BO beruht auf einem *Lernprozeß*. Soziale Verstärker, die erwartet werden, treten nicht ein. Aufgrund dieser Erfahrungen dominieren in der Arbeitstätigkeit zunehmend Erwartungen, die sich auf Mißerfolge, also negative Verstärkungen beziehen. Nach den sichselbsterfüllenden Prophezeiungen (Rosenthal & Jacobson, 1971) gerät der Helfer in den Teufelskreis negativer Erwartungen und (subjektiv wahrgenommener) beruflicher Fehlleistungen und Mißerfolge. Der Lernaspekt wird besonders in der sozialen Verstärkertheorie hervorgehoben.

(4) Der Zusammenhang von *BO und Bewältigung* tritt vor allem in den Modellen von Cherniss (1982) und Künzel & Schulte (1986) auf. Hier wird BO zum einen als eine generalisierte defensive Bewältigungsstrategie, die dem Selbstschutz dient, bzw. zum anderen als Folge anderer mißlungener Bewältigungsversuche (Coping durch direkte Aktionen, Coping durch kognitive Umstrukturierung, Selbstveränderung usw.) angesehen.

(5) Schließlich möchte ich BO allgemein als *Sinnkrise* oder sogar Sinnverlust verstehen. Dabei soll wieder an die Tätigkeitstheorie von Leontjew (1982) bzw. an obige Ausführungen (Punkt 1.) sowie an die entwicklungsbezogene Persönlichkeitstheorie von Thomae (1968) angeknüpft werden. Der Begriff "Sinn" stellt eine zentrale Kategorie der psychologischen Tätigkeitstheorie dar (vgl. Jantzen, 1987). Dabei sind der "biologische Sinn" und der "persönliche Sinn" zu unterscheiden; wobei letzterer besonders interessiert. Denn der persönliche Sinn bestimmt entscheidend die Bezie-

hung des Subjekts zum Gegenstand der Tätigkeit. Er ist eine Hauptkonstituente des menschlichen Bewußtseins.

Auch nach Thomae (1968, 586) ist die Grundkategorie menschlichen Verhaltens die *"Sinngerichtetheit"*, d.h. *"daß wir Bewußtsein haben"*. Auf der Grundlage ihrer Bedürfnisse und ihrer Gestaltungsmöglichkeiten verleiht die Person dem erlebten Geschehen und ihren eigenen Handlungen Bedeutung und Sinn, an dem sie sich fortan orientiert. Thomae (ebenda) nennt dies *"thematische Strukturierung"*. *"Thomae sieht thematische Strukturierungen in der biographisch gewordenen, persönlichen Art und Weise begründet, in das Individuum sich selbst in eine bestimmte Situation einordnet. Es ist die Art und Weise, wie es eine Situation für sich selbst bedeutungsvoll macht und daraus individuelle Verhaltenspläne und -absichten ableitet"* (Olbrich, 1982, 118). Die thematische Strukturierung folgt bestimmten *"Daseinsthemen"*, die mit Hilfe bestimmter *"Daseinstechniken"* realisiert werden. Daseinsthemen sind auf bestimmte Inhalte und Ziele bezogene Bündelungen motivationaler Handlungsorientierungen, wie z.B. soziale Integration, Exploration, Kreativität. Sie agieren als relative Konstanten menschlichen Verhaltens und sind vergegenständlichte Bedürfnisse. Die thematische Strukturierung ist demnach mit dem *"persönlichen Sinn"* nach Leontjew (1982) zu vergleichen. Denn unter dem *"persönlichen Sinn"* einer Tätigkeit verstehe ich nach Leontjew (ebenda) vor allem die Widerspiegelung des Verhältnisses zwischen Tätigkeitsmotiv und Handlungsziel. Je nach ihren Motiven haben gleiche Handlungen für Menschen einen unterschiedlichen Sinn. Dies betrifft auch die Lehrertätigkeit, welche mit verschiedenen Motiven ausgeübt werden kann. Bei Lehrern, deren Tätigkeit überwiegend durch Helfer- bzw. altruistisch-caritative Motive bestimmt ist, ist der "persönliche Sinn" oder die "thematische Strukturierung" anders als bei jenen Lehrern mit anderen Motiven. Die tätigkeitsbestimmenden Motive oder "Daseinsthemen" prägen darüber hinaus entscheidend die berufliche Identitätsentwicklung bis hin zur Identitätsfindung, welche als wesentlicher Bestandteil der Subjekt- oder Persönlichkeitsentwicklung zu verstehen ist. Subjekt- oder Persönlichkeitsentwicklung ist sowohl nach Leontjew als auch nach Thomae als subjektiv-sinnhaftes Geschehen zu begreifen.

Lehrer, die zum "Ausbrennen" neigen, haben das Studium oft mit bestimmten Motiven oder Daseinsthemen aufgenommen. "Liebe zu Kindern", "Arbeit mit Menschen" u.dgl.m. werden als solche genannt. Es liegt nahe, daß solche Lehrer nach Abschluß des Studiums im rauen Schulalltag schnell enttäuscht werden können. Zudem kann im Berufsleben eine Veränderung der Motive und Wertorientierungen zuungunsten des Berufs, z.B. durch eine Heirat, eintreten. Dadurch tritt eine Sinnkrise oder gar ein Sinnverlust auf, oft mit "Praxisschock" umschrieben. Er tritt ein, weil Motive und Handlungsziele auseinanderfallen bzw. die Daseinsthemen aufgrund unangemessener äußerer Umstände nicht realisiert werden können. Das heißt: Die oft objektiv vorgegebenen Handlungsziele stimmen nicht mehr mit den tätigkeitsbestimmenden Motiven überein, bzw. die Daseinsthemen stimmen nicht mit der Realität überein.

Sinnerfüllung oder Sinnverlust einer Tätigkeit manifestiert sich in Emotionen und Kognitionen. Bei Sinnerfüllung treten Zufriedenheit und Freude auf, die im *"Flow-Erlebnis"* (Csikszentmikalyi, 1985) gipfeln können; bei Sinnverlust treten typische BO-Emotionen (Angst, Depressivität, Verzweiflung u.v.a.m.) auf. Ebenso zeigen sich bestimmte Kognitionen: Planlosigkeit in der Unterrichtsplanung, schematisches Problemlösen, Nichtbeachten von Rückmeldungen durch Schüler, Kollegen usw.. Die Sinnkrise ist also mit Problemen in der Berufsidentitätsfindung verbunden. Bei Sinnverlust treten jedoch nicht nur Identitätsprobleme bezüglich der Berufstätigkeit auf, sondern es erfolgt häufig ihre Generalisierung auf das gesamte Selbstkonzept. Die Sinnkrise ist dann nicht nur eine Berufskrise, sondern darüber hinaus eine Lebenskrise.

BO kann folglich als *Krise* verstanden werden. Darunter soll nach Ulich et al. (1985) ein belastender, temporärer, in seinem Verlauf und seinen Folgen offener Veränderungsprozeß der Person bezeichnet werden, der gekennzeichnet ist durch eine Unterbrechung der Kontinuität des Erlebens und Verhaltens, durch eine Desintegration der Handlungsorganisation und durch eine Destabilisierung im emotionalen Bereich mit starken Stimmungsschwankungen, Selbstzweifeln, Problemdruck usw.. Von ihr spricht man vor allem dann, wenn zentrale Bereiche des Erlebens und Handelns erfaßt sind, wenn die ganze Person bzw. das gesamte persönliche Leben in Mitleidenschaft gezogen ist (Vasiljuk, 1984; Ulich, 1987). Es können nicht nur kritische Lebensereignisse, wie z.B. die Arbeitslosigkeit, zu Krisen führen, sondern auch anhaltende daily hassles im Berufsleben. BO kann also als Ausdruck einer (Berufs-)Entwicklungskrise verstanden werden. Es tritt dann ein, wenn die Handlungsstile bzw. Daseinstechniken des Individuums nicht ausreichen, die Krise zu bewältigen.

BO ist als Prozeß im Kontext der Tätigkeit (sensu Leontjew) oder des Daseinsthemas (sensu Thomae) aufzufassen. Dabei spielen Motive bzw. der Sinn eine zentrale Rolle. Es reicht meines Erachtens nicht aus, das Ausbrennen nur im Zusammenhang mit Handlungsepisoden zu erklären (vgl. Burisch, 1989). Im Rahmen von Handlungsepisoden bzw. episodischen Auseinandersetzungen mit Belastungen ist, wie es u.a. im Lazarus-Modell deutlich wird, vornehmlich Streß zu verstehen.

Wie kann nun BO - idealtypisierend - von anderen Beanspruchungsreaktionen und -folgen abgegrenzt werden? Die Unterscheidungsmerkmale sind wie folgt:

(1) BO stellt im Konzept der negativen Beanspruchungsreaktionen und -folgen ein *übergreifendes Konstrukt* dar. Es nimmt eine *Schlüsselposition zwischen Gesundheit und Krankheit* ein (vgl. Schönpflug, 1987). Es ist übergreifend, da es Symptome von

Streß, Ermüdung, Sättigung, Angst, Arbeitsunzufriedenheit usw. in sich vereint. BO weist als *Syndrom* einen größeren, komplexeren Symptombereich als die übrigen, spezifischer definierten negativen Beanspruchungsfolgen auf.

(2) Im Vergleich mit Ermüdung und Streß haben Burnoutsymptome eine andere Qualität. Während bei Streß emotionale Reaktionen (Ärger, Angst, Aggressivität usw.) auftreten, die sich aus dem Mißverhältnis zwischen definierten Anforderungen und Ansprüchen und individuellen Handlungsvoraussetzungen ergeben, ist bei BO die *gesamte Person* betroffen. Zentral sind hierbei solche Emotionen wie eine negative Grundstimmung, Selbstwertzweifel, Erschöpfung, Depersonalisierung u.dgl.m.. Der Betroffene weiß nicht mehr ein noch aus, weiß nicht mehr weiter, er schwankt zwischen Hoffnung und Verzweiflung, seine Stimmungen gehen auf und ab, er hat keine Beziehung mehr zur Klientel; Zukunfts- und Handlungsbezüge sind unterbrochen; eigene Möglichkeiten der Krisenbewältigung erscheinen erschöpft.

(3) Im Vergleich zu den anderen Beanspruchungsfolgen, speziell zum chronischen Streß und zur Übermüdung, ist BO eher ein *Entwicklungs- bzw. Sozialisationsphänomen.* Es entwickelt sich über Jahre oder Jahrzehnte in Abhängigkeit von äußeren und inneren Bedingungen der Berufstätigkeit. Es tritt als Krise auf, die zumindest eine zeitweilige Stagnation oder Behinderung der Persönlichkeitsentwicklung bedeutet. Während Streß im Kontext der Handlung eine episodische Perspektive aufweist, hat BO im Kontext der Tätigkeit (sensu Leontjew) eher eine diachronische Perspektive.

(4) BO tritt bei *Arbeitstätigkeiten* auf, die verstärkt *sozial-interaktive Momente* aufweisen. Das Syndrom kann aber nicht nur auf ausgesprochene Helfer-Berufe beschränkt bleiben. Es ist ferner auf solche Berufstätigkeiten zu beziehen, die häufig sozial-interaktive Momente aufweisen, z.B. ebenso auf die Tätigkeit der Führungskraft oder des Polizisten. Hier unterscheidet sich BO ebenfalls von den anderen Beanspruchungsreaktionen und -folgen, die im Prinzip bei allen Berufstätigkeiten auftreten können.

(5) BO ist aufgrund seiner Schlüsselposition zwischen Gesundheit und Krankheit stärker als die anderen Beanspruchungsfolgen im Kontext der psychischen Krankheit zu betrachten. Obgleich es per se keine Berufskrankheit ist, enthält es zweifelsohne *pathogene* Symptome, die als psychische Gesundheitsstörung angesehen werden können. Von BO im Endstadium bis hin zur psychischen Krankheit kann es nur ein kleiner Schritt sein. Die Krankheit, z.B. die Depression, ist als mögliches (End-)Resultat eines langdauernden Burnoutprozesses zu sehen. Während beim BO Gefühle der Hilflosigkeit nur zeitweilig und schwankend auftreten, sind bei einer Depression diese anhaltend und stabil.

Mit dem BO-Syndrom können also Besonderheiten belastungs- und beanspruchungsrelevanter Person-Umwelt-Interaktionen benannt werden, die in den Konzepten "Ermüdung", "Streß" oder "Arbeitszufriedenheit" nicht enthalten sind.

Anhand der Modelle wird deutlich, daß BO von Persönlichkeits- und Tätigkeits- bzw. Organisationsmerkmalen beeinflußt wird. Über die Anteile beider Merkmalskategorien gehen die Meinungen auseinander. Maslach (1983) und Cherniss (1988) sind beispielsweise der Meinung, daß nicht Persönlichkeitsmerkmale, sondern vorwiegend Arbeitsbedingungen bzw. Tätigkeitsmerkmale BO verursachen. Andere Autoren messen den Persönlichkeitsvariablen ebenso eine Bedeutung zu (Burisch, 1989; Pines, Kafry & Aronson, 1991). Dabei wäre es aber falsch, von einer sog. BO-Persönlichkeit zu sprechen; denn BO bildet sich stets in der Wechselwirkung von Tätigkeits- bzw. Organisationsmerkmalen und Persönlichkeitsmerkmalen heraus, wobei deren Anteile bei betroffenen Personen unterschiedlich sein können.

Als burnoutbeeinflussende *Persönlichkeitsmerkmale* möchte ich besonders die *berufsbezogene Motivation* und entsprechende Handlungsziele sowie berufsbezogene *Einstellungen* hervorheben. Darüber hinaus sollten auch Persönlichkeitsmerkmale eine Rolle spielen, die schon beim "Streß" dargestellt worden sind: die *Kontrollüberzeugungen*, die *Bewältigungsstile*, der *Verhaltenstyp A*, das *Selbstbewußtsein* und die *emotionale Stabilität/Labilität*. Dazu dürfte beim BO die *Empathie* relevant sein (siehe zusammenfassend Abbildung 15).

Die *berufsbezogene Motivation* spielt in der Burnoutgenese eine Schlüsselrolle. Es sind besonders soziale Motive, die sich in erster Linie auf den Schüler, aber auch auf Eltern und Kollegen beziehen. Sie sind bei burnoutgefährdeten Lehrern oft tätigkeitsbestimmend. Durch solche Motive kommt es nämlich häufig zu einer Überidentifikation mit dem Schüler und dessen Schicksal. Andere Motive der Lehrertätigkeit, wie z.B. die soziale Sicherheit als Beamter auf Lebenszeit, Pflege von Freizeithobbies, Vermittlung von Fachwissen, treten dabei in den Hintergrund.

Ein weiterer Einflußfaktor sind *Einstellungen* zum Beruf. Sie äußern sich zum einen in Grundeinstellungen zur eigenen Berufstätigkeit, indem die Lehrertätigkeit als Berufung (fürs Leben) oder einfach als Job, "der mir ein bißchen Spaß macht, meine Existenz sichert" usw., betrachtet wird. In dem Zusammenhang sind besonders die Rollenerwartungen des Lehrers beachtenswert. Der sehr schülerorientierte Lehrer sieht seine Rolle weniger im Wissensvermittler, Organisator, Verwalter und dergleichen mehr, sondern vorwiegend im Helfer, Partner, Mentor, Berater von Schülern. Bei Lehrerinnen kann zusätzlich die Mutterrolle von Bedeutung sein. Diese Rollenerwartungen sind mit der Erwartung positiver Rückmeldungen durch den Schüler, durch die Eltern usw. verbunden. Rollenerwartungen sind des weiteren durch konservative vs. progressive Einstellungen beeinflußbar. Dazu zählen Einstellungen zum Führungsstil gegenüber den Schülern (autoritär vs. demokratisch), zu Reformen in organisatorischer und inhaltlicher Hinsicht im Schulsystem, zu sich selbst als

Lehrer (Wissensvermittler vs. Erzieher), zur Disziplinierung der Schüler (Druck, Kontrolle, Bestrafung bei Disziplinverstößen vs. Ablehnung solcher Maßnahmen), zur Religion (Christ - Atheist bzw. Protestant - Katholik) und damit zusammenhängenden Fragen (Sexualität, Partnerschaft, Abtreibung usw.) usw. usf.

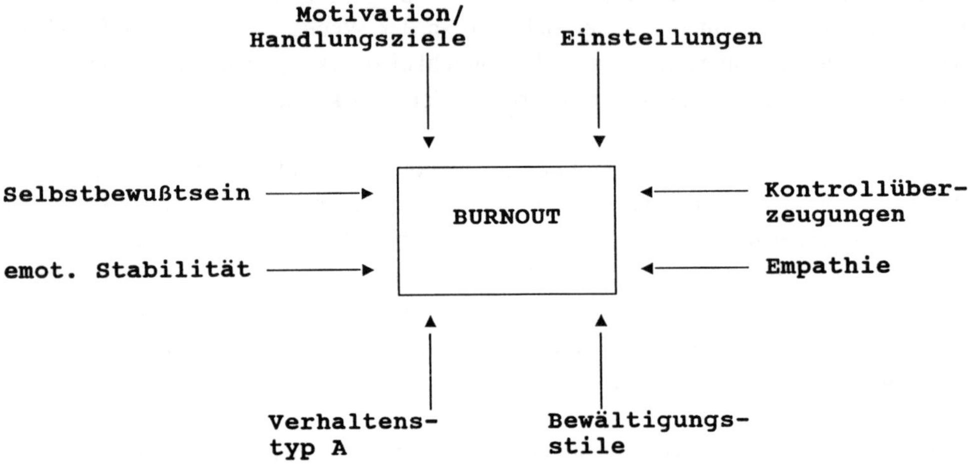

Abbildung 15: BO-beeinflussende Persönlichkeitsmerkmale

In der heutigen Zeit, die ja eher konservative Tendenzen zeigt, scheinen besonders in Deutschland (alte BRD) die Lehrer Probleme zu haben, die vor 15 bis 20 Jahren mit ideologischem Idealismus die Lehrertätigkeit aufgenommen haben (s. das oben zitierte Beispiel des Lehrers Paul. L.). Dazu meint von Hentig (1987, 20): *"Eine Reform dieser Dimension bedürfe einer neuen Lehrergeneration. Die gegenwärtige, in den mittleren Berufsjahren stehende hat sich an der ersten Reform abgearbeitet. Sie ist entmutigt durch die nicht zu überwindende Kluft zwischen ihrem pädagogischen Anspruch und den dem Lehrer aufgezwungenen Rollen (als Aufsichtsperson, Administrator, Therapeut, Sozialanwalt, Beurteiler, Chancenverteiler)"*. Konservative Einstellungen scheinen demnach BO vorzubeugen, was Müller-Fohrbrodt, Cloetta & Dann (1978) und Dann et al. (1981) im Kontext des Praxisschocks bei Junglehrern bestätigen konnten (siehe dazu Kapitel 6.2.).

Ferner haben diejenigen Persönlichkeitsmerkmale auf BO einen Einfluß, die schon im Zusammenhang mit Streß und Angst thematisiert worden sind: das *Selbstbewußtsein, Bewältigungsstile, Kontrollüberzeugungen* und der *Verhaltenstyp A/B*. Da BO ein

Phänomen ist, das sich über Jahre bis Jahrzehnte erstreckt, dürften aber die genannten Merkmale hier teilweise eine andere Qualität als bei Streß oder Angst haben. Dies betrifft besonders die Bewältigungsstile und Kontrollüberzeugungen. In der Burnoutgenese dürften Bewältigungs- oder Handlungsstile wirksam werden, die weitgehend generalisiert, also anforderungsunspezifisch in der Berufstätigkeit auftreten. Burnoutvorbeugend dürften besonders internale Kontrollüberzeugungen oder -erwartungen sein. Das heißt: Der Lehrer geht davon aus, daß besonders das Verhalten seiner Schüler weitgehend von ihm selbst abhängt; es ist eine Konsequenz seines eigenen Handelns. Die positiven oder negativen Verstärkungen in der Lehrertätigkeit schreibt er seinem eigenen Tun zu. Wenn der Lehrer sich jedoch überwiegend von externalen Kontrollüberzeugungen leiten läßt, dann scheint er eher burnoutgefährdet zu sein. Diese kann im Prozeß des Ausbrennens schließlich sogar in "gelernte Hilflosigkeit" übergehen, welche die Depression kennzeichnet und ein BO-Symptom bei Lehrern darstellt (vgl. Greer & Wethered, 1984). Als Variablen des Selbstbewußtseins dürften - ebenso wie beim Streß - das Selbstvertrauen (hardiness) bzw. die Selbstsicherheit (assertiveness) von Bedeutung sein. Bei der emotionalen Stabilität und beim Verhaltenstyp A/B dürften ähnliche Merkmale wie beim Streß wirksam werden. Zum Verhaltenstyp A/B können besonders im Kontext des BO solche Persönlichkeitsmerkmale wie die Arbeitsorientierung (work-orientation) und Arbeits(platz)verbundenheit (job-involvement), die bei starker Ausprägung den Workaholiker kennzeichnen, gezählt werden. Schließlich sollte die *Empathie* eine wesentliche Rolle spielen. Lehrer mit einer ausgeprägten Empathie versetzen sich stärker in die Probleme und in das Erleben von Schülern, sie "fühlen mit dem Schüler". "Mitfühlende" oder gar "mitleidende" Lehrer sind wohl eher burnoutgefährdet.

Unter den *Tätigkeits- bzw. Organisationsmerkmalen* sind folgende zu beachten (vgl. Abbildung 16):
- der Tätigkeits- und Handlungsspielraum,
- die Verantwortlichkeit,
- die soziale Unterstützung,
- die Rollenstruktur,
- die psychische Belastung,
- die Zieltransparenz und -sicherheit,
- die Klientel,
- die Organisationsgröße und -transparenz.

Der *Tätigkeits- und Handlungsspielraum* ist nicht nur für Streß, sondern ebenfalls für BO von eminenter Bedeutung. Dabei wird besonders der Tätigkeitsspielraum hervorgehoben. Darunter verstehe ich die objektiven Möglichkeiten des Lehrers, seine tätigkeitsbestimmenden Motive in der Arbeit realisieren zu können. Die Burnoutentstehung ist wohl entscheidend davon abhängig, wie der Lehrer seine schülerorientierten Motive realisieren kann. Darüber hinaus ist der Handlungsspielraum von Belang (siehe dazu Kapitel 5).

Die *Verantwortlichkeit* ist wesentlicher Bestandteil des Berufsethos. Die Verantwortlichkeit für die Persönlichkeitsentwicklung des Schülers ist objektiv gegeben; sie wird aber in besonders hohem Maße von denjenigen Lehrern erlebt, die aufgrund ihrer missionarischen, altruistisch-caritativen Motive sehr schülerzentriert arbeiten. Das Verantwortungsgefühl tritt bei ihnen nicht nur zeitweilig auf, z.B. bei einem Ausflug in die Großstadt, sondern es ist permanent. Die übernommene Verantwortung hat aber in der gegenwärtigen Zeit nicht nur subjektive Momente, sondern sie wird auch von den Eltern an die Lehrer "delegiert", da diese für die Erziehung ihrer Kinder infolge von Berufstätigkeit, von der Gesellschaft geforderten Mobilität usw. immer weniger Zeit haben. Der Lehrer wird hier in die Rolle der Ersatzmutter oder des Ersatzvaters gedrängt, die/der Erziehungsversäumnisse und -fehler zu korrigieren hat.

Die *soziale Unterstützung* ist auch beim BO zu beachten. Darauf weist vor allem Pines (1983) hin, der folgende soziale Unterstützungssysteme in der Arbeit unterscheidet: Beziehung zum Vorgesetzten oder Supervisor (organisationale Unterstützung), zu Untergebenen und zu Kollegen (peer support). Sie und weitere Unterstützungssysteme (Partner, Familie, Freunde) können sechs Basisfunktionen erfüllen: (1) Zuhören, (2) instrumentelle Unterstützung als Experte, (3) instrumentelle Herausforderung in Form von Kritik des Experten, (4) emotionale Unterstützung, (5) emotionale Herausforderung (Experte, Vertrauensperson: Infragestellen von Entschuldigungen und Ausreden, gemeinsame Reflexion von Gefühlen usw.), (6) Teilen der sozialen Realität. Diese Formen haben besonders eine sog. Pufferfunktion im Burnoutprozeß, wenn sie anhaltend wirksam sind.

Ein weiteres Tätigkeitsmerkmal ist die *Rollenstruktur*. Die Lehrertätigkeit ist durch Rollenkonflikte und Rollenambiguität gekennzeichnet, welche - wenn sie anhaltend sind - über Streß zum BO führen können (siehe ausführlich Barth, 1992 und Kapitel 5).

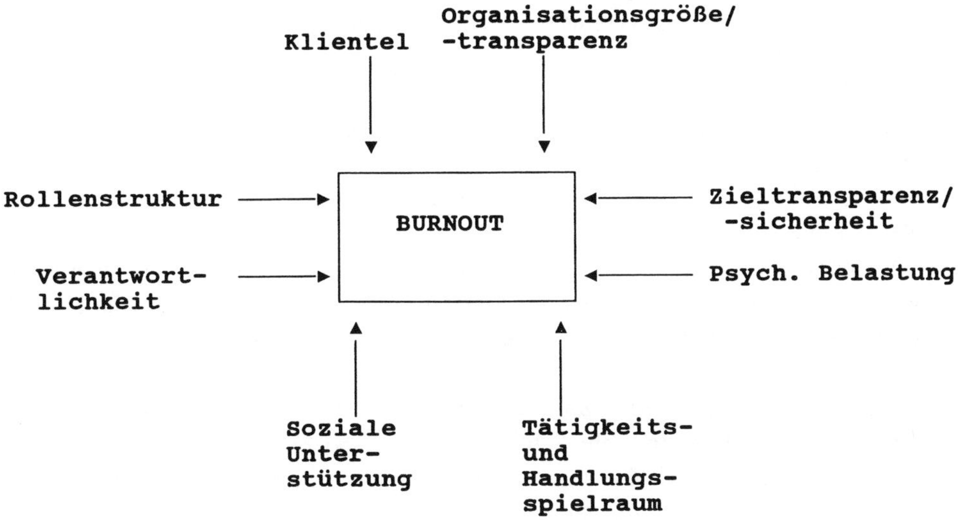

Abbildung 16: Burnoutbeeinflussende Tätigkeits- bzw. Organisationsmerkmale

Daß die psychische *Belastung* (im engeren Sinne) oder Überlastung (overload) ein burnoutförderndes Tätigkeits- bzw. Organisationsmerkmal sein kann, liegt nahe (siehe ausführlich Kapitel 4). Als Belastungsfaktoren kommen vor allem die Arbeitszeit, überdauernde Ereignisse, wie beispielsweise sich täglich wiederholende Ärgernisse, aber auch gravierende berufliche Ereignisse infrage.

Die *Ziel(in)transparenz und -(un)sicherheit* ist ein Tätigkeitsmerkmal, das im BO-Prozeß eine Rolle spielen sollte. Dabei sind vor allem langfristige Handlungsziele interessant. Während kurz- und mittelfristige Lehrplan- bzw. Unterrichtsziele für den Lehrer zumeist inhaltlich und zeitlich transparent sind, sieht es bei den Erziehungszielen ganz anders aus. Erziehungsziele, die sich auf die gesamte Persönlichkeitsentwicklung des Schülers beziehen, sind oft so allgemein formuliert, daß sie für den Lehrer keine unmittelbare Handlungsrelevanz haben können. Sie sind weder im Inhalt noch im Zeitpunkt eindeutig. Was die Arbeit mit dem Schüler betrifft, so kann der Lehrer höchstens (vage) Teilziele erreichen. Eigentlich wird er mit seiner Arbeit nie fertig, was bedeutet, daß er nie ein Endziel anstreben kann, dessen Erreichung Erfolg beschert. Außerdem hat er als *ein* Erziehungsträger nur begrenzten Einfluß auf die Persönlichkeitsentwicklung seines Schülers. Das Elternhaus, Freunde usw. des Schülers üben ebenfalls Einfluß aus und können die gestellten Ziele weitgehend durchkreuzen. Es ist also nicht nur eine Zielintransparenz, sondern auch eine Unsicherheit in der Erreichbarkeit des Ziels, die Zielunsicherheit, gegeben. Der Lehrer kann also bei der Definition, Setzung und Erreichung von Erziehungszielen mit der griechischen Sagengestalt Sisyphus verglichen werden, der vergeblich versuchte, den Stein den Berg hinaufzurollen.

Die *Klientel* sollte ebenfalls Beachtung finden. Schüler bzw. Klassen unterscheiden sich in der Leistungsfähigkeit, in der Motivation, in der Disziplin usw., was sich auf den BO-Prozeß auswirken kann. Es erscheint plausibel, daß sich die Belastungen bzw. Probleme eines Lehrers, der mit "normalen" Kindern arbeitet, z.B. von der Arbeit eines Sonderschullehrers sehr unterscheiden. Letztgenannter scheint mehr Schwierigkeiten zu haben - und ist deshalb wohl eher burnoutgefährdet. Andererseits kann die Arbeit mit hochmotivierten und begabten Schülern burnoutvorbeugend sein.

Die *Organisationsgröße und -transparenz* kann eine weitere Burnoutquelle sein. Je größer die Schule ist, desto mehr Schüler, Klassen und Lehrer gibt es, desto größer ist der Organisations- und Koordinationsaufwand, desto schwieriger ist oft die Abstimmungsmöglichkeit mit der Schulleitung und Kollegen usw.. Aufgrund dieser Umstände hat der Lehrer oft das Gefühl, nicht mehr als ein "kleines Rädchen im großen Getriebe" zu sein. Im großen Kollegium, in dem häufig eine stärkere Fluktuation gegeben ist, fehlen oft die vertrauten Gesprächspartner, welche in einer kleinen Schule mit familiärem Klima eher da sind. Dadurch kann auch die soziale Unterstützung bei persönlichen oder fachlichen Problemen geringer sein. Ferner weisen Großorganisationen eine geringere Transparenz bei Entscheidungsvorgängen, Informationsflüssen, Intrigen usw. auf. Dadurch verringern sich die Chancen des Lehrers, Einfluß auf Entscheidungen und Reformen zu nehmen. Seine objektiven Kompetenzen sind sehr begrenzt. Sein Handlungs- und Entscheidungsspielraum ist eingeschränkt. Es ist anzunehmen, daß durch die Vereinsamung und Machtlosigkeit in dem "großen Getriebe" Burnoutsymptome wie z.B. soziale Entfremdung, Meidung informeller Kontakte, geringeres Engagement für Kollegen und Schüler, "Dienst nach Vorschrift" usw. auftreten.

6.2. Empirische Studien und Ergebnisse

Im "BO-Boom" der letzten Jahre sind, vor allem im angelsächsischen Raum, viele empirische Untersuchungen durchgeführt worden. Dabei fand als diagnostische Methode überwiegend das *Maslach Burnout Inventory* (MBI) Anwendung (vgl. Maslach & Jackson, 1981), das auch ins Deutsche übersetzt wurde (Barth, 1990). Es erfaßt drei Faktoren: die Emotionale Erschöpfung, die Depersonalisierung und die Reduzierte Leistungsfähigkeit. Sie konnten in mehreren Studien unter unterschiedlichen kulturellen Bedingungen und Stichproben repliziert werden (vgl. Green &

Walkey, 1988; Barth, 1992). Sie werden nach der Auftrittshäufigkeit und -intensität ausgewertet. Ferner wurden in der Lehrerforschung eine modifizierte Version des MBI, das *Teacher Attitude Survey (TAS)* von Farber (1984, 1991), die *Tedium-Scale* (Überdrußskala), welche ebenfalls in deutscher Übersetzung vorliegt (Enzmann & Kleiber, 1989), und die *Teacher Burnout Scale* (TBS) von Seidman & Zager (1987) angewandt. Während die TBS andere Skalen (Karrierezufriedenheit, administrative Unterstützung, Coping mit Streß, Einstellungen zu Schülern) aufweist, korreliert die "Tedium Scale" hoch mit dem MBI-Variablen, ist aber aufgrund der geringeren Itemzahl in Anwendung und Auswertung ökonomischer.

Zur *Häufigkeit bzw. Verbreitung* von BO bei Lehrern liegen mehrere Studien vor (Golembiewski & Munzenrider, 1981; Belcastro & Hays, 1984; Pines, Kafry & Aronson, 1991; Barth, 1992). Sie zeigen, daß mindestens 20% der untersuchten Lehrer "ausgebrannt" sind. Zudem scheinen 20 bis 25% der Lehrer burnoutgefährdet zu sein. Knapp 50% aller Lehrer in den USA, die den Beruf aufgenommen hatten, waren nach 5 Jahren aufgrund des "Ausgebranntseins" aus dem Schuldienst ausgeschieden. In Deutschland stellte Barth (1992) fest, daß Lehrer höhere BO-Werte als Psychotherapeuten, aber signifikant geringere Werte als amerikanische Lehrer aufweisen. Dies könnte auf eine Kulturabhängigkeit der Ausprägung von BO im Lehrerberuf hinweisen.

Zur Auftrittshäufigkeit von BO im Lehrerberuf gibt es aber auch Ergebnisse, die gegen obige Zahlen sprechen. Anstötz (1987) fand bei Geistigbehindertenpädagogen kaum BO-Erscheinungen. Daraus schließt er, daß die Diskussion über den ausgebrannten Sonderpädagogen einzustellen sei. Anstelle der Diskussion sollten auch bei dieser Lehrergruppe weitere empirische Untersuchungen zum BO erfolgen; denn eine einzelne Studie läßt solchen radikalen Schluß nicht zu.

Nach einer Längsschnittstudie von DePaepe, French & Lavay (1985) fluktuieren die BO-Werte bei (Sport-)Lehrern im Verlaufe eines Jahres nicht. BO scheint also - im Gegensatz zu Streßreaktionen (vgl. Mäkinen & Kinnunen, 1986) - eher ein überdauerndes Phänomen zu sein, was unserer obigen These von der diachronischen Perspektive entspricht.

Der Zusammenhang von BO und Variablen der *psychischen Gesundheit vs. Krankheit* wurde ebenfalls geprüft. Dies erfolgte z.B. durch Kohnen & Barth (1990), indem sie die psychische Gesundheit von "ausgebrannten" Lehrern mit Hilfe des Trierer Persönlichkeitsfragebogens erfaßten. Dabei zeigten diese Lehrer Werte in der Skala "Seelische Gesundheit", die außerhalb des Normbereichs der Durchschnittsbevölkerung liegen. Sie haben eine gering ausgeprägte Fähigkeit zur Bewältigung externer und interner Anforderungen, sie sind selbstunsicher und unausgeglichen, haben eine geringe Durchsetzungskraft und verhalten sich eher passiv. Die Beziehung von BO zu körperlichen Beschwerden analysierten Belcastro & Hays (1984). Sie stellten fest, daß sich die BO-Gruppe (etwa 20% der Gesamtstichprobe) bei 26 Beschwerden (Schlafstörungen, Kopfschmerzen, Appetitlosigkeit, Herzbeschwerden usw.) in der Auftrittshäufigkeit und/oder -intensität signifikant von anderen Lehrern unterschied. Zudem gab es signifikante Differenzen beim Ulcus, bei Nierenstörungen und bei Depression. Greenglas, Burke & Ondrack (1990) ermittelten signifikante Korrelationen von BO zur Depression, Angst, zu somatischen Beschwerden und zum Medikamentenmißbrauch. Diese Ergebnisse unterstreichen die pathogenetische Relevanz von BO.

Es ist ferner interessant, welche Beziehungen von BO zur *Arbeitszufriedenheit* bestehen. Hierzu führte Barth (1992) eine umfangreiche Studie durch. Die Ergebnisse sind in Tabelle 19 enthalten. Ich möchte besonders folgende hervorheben: Es bestehen hochsignifikante negative Zusammenhänge zwischen der Allgemeinen Arbeitszufriedenheit und allen BO-Variablen. Unter den drei Faktoren betrifft es vor allem die Erschöpfung. Bei den Facetten der Arbeitszufriedenheit ist die Zufriedenheit mit der Tätigkeit der wichtigste Teilaspekt im Zusammenhang mit BO, speziell mit dem Faktor Reduzierte Leistungsfähigkeit. Signifikante Zusammenhänge zwischen BO und Arbeitszufriedenheit wurden in weiteren Untersuchungen gefunden (vgl. Greenglas, Burke & Ondrack, 1990).

Tabelle 19: Beziehungen zwischen Burnout und Arbeitszufriedenheit (Barth, 1992)

(Un)Zufriedenheit mit	**BO-Summe**	**Emotionale Erschöpfung**	**Persönliche Leistungsfä.**	**Depersonalisierung**
Schulleiter	r= -.114	r= -.105	r= .127	r= -.051
Tätigkeit	r= -.595**	r= -.493**	r= .606**	r= -.346**
Bezahlung	r= -.051	r= -.135	r= -.086	r= -.038
Eltern	r= .491**	r= .480**	r= -.269*	r= .405**
Belastung	r= .521**	r= .688**	r= -.2212	r= .271*
Schulausstattg.	r= .193	r= .152	r= -.083	r= .194
Kollegen	r= -.250*	r= -.183	r= .289*	r= -.141
Image	r= -.320**	r= -.385**	r= .179	r= -.187
Allg.Berufszufriedenheit	r= -.591**	r= -.549**	r= -.505**	r= -.362**

Demografische Merkmale (Lebensalter, Dienstalter, Geschlecht usw.) scheinen beim BO keine eindeutige Rolle zu spielen. Barth (1992) und Beck & Gargiulo (1983) konstatierten keine bedeutsamen (linearen) Zusammenhänge zwischen ihnen und BO. Belcastro & Hays (1984) und Capel (1987) fanden keine signifikanten Unterschiede zwischen Lebens- bzw. Dienstalter und BO. Bei Farber (1984) sind vor allem Lehrer im Alter zwischen 34 und 44 burnoutgefährdet. Bei Burke & Greenglass (1989) weisen männliche Lehrer höhere BO-Werte als weibliche auf, besonders im Faktor Depersonalisierung. Die Autoren führen dies auf eine größere soziale Unterstützung zurück, die Lehrerinnen erfahren (und suchen?). Schwab & Iwanicki (1982) stellten Beziehungen zwischen dem Alter und dem Geschlecht sowie den BO-Faktoren fest. Während das Geschlecht eine signifikante Beziehung zur Auftrittshäufigkeit und -intensität der Depersonalisierung hat, zeigt das Alter eine signifikante Beziehung zur Intensität emotionaler Erschöpfung. Das heißt: Männer haben mehr Depersonalisierungserscheinungen als Frauen. Die emotionale Erschöpfung tritt besonders bei Lehrern im Alter von 20 - 39 Jahre auf.

Die empirischen Ergebnisse zum Zusammenhang zwischen dem Alter bzw. Geschlecht und BO sind nicht eindeutig. Offenbar gibt es zwischen diesen Variablen keine einfachen Zusammenhänge. Bei ihrer Analyse sind also weitere Variablen, wie zum Beispiel Bewältigungsstile oder soziale Unterstützung, zu berücksichtigen. Zudem haben diese demografischen Merkmale eine Moderatorfunktion bei Zusammenhängen zwischen Persönlichkeits-, Tätigkeits- bzw. Organisationsmerkmalen und BO (vgl. auch Kyriacou, 1987).

Welche *Persönlichkeitsmerkmale* stehen mit BO im Zusammenhang? Bei der Analyse der Beziehung zwischen *berufsbezogener Motivation* und BO sollen zwei Untersuchungsansätze genannt werden.

Burke & Greenglass (1988) prüften vier Berufsorientierungen (career orientations). Es sind die "Selbstinvestoren" (self investors), die "sozialen Aktivisten", die "Karrieristen" und die "Kunsthandwerker" (artisans). Die "Selbstinvestoren" (10% der Stichprobe) setzen den Schwerpunkt ihrer Werte außerhalb des Arbeitslebens, d.h. in der Familie und in eigenen Interessen und Hobbies. Die "sozialen Aktivisten" (18% der Stichprobe) wollen mittels sozialer Aktivitäten den Status quo in der Schule verändern. Sie sind oft Idealisten und Visionäre. Die "Karrieristen" (12% der Stichprobe) suchen den konventionellen Erfolg (Prestige, Verantwortlichkeit, finanzielle Sicherheit, Anerkennung vom Supervisor usw.). Die "Kunsthandwerker" präferieren besonders die Herausforderungen täglicher Arbeit einschließlich des Erwerbs neuer Fertigkeiten; sie sind in ihrer Arbeitstätigkeit vorwiegend sachorientiert und ziehen daraus eine autarke Befriedigung. Das Ergebnis der Studie ist folgendes: Die "sozialen Aktivisten" berichteten am häufigsten über BO, ferner über die geringste Arbeitszufriedenheit, die schlechteste körperliche Gesundheit und über Ausstiegsintentionen.

Die "Kunsthandwerker" wiesen dagegen die geringsten BO-Werte, den geringsten Streß und die größte Arbeitszufriedenheit auf.

Eine interessante Studie wurde auch von Anderson & Iwanicki (1984) durchgeführt. Sie prüften die Beziehung zwischen Motivation und BO, indem sie von der Hierarchie der Bedürfnisse nach Maslow (1973) ausgingen. Es wurden die beruflichen Motive nach Sicherheit (Geld, Unterstützungen usw.), nach sozialen Aktivitäten (Akzeptanz, Mitgliedschaft, Kontakte in formellen und informellen Arbeitsgruppen), nach Anerkennung bzw. Respekt durch andere, nach Autonomie und Selbstverwirklichung erfaßt. Die Autoren stellten fest, daß Lehrer mit ausgeprägten Motiven nach Anerkennung und nach Selbstverwirklichung besonders auffällig im Faktor Emotionale Erschöpfung waren. Dieses Ergebnis konnte von Malanowski & Wood (1984) bestätigt werden.

Es läßt sich zusammenfassen: Lehrer mit idealistischen sozialen bzw. "Helfer"motiven, die sich zudem selbstverwirklichen und ständig etwas in der Schule verändern wollen, sind am stärksten burnoutgefährdet.

Zur Beziehung zwischen *berufsrelevanten Einstellungen* und BO liegt eine Untersuchung von Barth (1992) vor. Mit Hilfe des Konstanzer Fragebogens für Schul- und Erziehungseinstellungen (KSE-KF) erfaßte die Autorin folgende Einstellungen:

(1) Allgemeinbildung vs. Spezialisierung: Befürwortung einer breiten Allgemeinbildung gegenüber einer zielgerichteten berufsvorbereitenden Spezialisierung als Bildungsziel der Schule;
(2) Anlage-Orientierung: Betonung der relativen Dominanz von Anlage und Vererbung bei der Entwicklung von Persönlichkeitsmerkmalen und intellektuellen Fähigkeiten gegenüber der Betonung von Umweltbedingungen im Sinne von sozialen und kulturellen Einflüssen;
(3) Berufung: Einstellung zum Beruf des Lehrers als einer Tätigkeit, zu der man berufen sein muß, gegenüber der Auffassung, der Lehrerberuf sei ein "Job", d.h. eine Erwerbstätigkeit, die sich im Grunde von anderen nicht unterscheidet;
(4) Druckmotivierung: Positive Bewertung der Wirksamkeit und Berechtigung von Druck, Kontrolle und Disziplin im Schulunterricht gegenüber der Ablehnung dieser Methoden;
(5) Negative Reformbereitschaft: "Negative", d.h. konservative und bremsende Einstellung zur Reform von Institutionen allgemein und des Schulsystems insbesondere, und zwar in organisatorischer und inhaltlicher Hinsicht, gegenüber einer reform- und innovationsfreundlichen Haltung.
(6) Selbstverständnis als Pädagoge: Selbstverständnis des Lehrers als Fachmann in Erziehungsfragen gegenüber Selbstverständnis als Wissenschaftler, der an der Schule eine bestimmte wissenschaftliche Disziplin als Fach lehrt.
Die Einstellungen Anlage-Orientierung, Druckmotivierung und "negative" Reformbereitschaft sind voneinander abhängig und werden als "Konservatives Syndrom" bezeichnet.

Barth (1992) stellte lediglich signifikante Beziehungen zwischen der "Berufung" und der BO-Summe bzw. den Faktoren Reduzierte Leistungsfähigkeit und Depersonalisierung fest. Da "Berufung" auch ein Indikator für Berufsidealismus ist, stimmt dieses Ergebnis mit o.g. Untersuchungen zu den berufsbezogenen Motiven und BO überein. Hier wird ebenfalls bestätigt, daß konservativ eingestellte Lehrer weniger zum BO neigen.

Im Kontext der Einstellungen sind ferner Untersuchungen von Interesse, welche die Beziehung zwischen der Berufsidentität des Lehrers und BO überprüften. Als Beispiel sei die Studie von Kremer & Hofmann (1985) angeführt. Sie fanden signifikant negative Korrelationen zwischen den Identitätsvariablen Valenz, Zentralität, Solidarität, Selbstdarstellung und BO. Je geringer diese Variablen ausgeprägt sind, desto höher ist BO.

Die Beziehung zwischen *Selbstbewußtsein* und BO wurde mehrmals analysiert. Eine umfangreiche Studie führten Pierce & Molloy (1990) an 750 australischen Lehrern durch. Dabei wurde unter anderem das (schon beschriebene) Persönlichkeitsmerkmal "Hardiness" erfaßt. Personen mit ausgeprägtem "Hardiness" betrachten die beruflichen Anforderungen (1) als Verpflichtung oder Bindung (commitment), (2) als Herausforderung und (3) als internal kontrollierbar. Beim Vergleich von Gruppen mit hohem BO und niedrigem BO konnten sie feststellen, daß erstere in allen drei Hardiness-Faktoren signifikant geringere Werte aufweist. Besonders groß ist die Differenz bei dem Faktor "Commitment". Sehr interessant ist noch die schrittweise multiple Regressionsanalyse von allen Variablen auf BO. Hier ist "Commitment" die Variable, welche den größten Einfluß auf Emotionale Erschöpfung (Häufigkeit) und Depersonalisierung (Häufigkeit und Intensität) hat. Das heißt: Die Lehrer, welche eine geringere Jobbindung (im Sinne von Berufung) haben, sind eher vom Ausbrennen bedroht. Ferner prüften die Autoren das Selbstvertrauen. Die Gruppe mit hohem BO zeigte geringeres Selbstvertrauen. In einer anderen Studie zur Beziehung zwischen dem Selbstkonzept und BO kamen Mazur & Lynch (1989) zu ähnlichen Ergebnissen.
Bewältigungsstile oder -strategien wurden im Zusammenhang mit BO mehrmals untersucht. Eine interessante Untersuchung ist in Kanada von Greenglas, Burke & Ondrack (1990) durchgeführt worden. Sie diagnostizierten folgende Bewältigungsstrategien:

(1) Die tägliche Lebensqualität
Sie weist vier Subskalen auf: "Investition in Freundschaften" (Anzahl und Intensität von Freundschaften), "Erinnerungen pflegen" (Fotoalben usw.), "Freude an der Natur" (Gartenarbeit, Spaziergänge im Park oder Wald usw.), "Kulturelle Aktivitäten" (Buchlesen, Museums-, Konzert-, Ballettbesuche usw.).
(2) Internale Kontrolle (Abhängigkeit der Umweltkontrolle bzw. -veränderungen von eigenen Anstrengungen),
(3) Präventives Coping (Förderung des Wohlbefindens und Antizipation potentieller Probleme),
(4) Existentielles Coping (Akzeptanz der allgemeinen Lebensbedingungen bzw. Realismus).

Die höchste negative Korrelation zum BO (Totalwert des MBI) zeigte das Präventive Coping. Signifikant negative Beziehungen zum BO wiesen ferner die "Qualität des täglichen Lebens", speziell "Investition in Freundschaften", "Freude an der Natur" und "Kulturelle Aktivitäten" sowie die "Internale Kontrolle" und das "Existentielle

Coping" auf. Die Arbeit zeichnet sich ferner dadurch aus, daß auch Geschlechtsunterschiede beim Coping erfaßt wurden. Frauen unterscheiden sich von Männern, was die Wirksamkeit der BO-Vorbeugung betrifft, besonders im Präventiven Coping, in der Internalen Kontrolle und im Existentiellen Coping. Aktive Bewältigungsstrategien stehen also im negativen Verhältnis zu BO.

Pierce & Molloy (1990) untersuchten die Beziehung zwischen BO und Bewältigungsstrategien mit Hilfe der "Regressive Coping Checklist (RCC)" nach Kobasa (1982). Der Methode liegt die existentialistische Persönlichkeitstheorie zugrunde. Danach gibt es zwei grundlegende Möglichkeiten, wie eine Person auf Belastungen reagieren kann. Die Person kann auf sie zugehen und versuchen, sie zu bewältigen - oder sie kann vor ihnen zurückweichen. Strategien, die ein solches Zurückweichen oder Flüchten beinhalten, werden regressive Bewältigungsstrategien genannt. Sie äußern sich im Leugnen, Bagatellisieren oder Vermeiden einer Belastungssituation. Die Autoren ermittelten, daß die Gruppe mit hohem BO signifikant häufiger regressive Bewältigungsstrategien anwendet.

Barth (1992) hat zur Erfassung von Copingstrategien den Streßverarbeitungsfragebogen (SVF) von Janke, Erdmann & Kallus (1985) und den (modifizierten) Coping-Fragebogen (COP) von Pines, Aronson & Kafry (1985) eingesetzt. Dabei ergaben sich insgesamt nur geringe Korrelationen zwischen einzelnen Streßverarbeitungsstrategien und BO. Auf zwei Strategien, die sich als burnoutförderlich erwiesen, sei jedoch hingewiesen: die Tendenz zur Flucht und die Resignation. Lehrer, die in Belastungssituationen dazu tendieren, zu resignieren, fühlen sich in höherem Maße emotional erschöpft, depersonalisieren stärker und erleben eine geringere Leistungsfähigkeit. Ebenso hängt die Tendenz, Belastungssituationen aus dem Wege zu gehen (Fluchttendenz), mit höherem BO (Gesamtwert) bzw. mit stärkerer emotionaler Erschöpfung und Depersonalisierung zusammen.

Dem COP liegt eine zweidimensionale Taxonomie zugrunde: die Dimensionen "direkt-indirekt" und "aktiv-inaktiv". Direkte Bewältigungen sind solche Strategien, die sich gegen äußere Belastungsfaktoren richten, d.h. die Person sucht eine direkte Auseinandersetzung mit Belastungen. Indirekte Bewältigungsversuche sind dagegen als innere Strategien zu verstehen, welche die Emotionen und das Verhalten der Person beeinflussen. Aktive Bewältigungsstrategien beeinflussen Belastungsfaktoren oder suchen die belastende Situation oder das Selbst zu ändern. Inaktive Strategien vermeiden oder leugnen die Belastung. Es wurde festgestellt, daß gleichfalls nur wenige Bewältigungsstrategien mit BO korrelieren. Besonders die inaktiven Strategien weisen eine hochsignifikante Beziehung zum BO auf. Sie scheinen also eher burnoutfördernd zu wirken.

Die Ergebnisse der drei ausgewählten Studien lassen sich wie folgt zusammenfassen: Aktive Bewältigungsstrategien sind burnoutvorbeugend. Inaktive, regressive Strategien scheinen BO besonders zu fördern. Da alle verwendeten Meßinstrumente überdauernde anforderungsunspezifische Bewältigungsstrategien erfassen, sind diese beim "Ausbrennen" in der Lehrertätigkeit von Bedeutung.

Der Beziehung zwischen *Kontrollüberzeugungen* und BO wurde in mehreren Untersuchungen nachgegangen. Zur Erfassung der Kontrollüberzeugungen fand häufig die "Internal-External Locus of Control Scale" von Rotter (1966) Anwendung. Capel (1987) prüfte "locus of control" im Zusammenhang mit Streß und BO. Dabei erhielt sie folgende interessante Ergebnisse: In einer Regressionsanalyse hatte "locus of control" unter acht Variablen sowohl in bezug auf Streß als auch auf BO (Gesamtwert) signifikante Koeffizienten. Dabei erwies sich in einer weiteren Analyse die Beziehung des "locus of control" zur BO-Intensität als signifikant. Ferner weist "locus of control" hochsignifikante Beziehungen zur emotionalen Erschöpfung und zur persönlichen Leistungsfähigkeit auf. McIntyre (1983) konstatierte ebenfalls signifikant positive Beziehungen zwischen externaler Kontrollüberzeugung und Emotionaler Erschöpfung (Frequenz und Intensität) sowie Depersonalisierung (Intensität). Eine signifikant negative Korrelation wurde zwischen Externalität der Kontrolle und Persönlicher Leistungsfähigkeit (Frequenz) gefunden. Die Ergebnisse belegen nachdrücklich, daß internale Kontrollüberzeugungen bei Lehrern burnoutvorbeugend sind.

Zur Beziehung zwischen dem *Verhaltenstyp A/B* und BO sind mir nur zwei Untersuchungen bekannt. Mazur & Lynch (1989) konstatierten signifikante positive Beziehungen zwischen Typ A und BO (Gesamtwert und Emotionale Erschöpfung). Zur Depersonalisierung und zur Leistungsfähigkeit bestanden hingegen keine signifikanten Beziehungen. Nagy & Davis (1985) fanden signifikante positive Korrelationen zwischen dem Typ-A-Verhalten bzw. dem Workaholism und der emotionalen Erschöpfung und auch der Depersonalisierung.

Zur Beziehung zwischen *Empathie* und BO kann ich ebenfalls nur zwei Untersuchungen anführen. Die Empathie als Selbstkonzeptvariable erwies sich bei Mazur & Lynch (1989) als Prädiktor für die emotionale Erschöpfung. Bei Williams (1989) ist Empathie, welche bei Frauen höher als bei Männern ausgeprägt ist, signifikant korreliert mit emotionaler Erschöpfung und (reduzierter) persönlicher Leistungsfähigkeit.

Welche Beziehungen bestehen zwischen *Tätigkeits- bzw. Organisationsmerkmalen und BO*?

Zunächst zur *sozialen Unterstützung*: Bei Mazur & Lynch (1989) weist diese Organisationsvariable signifikante Beziehungen zu allen drei BO-Faktoren auf. Die höchste Korrelation besteht zur emotionalen Erschöpfung. In der Studie von Pierce & Molloy (1990) unterscheiden sich die Gruppen mit hohem und niedrigem BO auch signifikant bei der sozialen Unterstützung. Cherniss (1988) erfaßte die Beziehung zwischen "teacher burnout" bei Sonderschullehrern und dem Supervisionsverhalten der Vorgesetzten. Er beobachtete, daß die Vorgesetzten von Lehrern einer Schule mit niedrigem BO im Vergleich mit denen von Lehrern einer anderen Schule mit höherem BO mehr emotionale Unterstützung gaben, mehr Zeit der Diskussion über arbeitsbezogene Probleme und Planungs- und Koordinationsaktivitäten widmeten, häufiger mit dem Personal sprachen usw. Hamann, Daugherty & Mills (1987) stellten bei Musiklehrern eine signifikante Abhängigkeit zwischen mangelnder Kooperation unter den Kollegen und BO (Total) fest. Nowack, Gibbons & Hanson (1985) fanden eine signifikante Beziehung zwischen social support und Depersonalisierung sowie der (reduzierten) Leistungsfähigkeit, jedoch nicht zwischen der sozialen Unterstützung und der emotionalen Erschöpfung. Russell, Altmaier & van Velzen (1987) konnten diese Ergebnisse bestätigen, indem sie zwei Funktionen von social support (Supervision und positive Rückmeldungen) erkundeten: die Prädiktorfunktion auf BO und die Moderatorfunktion bei der Wirkung von beruflichen life events auf BO. Interessant ist die Studie von Burke & Greenglas (1989), weil sie das Geschlecht mitberücksichtigt. Das Ergebnis ist: Lehrer zeigten mehr BO-Phänomene als Lehrerinnen. Die Unterschiede führen die Autoren auf die größere soziale Unterstützung - differenziert in die Unterstützung durch Supervision, peers und Freund/Familie - zurück, welche die Lehrerinnen angaben.

Die Ergebnisse unterstützen die Annahme, daß fehlende oder unzureichende soziale Unterstützung in der Lehrertätigkeit - gleich in welcher Form (organisationale, kollegiale, familiäre, freundschaftliche Unterstützung) - eine wesentliche organisationale Ressource von BO ist.

Amerikanische, britische und australische Studien zeigen, daß bei der *Rollenstruktur* besonders der Rollenkonflikt und die Rollenambiguität zum BO von Lehrern beitragen. Dabei werden unterschiedliche Akzente gesetzt. Bei Capel (1987) ist es die Rollenambiguität, welche (gemeinsam mit der externalen Kontrollüberzeugung) den größten Varianzanteil aller BO-Faktoren aufklärt, besonders der BO-Intensität und der emotionalen Erschöpfung. Crane & Iwanicki (1986) fanden, daß sowohl die Rollenambiguität als auch der Rollenkonflikt signifikante Beziehungen zur emotionalen Erschöpfung und Depersonalisation aufweisen. Mazur & Lynch (1989) ermittelten signifikante Korrelationen zwischen Rollenambiguität und (reduzierter) persönlicher Leistungsfähigkeit bzw. emotionaler Erschöpfung sowie zwischen Rollenkonflikt und Depersonalisierung bzw. emotionaler Erschöpfung. Fimian & Blanton (1987) erkundeten eine Abhängigkeit der Beziehung zwischen BO und Rollenstruktur von der Berufserfahrung. Der Zusammenhang zwischen BO und Rollenproblemen besteht vor allem bei Lehrern mit wenigen Berufserfahrungen. Greenglas, Pantony & Burke (1988) konstatierten eine Abhängigkeit des Rollenkonflikts vom Geschlecht. Der

Konflikt zwischen den Rollen im Beruf und Familie war bei Frauen größer. Dabei besteht allerdings keine lineare Beziehung zwischen der Stärke des Rollenkonflikts und BO, sondern sie wird entscheidend von der sozialen Unterstützung mitbestimmt.

Im engen Zusammenhang mit der Rollenstruktur ist die *Verantwortlichkeit* des Lehrers zu sehen, nicht zuletzt bei BO. Nach Mazur & Lynch (1989) weist diese Variable signifikante positive Beziehungen zu allen drei BO-Faktoren auf, wobei die Korrelationen zur Depersonalisierung und (reduzierten) persönlichen Leistungsfähigkeit herausragen. Weiskopf (1980) ermittelte gleichfalls die Verantwortlichkeit als wesentlichen Prädiktor für BO von Lehrern für hochbegabte Kinder.

Die psychische *Arbeitsbelastung* oder besser -überlastung (overload) ist durch mehrere empirische Untersuchungen als burnoutförderndes Merkmal identifiziert worden. Bei Friesen, Prokop & Sarros (1988) ist die allgemeine Arbeitsbelastung der entscheidende Prädiktor für BO, besonders für die emotionale Erschöpfung. Dies stimmt mit dem Ergebnis von Barth (1992) überein, in der die allgemeine Belastung insbesondere in signifikanter Beziehung zur emotionalen Erschöpfung steht. Mazur & Lynch (1989) stellten fest, daß die Arbeitsüberlastung die herausragende Variable zur Erklärung der emotionalen Erschöpfung ist, während sie in bezug auf die Depersonalisierung und die Leistungsfähigkeit keine Bedeutung hat. Russell, Altmaier & van Velzen (1987) erfaßten arbeitsbezogene Streßereignisse (stressful events). Dabei stellten sie fest, daß die Anzahl der wahrgenommenen Streßereignisse in signifikanter Beziehung zu BO steht, wobei die soziale Unterstützung als Moderatorvariable wirkt. Nummela (1982) konstatierte eine signifikante Beziehung zwischen der Anzahl von notwendigen Adaptationen an neue Lehrprogramme, die mit dem Erlernen von neuem Verhalten und Fertigkeiten verbunden waren, und BO. Die neuen Lehrprogramme wirkten hier als Überlastung. Die angeführten Ergebnisse sind ein Beweis dafür, daß anhaltende große Arbeitsbelastungen in der Lehrertätigkeit eine entscheidende Bedingung für das Ausbrennen, besonders für die emotionale Erschöpfung, sind.

Zur *Ziel(in)transparenz und -(un)sicherheit* als organisationale BO-Ressource liegen explizit keine empirischen Untersuchungen vor. Es kann lediglich eine Untersuchung genannt werden, die diese Variable tangiert. Hamann, Daugherty & Mills (1987) ermittelten als BO-Ressourcen unklare Zielvorgaben durch die Schulleitung sowie fehlende persönliche Entwicklungspläne.

*Klientel*bezogene Ressourcen von BO wurden in verschiedensten Facetten erhoben. Allgemein wurde festgestellt, daß ein unzureichendes Stoffverständnis durch die Schüler, Disziplinprobleme, schlechte Einstellungen der Schüler usw. Quellen von BO sind (Olson & Matuskey, 1982; Hamann, Daugherty & Mills, 1987). Darüber hinaus scheinen unterschiedliche Schülergruppen eine Bedeutung zu haben. Johnson, Gold & Knepper (1984) verglichen die Frequenz und Intensität von BO bei Lehrern für (1) lerngestörte Kinder, (2) geistig retardierte Kinder und (3) emotional gestörte Kinder. Die Lehrer der dritten Schülergruppe wiesen die höchsten BO-Werte auf. Burke & Greenglas (1989) untersuchten BO in Abhängigkeit von dem Alter der Schüler bzw. dem Schultyp (elementary school, junior high school, high school). Hier zeigten die Lehrer der Grundschule die höchsten BO-Werte. Schließlich ist in diesem Zusammenhang die Untersuchung von Beck & Gargiulo (1983) interessant. Sie verglichen BO bei Lehrern, die mit retardierten oder "normalen" Schülern arbeiteten. Im Gegensatz zur Hypothese fanden sie, daß die Lehrer der "normalen" Schüler weniger Erfolgserlebnisse, schlechtere Beziehungen zu den Schülern usw. hatten.

Was den Zusammenhang von *Organisationsgröße* und BO betrifft, liegen meines Wissens nur Untersuchungen zur Klassengröße vor. Die Ergebnisse sind aber widersprüchlich. Während beispielsweise DePaepe, French & Lavay (1985) einen signifikanten, obgleich relativ geringen Einfluß der Klassengröße auf BO fanden, konnte McIntyre (1983) keine Unterschiede im BO zwischen Lehrern mit unterschiedlichen Klassengrößen erkennen.

Studien zur Beziehung zwischen *Organisationstransparenz* und BO im Lehrerberuf sind mir - wahrscheinlich aufgrund der schwierigen Diagnostizierbarkeit dieses komplexen Organisationsmerkmals - nicht bekannt.

6.3. Forschungsstand und Folgerungen

(1) BO im Lehrerberuf ist ein beachtenswertes Phänomen, das weder dramatisiert noch negiert werden sollte (vgl. Farber, 1991). Die Auftrittshäufigkeit und -intensität von BO bzw. seiner Faktoren scheinen von kulturellen Bedingungen, Schulsystemen, Schularten, Lehrerpopulationen, Schülerpolulationen usw. abhängig zu sein.

(2) BO ist ein mehrdimensionales, komplexes Konstrukt, von dem bislang die Faktoren Emotionale Erschöpfung, Depersonalisierung und Persönliche Leistungsfähigkeit im Lehrerberuf nachgewiesen und untersucht worden sind. Es ist aber nicht nur als Zustand zu erfassen, sondern sollte vor allem als zeitdynamisches Phänomen, d.h. als Prozeß über Jahre, analysiert werden.

(3) BO ist anhand verschiedener theoretische Modelle beschrieben worden. Aus tätigkeitstheoretischer Sicht ist der Beschreibungsansatz zu favorisieren, der BO als berufliches Sozialisationsprodukt auffaßt und dabei die Kategorie "Sinn(krise)"

einschließlich der tätigkeitsdominierenden Motive bzw. des Tätigkeitsspielraums ins Zentrum stellt.

(4) Persönlichkeits- und Tätigkeits- bzw. Organisationsmerkmale haben einen Einfluß auf BO. Sie wirken in komplexer Weise auf diesen Prozeß. Ihr Einfluß scheint nach vorliegenden empirischen Befunden ebenfalls von kulturellen Bedingungen, Schulsystemen, Schularten, Lehrerpopulationen usw. abhängig zu sein.

(5) Persönlichkeitsmerkmale sind im Zusammenhang mit BO bisher mehr sporadisch als theoriegeleitet geprüft worden. Die meisten Studien basieren jedoch auf Korrelationen, so daß aufgrund ihrer Ergebnisse wenig über die Ursache-Wirkungs-Beziehung gesagt werden kann. Denn Persönlichkeitsmerkmale, z.B. das Selbstbewußtsein, können nicht nur einen Einfluß auf BO haben, sondern auch dessen Folge sein.

(6) Tätigkeits- bzw. Organisationsmerkmale sind im Kontext von BO ebenfalls zumeist ohne theoretische Konzeption empirisch untersucht worden. In einzelnen Studien wurden die soziale Unterstützung, der Rollenkonflikt, die Belastung (i.e.S.) und die Klientel als Prädiktoren von BO ermittelt.

Aus o.g. Aspekten können folgende Konsequenzen für die Forschung abgeleitet werden:

(1) Epidemiologische Untersuchungen zur Auftrittshäufigkeit und -intensität von BO und seinen Faktoren wie Symptomen sind im Lehrerberuf in bezug auf Schulsysteme (Gesamt- vs. Einzelschule), Schularten (Grund-, Haupt-, Real-, Sonder-, Berufsschule, Gymnasium) und Klassenstufen differenziert durchzuführen. Es genügt nicht, dramatische Prozentzahlen zur Auftrittshäufigkeit zu verbreiten, sondern es sind exakte Angaben über Quantität und Qualität von BO erforderlich. Es ist z.B. zwischen BO-Gefährdeten und "Ausgebrannten" zu unterscheiden. Dabei ist es auch angebracht, Vergleiche mit anderen Helferberufen herzustellen.

(2) Da BO ein komplexes Konstrukt ist, bedarf es theoretisch wie empirisch der weiteren Ausdifferenzierung. Es ist beispielsweise zu prüfen, wieweit die drei Faktoren Emotionale Erschöpfung, Depersonalisierung und Persönliche Leistungsfähigkeit dem theoretischen Konstrukt gerecht werden. Des weiteren ist eine interessante Frage, in welchem Maße sich BO von verwandten Konzepten, wie z.B. psychische Ermüdung, Streß, Arbeitszufriedenheit und Depressivität, abgrenzen läßt. Schließlich sollte BO stärker als Entwicklungsphänomen bzw. als Sozialisationsprodukt konzeptualisiert werden. Grundsätzlich geht es darum, von dem schillernden Superkonstrukt wegzu-

kommen, indem differenzierte theoretische Modellvorstellungen entwickelt werden, die einer empirischen Prüfung zugänglich sind.

(3) Es sollte bei der Konzeptualisierung von BO der tätigkeits- und handlungstheoretische Ansatz ausgebaut werden. Dieser wird meines Erachtens dem Wesen und dem Prozeßcharakter von BO am meisten gerecht. Dabei ist u.a. die "Sinnkrise" in Form von Mustern und Verlauf der BO-Phasen genauer zu bestimmen. In ihrem Kontext sind besonders tätigkeitsbestimmende Motive zu untersuchen.

(4) Empirisch sollte gegenüber bislang dominierenden Querschnittsuntersuchungen den Längsschnittstudien der Vorzug gegeben werden. Enzmann & Kleiber (1991, 23) beklagen auf der Grundlage einer erstellten Bibliographie, *"daß es bisher erst acht Längsschnittstudien (und noch keine in der BRD) gibt"*. Ich konnte bei Lehrern nur wenige (ausländische) Längsschnittstudien zitieren. In Deutschland existiert bis heute, obwohl BO im Lehrerberuf nicht mehr übersehbar und in seiner Bedeutung für Gesundheit und Leistungsfähigkeit unverkennbar ist, keine empirische Studie zur Entwicklung dieses Phänomens.

(5) Der Einfluß von Persönlichkeits- und Tätigkeits- bzw. Organisationsmerkmalen auf BO sollte, da sie miteinander interagieren, in komplexer Weise geprüft werden. Unter den Persönlichkeitsmerkmalen sind vor allem Motive und Handlungsziele bzw. Einstellungen zu analysieren. Hier zeigt sich aber anhand o.g. empirischer Studien, daß es kein einheitliches Konzept tätigkeitsdominierender Motive der Lehrertätigkeit gibt. Es wurde deutlich, daß die diagnostizierten Motive und Einstellungen sehr von der Konzeption des Autors abhängen. Ferner besteht ein Defizit darin, daß BO bislang wenig im Kontext von Bewältigungs- oder gar Handlungsstilen untersucht worden ist. Es sollte auch die Auswirkung des Tätigkeitsspielraums auf BO näher geprüft werden.

(6) Da BO sich aufgrund der Mehrdimensionalität und des Prozeßcharakters nicht bei jedem Lehrer in gleicher Weise manifestiert, und auch die BO-Ressourcen interindividuell in unterschiedlicher Weise wirksam werden, sollten differentialpsychologische Untersuchungen forciert werden.

(7) BO ist fast ausschließlich als subjektives Phänomen mit Hilfe von Fragebögen erfaßt worden. Ein Phänomen derartiger Komplexität und Dauer hat aber auch Korrelate im objektiven Verhaltens- bzw. Leistungsbereich und auf biologischer Ebene aufzuweisen. Deshalb ist zur Erfassung und Einschätzung von BO ein multimodaler methodischer Untersuchungsansatz zu wählen. Neben subjektiven Berichten über burnoutrelevante Emotionen und Kognitionen sollten Variablen zur objektiven Leistungsfähigkeit, zum Gesundheitsverhalten (Nikotin, Alkohol- und sonstiger Dro-

genmißbrauch, Medikamente) sowie psychophysiologische und -immunologische Parameter berücksichtigt werden. Beispielsweise ist von Interesse, wie sich Immunglobuline mit zunehmender subjektiver Erschöpfung verändern. Die Berücksichtigung biologischer Indikatoren würde es ferner ermöglichen, Beziehungen von BO zu psychosomatischen Erkrankungen zu erkunden.

6.4. Zusammenfassung

(1) BO ist ein Phänomen, das besonders im Helferberuf "Lehrer" auftritt. Wesentliche Merkmale sind die Erschöpfung, die sog. Depersonalisierung und die subjektive Leistungsschwäche. Es ist ein mehrdimensionales, komplexes Konzept, in das sich relativ viele Symptome bzw. negative Beanspruchungsfolgen einordnen lassen.

(2) Zur Beschreibung und Erklärung von BO liegen mehrere theoretische Modelle vor. Es wurden die Ansätze favorisiert, welche einen Bezug zur Tätigkeits- und Handlungstheorie erkennen lassen. Dabei ist BO vor allem als Sinnkrise zu verstehen.

(3) Als burnoutbeeinflussende Persönlichkeitsmerkmale wurden die (berufsbezogene) Motivation bzw. die berufsrelevanten Einstellungen, das Selbstbewußtsein, die Kontrollüberzeugungen, die emotionale Stabilität, Bewältigungsstile, der Verhaltenstyp A/B und die Empathie angeführt. Unter den Tätigkeits- bzw. Organisationsmerkmalen sind der Tätigkeits- und Handlungsspielraum, die Verantwortlichkeit, die soziale Unterstützung, die Rollenstruktur, die psychische Belastung, die Zieltransparenz und -sicherheit, die Klientel und die Organisationsgröße und -transparenz von Interesse.

(4) Zur Häufigkeit bzw. Verbreitung von BO liegen zahlreiche Studien vor. Danach sind mindestens 20% der Lehrer "ausgebrannt". Etwa der gleiche Teil der Lehrer scheint burnoutgefährdet zu sein. Die Auftrittshäufigkeit und -intensität von BO scheint aber bei einzelnen Lehrergruppen sowie in Abhängigkeit von kulturellen Bedingungen unterschiedlich zu sein.

(5) Unter den berufsbezogenen Motiven haben die Helfermotive (z.B. "soziale Aktivisten"), Motive nach Anerkennung und Selbstverwirklichung im Beruf sowie Motive der Reformbereitschaft den größten Einfluß auf BO. Variablen des Selbstbewußtseins (Selbstvertrauen, hardiness usw.) haben gleichfalls einen signifikanten Einfluß. Ferner stehen passive bzw. regressive Bewältigungsstrategien im positiven Zusammenhang mit BO. Internale Kontrollüberzeugungen sind burnoutvorbeugend. Die Empathie scheint burnoutfördernd zu sein.

(6) Unter den Tätigkeits- bzw. Organisationsmerkmalen stehen die soziale Unterstützung, der Rollenkonflikt, die Rollenambiguität, die erlebte Verantwortlichkeit, die subjektive Belastung sowie das Leistungsniveau und die Leistungsmotivation der Schüler mit BO im signifikanten Zusammenhang.

(7) Als Konsequenzen für die Forschung werden unter anderem epidemiologische Studien zur genaueren Erfassung der Verbreitung von BO, die Prozeßanalyse von BO über bestimmte Zeiträume durch Längsschnittuntersuchungen und die systematische Untersuchung des Einflusses von Tätigkeits- bzw. Organisations- und Persönlichkeitsmerkmalen auf den BO-Prozeß abgeleitet.

Kapitel 7. Arbeitszufriedenheit

Wer freudig tut
und sich des Getanen freut,
ist glücklich.
(Goethe)

7.1. Theoretische Aspekte

Nachdem bislang die negativen Beanspruchungsreaktionen bzw. -folgen Streß/Angst und Burnout besonders thematisiert worden sind, soll nun die *Arbeitszufriedenheit* (im weiteren *AZ*) als integraler Bestandteil des Wohlbefindens Berücksichtigung finden. Dies ist insbesondere für die Lehrerforschung von Bedeutung, bei der die Betrachtung negativer Beanspruchungswirkungen eindeutig dominiert, so daß vom Berufserleben ein einseitiges, verzerrtes Bild entstehen kann.

Studien zur AZ erfreuen sich etwa seit Mitte der 70er Jahre in der Arbeits-, Organisations-, Sozial- und auch Klinischen Psychologie einer zunehmenden Beliebtheit. Sie dienen dabei der Bewertung von Arbeitstätigkeiten (Hacker & Iwanowa, 1984). In dem Sinne wurden auch bei Lehrern AZ-Analysen zur Einschätzung ihrer Arbeitssituation durchgeführt (Elbing & Dietrich, 1982; Kischkel, 1984; Weyer & Hodapp, 1978; Grimm, 1993). Ferner gewinnt die AZ bei Krankenstands-, Absentismus- und Fluktuationsanalysen an Bedeutung. Eine Domäne stellt in der arbeits- und organisationspsychologischen Forschung die Analyse der Beziehung zwischen AZ und Arbeitsleistung dar (vgl. Six & Eckes, 1991). Im medizinisch-psychologischen Bereich erlangt die AZ zunehmend Beachtung, weil sie als Bedingung oder gar Prädiktor von Krankheiten, insbesondere Herz-Kreislauf-Erkrankungen, angesehen wird (vgl. Kunzendorff & Spangenberg, 1983). Nach einer Längsschnittstudie von Palmore (1969) soll die AZ sogar der zuverlässigste Prognosefaktor für Langlebigkeit des Menschen sein.

Die Anwendungsbereiche zeigen, daß diese Forschung - besonders in der Arbeits- und Organisationspsychologie - zunehmend ein genuines Interesse findet. Es werden Bezüge der AZ zur Leistung, zur Abwesenheitsrate, zur Kündigungsbereitschaft, zur Krankheitsrate, zum aggressiven Verhalten usw. hergestellt. Dabei wurde häufig erwartet, daß die AZ ein zuverlässiger Prädiktor für die Ausprägung genannter Bezugsvariablen ist. Die Rolle der AZ wurde hierbei jedoch oft überschätzt; denn es kommen für diese Variablen noch weitere Prädiktoren in Frage, die sowohl persönlichkeits-, arbeitsplatz- und unternehmensspezifische als auch soziale und gesellschaftliche Bedingungen beinhalten. Den hohen Erwartungen konnte die AZ also oft nicht gerecht werden, da diese für sie eine "*funktionale Überlastung*" (Fischer, 1991, 5) bedeuteten. Dies soll in der Konsequenz jedoch nicht heißen, daß die AZ, weil die hohen Erwartungen in sie nicht erfüllt worden sind, als Forschungskonzept zu verwerfen sei. Im Gegenteil: Die AZ - in erster Linie nicht funktional, sondern als Bestandteil des Wohlbefindens bzw. der psychischen Gesundheit verstanden - sollte ein zentrales Humanziel jeder Organisation sein. Demgemäß ist die psychologische Forschung gefordert, diesem Humanziel gerecht zu werden. Dies gilt auch für die Tätigkeit des Lehrers.

Die AZ hat sich in der Lehrerforschung etabliert. Besonders im skandinavischen Forschungsprojekt zur Lehrergesundheit ist die AZ eine Hauptvariable. Sie spielt aber auch im Zusammenhang mit der Lehrergesundheit bzw. dem Lehrerstreß in anderen Ländern eine Rolle, z.B. in Bulgarien (Koleva, 1985), in England (Kyriacou & Sutcliffe, 1980), in den USA (Blase, Dedrick & Strathe, 1986), in der Schweiz (Pieren & Schärer, 1993), in Österreich (Urban, 1992), in der ehemaligen DDR (Leuschner, 1985; Rudow, 1988) und in der Bundesrepublik Deutschland (Merz, 1979a; Kischkel, 1984).

Obwohl zu dem Phänomen viele theoretische Erklärungen existieren, zeichnen sich in den letzten Jahren einige konzeptuelle Ansätze ab, welche die AZ wohl am treffendsten charakterisieren (vgl. Neuberger, 1974; Merz, 1979a; Littig, 1980; Fischer, 1991):

(1) Die Betrachtung der AZ als *Einstellung* zur Arbeitssituation überwiegt. Beispielhaft sei die Position von Bruggemann (1974, 150) genannt: "*Arbeitszufriedenheit als generalisierende Einstellung zum Arbeitsverhältnis bedeutet ein Urteil darüber, ob und inwiefern das Arbeitsverhältnis und die Konsequenzen daraus mit den eigenen Bedürfnissen, Wünschen und Erwartungen im Einklang stehen. Das Ergebnis hängt sowohl von kognitiv-rationalen als auch von emotionalen Bewertungs- und Beurteilungsprozessen ab*".

(2) Die AZ kann als Variable der *Bedürfnisse und Motivation* verstanden werden Hierzu liegen verschiedene Ansätze vor. Am bekanntesten sind die Humanistische Theorie von Maslow (1973), die Theorie X und Gegentheorie Y der Arbeitsmotivation, die Equity-Theorie, die Erwartungs-Valenz-Theorie, die Zwei-Faktoren-Theorie und der interaktionstheoretische Ansatz (siehe ausführlich zu den Theorien: Neuberger, 1974). Ihnen ist - knapp formuliert - gemeinsam, daß Bedürfnisse oder Motive sowie deren Realisierung im Arbeitsprozeß für die AZ kennzeichnend sind. Bei der Konzeptualisierung des Grundansatzes unterscheiden sie sich aber in ihrer Position zum Charakter und zur Klassifikation von Bedürfnissen oder Motiven sowie zur Art der Wechselwirkung von Bedürfnissen/Motiven und Arbeitsmerkmalen sowie zum Entstehungsprozeß der AZ.

(3) Die AZ wird als *emotionaler Zustand* aufgefaßt. Brown (1966, zit. nach Urban, 1985) spricht von einem *"favorable feeling"*, Locke (1976) von einem *"plaisure emotional state"*. Sie ist also integraler Bestandteil des Wohlbefindens (Warr & Wall, 1975). Hier stellt die AZ eine habitualisierte (positive) Befindlichkeit dar.

(4) Die AZ kann als *Persönlichkeits*variable, die eine differential-psychologische Relevanz hat, aufgefaßt werden (vgl. Urban, 1985).

(5) Da die bisher genannten theoretischen Ansätze überwiegend der personenbezogenen Perspektive verhaftet sind, versucht Büssing (1991) ein Konzept zu umreißen, in dem die AZ vorwiegend als *Phänomen der Arbeitstätigkeit* verstanden wird. Das heißt, Struktur und Dynamik der AZ bilden sich in der Interaktion von Arbeit und Arbeitendem heraus. Zur Konzeptualisierung zieht der Autor die Tätigkeitstheorie von Leontjew (1982) heran. Damit wird die AZ im Sinne meines theoretisch-methodologischen Grundverständnisses von Belastung und Beanspruchung verstanden (siehe Kapitel 2.1.). Büssing (ebenda) versteht die AZ als Phänomen der Tätigkeit oder der Person-Umwelt-Interaktion, ausgedrückt in der Relation von Soll-Werten (der Person) und Ist-Werten (der Arbeitssituation). Diese Relation wird wechselseitig verstanden: als eine Beziehung, in der Soll-Wert-bedingte Ist-Wert-Veränderungen und Ist-Wert-bedingte Soll-Wert-Veränderungen stattfinden können. Dabei geht er besonders von Bruggemann et al. (1975) aus.

Die aufgezeigten Bestimmungsmerkmale der AZ dürfen keinesfalls widersprüchlich aufgefaßt werden, sondern sie stellen durchaus sich ergänzende Beschreibungen dar, wobei letztgenannter Ansatz übergreifend ist.

Auf der Grundlage o.g. Ansätze wird die AZ als eine durch die Arbeitstätigkeit auftretende Befindlichkeit verstanden, die auf der Grundlage des (Soll-Ist-)Vergleichs von individuellen Erwartungen und dem Inhalt bzw. Bedingungen der Arbeitstätigkeit entsteht und bei ihrer Ausübung antriebsregulatorisch als Einstellung wirksam wird. Die AZ ist somit wesentlicher Indikator des Wohlbefindens und allgemein der psychischen Lebensqualität - und damit auch der beruflichen Sozialisation.

Meines Erachtens ist es nicht gerechtfertigt, die AZ nur als Einstellung zu definieren, da deren Funktionalität im Arbeitsverhalten nicht nachgewiesen ist (vgl. Wimmer, 1984). Es scheint eher so zu sein, daß die AZ, welche auf der Grundlage des Soll-Ist-Vergleichs von individuellen Bedürfnissen, Wünschen und Erwartungen mit den Arbeitsressourcen entsteht, einstellungs- und motivbildend wirkt. Beispielsweise kann die Zufriedenheit mit der Beziehung zu den Schülern den Lehrer zu einem überwiegend schülerorientierten Unterricht anregen.

Einigkeit besteht darüber, daß die AZ mehrere Dimensionen, Facetten bzw. *quantitative* Faktoren aufweist. Der Tatbestand geht auf die Zwei-Faktoren-Theorie von Herzberg (1964) zurück. Hier werden 16 Arbeitsfaktoren angenommen, die sich zwei

Hauptfaktoren, dem sog. Kontent- und Kontext-Faktor, zuordnen lassen. Während die Kontentfaktoren ("Zufriedenmacher") für die Entwicklung der AZ zuständig sein sollen, werden die Kontextfaktoren ("Unzufriedenmacher") eher als Ressourcen der Arbeitsunzufriedenheit (AUZ) angesehen. Bestenfalls läßt sich diese Dichotomie als Faktoren höherer Ordnung verstehen. Auf niedrigerer Analyseebene zeigt sich ein recht vielfältiges Bild von Verursachern bzw. Faktoren der Arbeits(un)zufriedenheit.

Es werden nicht nur quantitative, sondern auch *qualitative* Formen der AZ unterschieden. Im Modell von Bruggemann et al. (1975) sind sie auf der Grundlage von bedürfnisgeleiteten Anspruchsniveauveränderungsprozessen formuliert worden (vgl. Abbildung 18). Die AZ ist das Ergebnis eines Soll-Ist-Vergleichs von individuellen Ansprüchen und Arbeitstätigkeitsmerkmalen. Bei geringer oder Null-Differenz tritt (1) die stabilisierende Zufriedenheit auf; eine große Differenz führt (2) zur diffusen Unzufriedenheit. Im ersten Fall kann das Anspruchsniveau erhöht werden oder konstant bleiben, d.h., es tritt eine progressive AZ oder eine stabilisierte AZ auf. Im zweiten Fall kann es - bei Aufrechterhaltung des Anspruchsniveaus - zur konstruktiven, fixierten AUZ oder Pseudo-AZ kommen. Dies hängt von der Art der Soll-Ist-Differenz- bzw. Problemverarbeitung ab. Schließlich kann auch eine resignative AUZ auftreten, wenn das Anspruchsniveau reduziert wird.

Aus den einzelnen Theorien können verschiedene Grundpositionen zur AZ abgeleitet werden: Erstens wird AZ als statischer psychischer Zustand verstanden. Sie wird hierbei als Erfüllung eines Bedürfnisses, das aus einem Mangelzustand resultiert, gesehen. Wenn dieser Mangel aufgehoben ist, dann ist AZ im Sinne einer Sättigung erreicht. Zweitens ist AZ als dynamischer Zustand zu verstehen. Dies ist in den am sozialen Vergleich orientierten Theorien der Fall. Durch den sozialen Vergleich wird das Anspruchsniveau in Abhängigkeit vom erreichten AZ-Niveau verändert.

Besonders wird die Dynamik in den Konzepten von Bruggemann et al. (1975) und Büssing (1991) transparent. Sie zeigt sich hier in der Wechselwirkung von individuellen Anspruchsniveau- oder Zielsetzungen mittlerer Reichweite (z.B. über Wochen und Monate) und der Konstanz bzw. Variabilität von Arbeitstätigkeitsmerkmalen. In Abhängigkeit von der Anspruchsniveau- oder Zielrealisierung können sich über die Zeit die individuellen Ansprüche oder Ziele verändern. Unter den Tätigkeitsmerkmalen nimmt der Tätigkeitsspielraum eine hervorragende Stellung ein. Zwischen Anspruchsniveausetzungen und Tätigkeitsmerkmalen nehmen Bewältigungskompetenzen bzw. -prozesse eine vermittelnde Funktion ein.

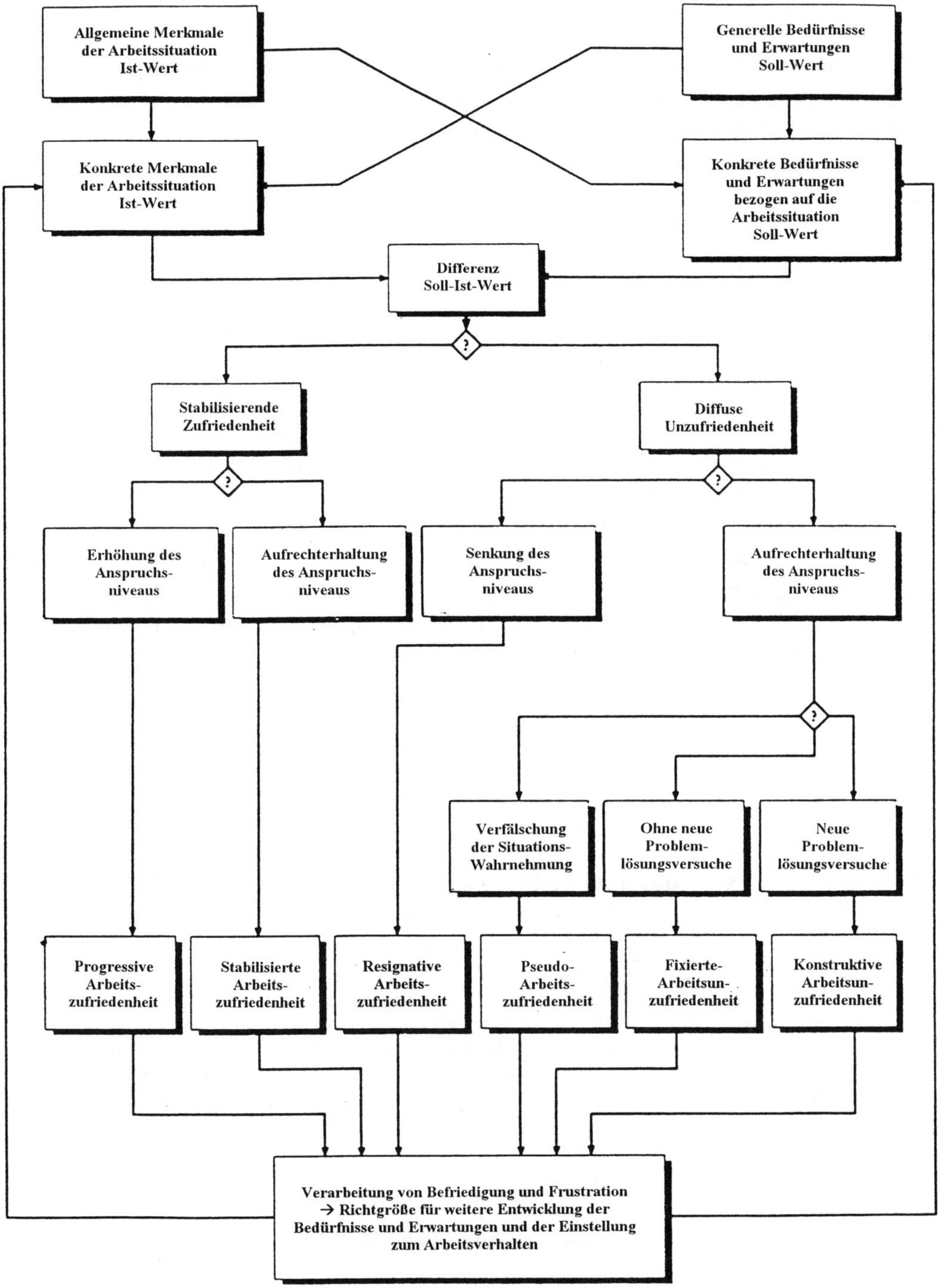

Abbildung 18: Modell der Arbeitszufriedenheit (nach Bruggemann et al., 1975)

Von welchen *Persönlichkeits- und Tätigkeits- bzw. Organisationsmerkmalen* kann die AZ des Lehrers abhängen? Zunächst sollen *Persönlichkeitsmerkmale* genannt werden, die einen Einfluß auf die AZ ausüben könnten (vgl. Abbildung 19).

Einstellungen zur Berufstätigkeit, berufliche *Wertorientierungen* bzw. daraus abgeleitete pädagogischen *Handlungsziele* können die AZ beeinflussen. Es werden Schul- und Erziehungseinstellungen unterschieden. Unter beruflichen Wertorientierungen werden schülerorientierte Erziehungs- und Rollenziele verstanden, die ein Lehrer im Unterricht hat. Arbeitseinstellungen und berufliche Wertorientierungen sind Aspekte des subjektiven Standards. Die berufsbezogene *Motivation* und *Anspruchsniveausetzungen*, welche im engen Kontext mit den Einstellungen stehen, können gleichfalls Einfluß auf den AZ-Prozeß nehmen. Des weiteren sind bei der AZ die individuellen *Bewältigungsstile bzw. -prozesse* zu beachten. Hierfür stellt Locke (1976) einen interessanten Ansatz vor: Je nachdem, wie die Person-Umwelt-Beziehung vom Individuum bewertet und bewältigt wird, können bei der AZ-Bildung entsprechende Klassen unterschieden werden.

Unter den Persönlichkeitsmerkmalen sind ferner die *Extra- vs. Introversion* sowie Variablen des *Selbstbild*es (Selbstunsicherheit, Bewertung eigener Arbeitseffektivität) für die AZ relevant. Schließlich sind als *demografische Merkmale* besonders das Alter, die Berufszugehörigkeit, das Geschlecht, der Familienstand und die Kinderanzahl von Interesse.

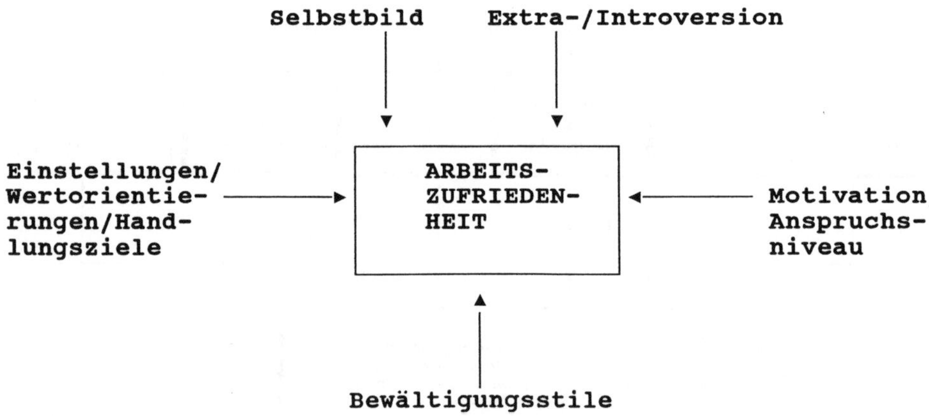

Abbildung 19: Die AZ beeinflussenden Persönlichkeitsmerkmale

Ein zweiter großer Einflußbereich sind *Tätigkeits- und Organisationsmerkmale* (vgl. Abbildung 20). Als Hauptdeterminante der AZ wird die *Lehrer-Schüler-Interaktion* angesehen (Merz, 1979a; Urban, 1992; Rudow, 1988). Allerdings wird dieses Merkmal ambivalent eingeschätzt. Während einige Autoren die Bedeutung der positiven Seiten der Lehrer-Schüler-Beziehung für die Bildung von AZ hervorheben (Littig, 1980), akzentuieren andere die problematische Beziehung des Lehrers zum Schüler im Kontext der AUZ (Elbing & Dietrich, 1982; Krieger et al., 1976). Nach unserem Konzept ist auch für die AZ der *Tätigkeitsspielraum* von Bedeutung. Der Tatbestand, wie frei der Lehrer bei der individuellen Arbeitsgestaltung, d.h. bei der Auswahl von Lehrinhalten, bei der Anwendung von Lehrmethoden, bei der außerunterrichtlichen Tätigkeit usw. ist, dürfte wesentlich die AZ beeinflussen. Die *sozialen Beziehungen* zu Kollegen und zur Schulleitung werden vornehmlich über die Qualität der Kooperation und Kommunikation mit ihnen bestimmt. Sie machen in der Konsequenz die erlebte soziale Unterstützung aus, welche schon in anderen Kontexten thematisiert worden ist und auch die AZ beeinflussen kann. Im engen Zusammenhang mit den sozialen Beziehungen ist der an einer Schule vorherrschende *Führungsstil* zu betrachten. Die Bemühungen der Schulleitung um Disziplin und Ordnung, die Organisation des Schulbetriebes, die Gestaltung des Stundenplans, die Aufgeschlossenheit der Schulleitung für Vorschläge und Hinweise aus dem Kollegium, die Möglichkeit der Mitwirkung des Kollegiums an Leitungsentscheidungen, die Bewertung individueller Leistungen u.a.m. bestimmen das soziale Klima an einer Schule und sollten somit einen Bezug zur AZ haben. Dazu bemerkt Fend (1977, 219) zu Recht: *"..., je stärker die Reglementierung der Lehrer selbst ist, je mehr diese von Entscheidungen ausgeschlossen werden, vielleicht unter dem strengen Regime eines eher konservativen Schulleiters stehen und sich als unterste Stufe einer Bürokratie mit rein ausführenden Kompetenzen empfinden",* desto unwohler fühlen sich die Lehrer. Zu den *materiellen Arbeitsbedingungen* zählen in erster Linie die materiell-räumlichen Verhältnisse der Schule. Urban (1985) und Merz (1979a) ordnen hier ferner die Schulortgröße ein. Ein weiteres für die AZ relevantes Organisationsmerkmal sind die *curricularen Bedingungen*. Darunter sind die wissenschaftliche und didaktische Ausbildung des Lehrers, Lehrplaninhalte sowie das Niveau der Unterrichtsgestaltung zu verstehen. Die *Größe der Organisation "Schule"* kann ebenfalls die AZ beeinflussen. Schließlich sind die *Bezahlung*, das *Berufsimage* in der Öffentlichkeit und die *Karrierechancen* interessant.

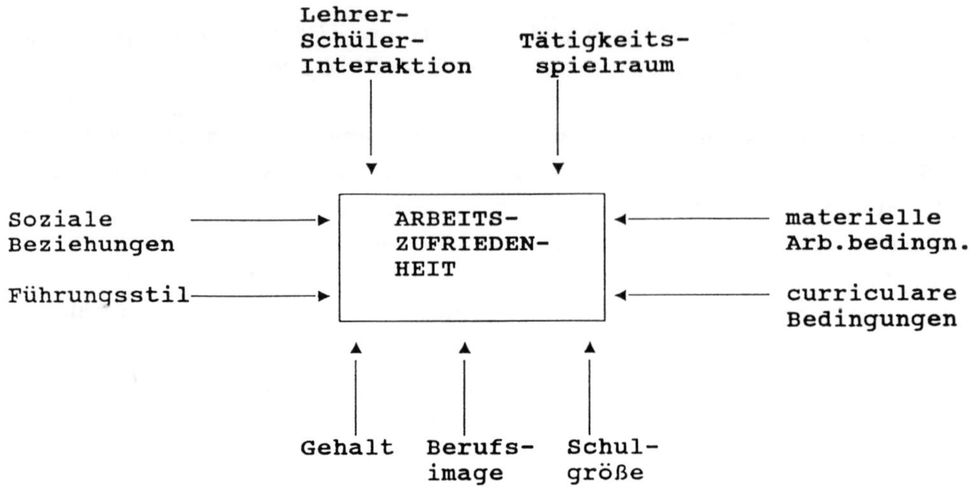

Abbildung 20: Die AZ beeinflussenden Tätigkeits- bzw. Organisationsmerkmale

7.2. Empirische Studien und Ergebnisse

Untersuchungen zur AZ sind im Lehrerberuf relativ häufig durchgeführt worden. Sie weisen unterschiedliches methodisches Niveau auf. Oft wurde die AZ lediglich mit einem Item erfaßt, indem z.B. die Gesichter-Skala von Kunin (1955) Anwendung fand (Mäkinen, 1982; Nieminen, 1984; Laughlin, 1984; Borg & Falzon, 1989). Bekanntlich sind Ein-Item-Messungen kaum reliabel, geschweige denn valide. Bei ihnen wird schlicht davon ausgegangen, daß die AZ eindimensional ist. In all diesen Untersuchungen zeigte sich - international übereinstimmend -, daß Lehrer mit ihrer Arbeit überwiegend zufrieden sind. Beipielsweise konnten Borg & Falzon (1989) feststellen, daß 75,5% mit ihrer Arbeit zufrieden oder sehr zufrieden sind. Bei Roth (1972) gaben 83% der Lehrer Berufszufriedenheit an. Nach Grimm (1993) sind sogar über 90% mit ihrer Berufstätigkeit sehr zufrieden, zufrieden oder eher zufrieden.

Methodisch anspruchsvoller sind die Untersuchungen, welche die AZ sowohl global als Allgemeine AZ und als auch differenziert in Form von Facetten erfassen (Merz, 1979a; Elbing & Dietrich, 1982; Urban, 1985; Rudow, 1988). Außerhalb des deutschsprachigen Raums soll die Arbeit von Prick (1989) hervorgehoben werden, weil sie meines Erachtens die bisher größte internationale Studie zur AZ bei Lehrern ist. Der Autor entwickelte sechs Skalen: Allgemeine AZ sowie die AZ mit dem Schulmanagement, mit dem Arbeitsinhalt, mit den Arbeitsbedingungen, mit den

Kollegen und mit den Karrieremöglichkeiten. (Die Items sind in Prick, 368 ff., aufgeführt.) Ihre Reliabilität und Validität sind sorgfältig geprüft worden. Die Studie wurde an 2103 Lehrern in Holland, Österreich, Belgien, Deutschland, Spanien und Portugal durchgeführt. Es wurden einige interessante Ergebnisse gewonnen:
(1) Die Allgemeine AZ war hoch korreliert mit schülerorientierten Lehreraktivitäten. Sie ist also überwiegend durch den Arbeitsinhalt (im engeren Sinn) bestimmt. Die höchste Korrelation unter allen Subskalen ist zwischen der AZ mit dem Schulmanagement und der AZ mit den Kollegen. Nach Prick (ebenda) sind diese beiden AZ-Facetten besonders durch die Bedürfnisse nach sozialen Beziehungen bzw. sozialer Unterstützung in bzw. im Umfeld der Arbeit bestimmt.
(2) Die Korrelationen zwischen der AZ und dem Lebens- bzw. Berufsalter sind gering. Es wurde jedoch festgestellt, daß Lehrer im mittleren Alter (35-40), d.h. in der "mid-life-crisis", geringere AZ-Werte als jüngere und ältere Kollegen aufwiesen. Überraschend zeigten Lehrer ab 55;0 eine hohe AZ.
(3) Der Vergleich zeigt, daß die Lehrer aller fünf Länder über eine relativ hohe AZ berichten. Dabei gibt es jedoch Unterschiede: Die Lehrer in Österreich zeigen die größte AZ, während ihre Kollegen in Portugal die niedrigsten Werte aufweisen. (Allerdings sind die Stichproben in den einzelnen Ländern unterschiedlich groß, so daß einige Ergebnisse auch Stichprobeneffekte sein können.)

Die AZ wurde relativ häufig im Kontext weiterer Variablen geprüft. Es sind Variablen der psychischen Gesundheit bzw. des Wohlbefindens, Streß, Ermüdung und Burnout, "teacher drop-out", berufliche Wertorientierungen und Erziehungsziele, das Alter und das Geschlecht.

Ich analysierte bei 60 Lehrern die Beziehungen von AZ-Facetten zur chronischen Ermüdung, zum chronischen Streß, zum Wohlbefinden und zu neurotisch-funktionellen Störungen (vgl. Tabelle 20). Die AZ ist integraler Bestandteil des Wohlbefindens im Lehrerberuf; denn nahezu alle AZ-Facetten weisen hochsignifikante Beziehungen zum Wohlbefinden auf. Ein vergleichbares Ergebnis erhielten Pieren & Schärer (1993) bei Schweizer Lehrern, indem sie eine hochsignifikante Korrelation zwischen AZ und seelischer Gesundheit fanden. Interessant sind außerdem die signifikanten Korrelationen einiger AZ-Facetten zum chronischen Streß- und Ermüdungserleben. Eine geringere AZ steht in positiver Beziehung zum Streß- und Ermüdungserleben. Dies stellten auch Tennstädt et al. (1990) fest, indem sie eine hochsignifikante Korrelation zwischen Berufsunzufriedenheit und erlebter Belastung fanden. Ferner sind in der Tabelle signifikante Zusammenhänge zwischen AUZ und neurotisch-funktionellen Störungen erkennbar.

Zwischen der Arbeitsunzufriedenheit und dem Berufsausstieg (drop-out) bzw. der Absicht, den Beruf zu verlassen, scheinen nicht die positiven Beziehungen zu bestehen, die man erwarten könnte. Dies belegen einige Studien. Prick (1989) ließ die AZ von Lehrern und Ex-Lehrern einschätzen. Er kam zu dem überraschenden Ergebnis, daß Ex-Lehrer (retrospektiv) über eine höhere AZ als tätige Lehrer berichten. Ähnliche Ergebnisse konnten in amerikanischen Untersuchungen konstatiert werden. Besonders instruktiv ist die Studie von Erikson et al. (1968). Hier wurde festgestellt, daß "teacher drop-out" überwiegend mit den Erwartungen von Familienmitgliedern und Freunden zusammenhängt. Das Image des Lehrersberufs in der Öffentlichkeit, die (begrenzten) Karrieremöglichkeiten, private Gründe (Mutterschaft, Heirat usw.) u.a.m. scheinen für den Berufsausstieg eine größere Rolle als die (intrinsische) AZ zu spielen. Über mögliche Ursachen vorzeitiger Berufsaufgabe kann ferner eine Untersuchung von Chapman (1984) Auskunft geben. Lehrer, die innerhalb von fünf Jahren aus dem Beruf ausstiegen, unterschieden sich von Nicht-Aussteigern vor allem in der Güte der Verarbeitung pädagogischer Erfahrungen. Beide Gruppen unterschieden sich also im Bewältigungsstil bei beruflichen Belastungen.

Tabelle 20: Signifikante Korrelationen zwischen Variablen der AZ und chronischem Streß- und Ermüdungserleben, Wohlbefinden und neurotisch-funktionellen Störungen (Rudow, 1985) (* p<.05; ** p<.01)

Arbeitszufrieden-heit mit	**chron. Ermüdung**	**chron. Streß**	**Wohlbe-finden**	**neur.-funkt. Störungen**
Schülern			0.50**	
Eltern				- 0.34**
Schulleitung			0.49**	- 0.28*
Kollegen			0.27**	
Fachl.- inhaltlichem			0.58**	
Meth.- didaktischem		- 0.32**	0.36**	
Erziehung/Bildung		- 0.34**	0.45**	- 0.27*
Organisator. Bedgn.		- 0.34**	0.38**	- 0.28*
Mat.- technischem	- 0.40**		0.39**	
gesellschaftl. Bedeutg		- 0.28*	0.59**	
Dienstl./gesell-schaftl. Aufgaben	- 0.42**	- 0.35**	0.33**	- 0.35**
Entw.möglichkeiten			0.42**	
Freizeit/Familie	- 0.50**	- 0.44**	0.42**	- 0.42**
Gesundheit/Wohlbef.	- 0.56**	- 0.49**	0.63**	- 0.50**
Gesamt-AZ	- 0.40**	- 0.42**	0.55**	- 0.45**

Der Beziehung zwischen *beruflichen Wertorientierungen bzw. Handlungszielen* und der AZ gehen Krampen & Schwab (1978) und Merz & Weid (1981) nach. Während erstgenannte Autoren keine statistisch bedeutsamen Beziehungen zwischen beiden Variablen feststellten, unterschieden sich in der anderen Studie zufriedene Lehrer in ihren beruflichen Wertorientierungen von unzufriedenen Lehrern. Zufriedene Lehrer haben einen pädagogischen Idealismus ("Vorbild sein", "Erzieherische Aufgaben erfüllen", "Relativ wenig Wert auf Autorität legen") und zeigen eher Systemkonformismus ("Unterrichtsplan einhalten", "Zu Disziplin und Ordnung erziehen", relativ geringe Gewichtung der Ziele "Eigenständigkeit fördern", "Kreativität fördern"). Ist eine oder sind beide dieser Wertorientierungen gering ausgeprägt, so dürfte Unzufriedenheit resultieren: Der engagierte, aber unangepaßte und progressive Lehrer leidet am Schulsystem; der systemkonforme, angepaßte Lehrer, dem aber das päd[illegible] Engagement fehlt, leidet unter Berufsroutine. Urban (1985) konnte die [illegible] vom Merz & Weid (1981) tendenziell replizieren. Er stellte fest, daß wen[illegible] freudige Lehrer mit ihrem Beruf insgesamt zufriedener als innovationsbere[illegible] sind. Des weiteren fand er eine positive Beziehung zwischen einer ide[illegible] Grundhaltung zur Berufstätigkeit und der AZ.

Zur *Extra- vs. Introversion* liegt ein Ergebnis von Merz (1979a) vor. Di[illegible] daß extravertierte Lehrer mit ihrer Arbeitstätigkeit zufriedener sind. Urb[illegible] stützte das Ergebnis mit der empirischen Feststellung, daß extravertier[illegible] bewußte, durchsetzungsfähige, sozial aktive und integrierte Lehrer eine h[illegible] aufweisen. Freier (1985) fand gleichfalls eine positive Korrelation zwischen [illegible]n *Selbstbild* (Bewertung eigener Arbeitseffektivität) und der AZ.

Die Beziehung der AZ zum *Lebensalter* bzw. zur *Berufszugehörigkeit* w[illegible]schiedlich eingeschätzt. Die Angaben streuen von "kein oder geringer Zusammenhang" über "Tendenz zum positiven Zusammenhang" bis zur "Tendenz zum negativen Zusammenhang". Beim *Geschlecht* zeigt sich eine bestimmte Tendenz. Nach Merz (1979a), Urban (1985) und Borg & Falzon (1989) sind Lehrerinnen insgesamt zufriedener als ihre männlichen Kollegen.

Zur Beziehung zwischen *Tätigkeits- bzw. Organisationsmerkmalen* und AZ lassen sich folgende empirische Ergebnisse anführen:

Die *Lehrer-Schüler-Interaktion* als wesentlichster Arbeitsinhalt ist eine entscheidende Determinante der AZ. In einer Arbeit von Jaycox & Tallman (1967) nannten Lehrer ein positives Verhältnis zu den Schülern als wichtigsten Grund der Berufszufriedenheit. Diese positive Beziehung hat mehr Einfluß auf die AZ als auf die AUZ. Prick (1989) konnte diesen Tatbestand bestätigen. In seiner Studie war die Allgemeine AZ am höchsten korreliert mit den Lehreraktivitäten, welche einen direkten Kontakt mit den Schülern einschließen. Wir konnten gleichfalls die Lehrer-Schüler-Interaktion als Hauptdeterminante der (intrinsischen) AZ des Lehrers bestimmen (Rudow, 1988). Spezielle Aspekte der Lehrer-Schüler-Interaktion wurden von Pieren & Schärer (1993) untersucht: Lehrer, die "Kinder mit Lernschwierigkeiten" und besonders "verhaltensauffällige Kinder" als (chronische) Belastung angaben, wiesen eine geringere AZ auf.

Der *Tätigkeitsspielraum* wurde im Kontext der AZ von Lehrern bislang nicht explizit geprüft. Indirekt erfaßten Elbing & Dietrich (1982) Aspekte dieses Tätigkeitsmerkmals, indem sie die "Möglichkeit, berufliche Anforderungen und persönliche Interessen bzw. Notwendigkeiten in Einklang zu bringen" operationalisierten. Auf das entsprechende Statement antworteten 6,7% der Befragten mit "sehr gut", 42,5% mit "gut", 33,2% mit "mittel", 14,9% mit "schlecht" und 2,7% mit "sehr schlecht". Diese Angaben zeigen eine größere Streuung: Während 5/6 der Befragten damit recht zufrieden sind, macht etwa 1/6 die "Negativ"-Gruppe aus. Eine regressionsanalytische Auswertung belegt die hohe Bedeutung der Variable für die Prognose der Allgemeinen AZ in der Lehrertätigkeit.

Soziale Beziehungen zu den Kollegen bzw. die damit verbundene Kooperation und Kommunikation haben großen Einfluß auf die AZ. Niemann (1970) stellte fest, daß Lehrer, die der Dimension "Allgemeine Zufriedenheit des Lehrers mit seiner beruflichen Situation" zustimmen, überwiegend das gute Verhältnis zu ihren Kollegen betonen. Vergleichbare Ergebnisse fanden Merz (1979a), Urban (1985) und Prick (1989). Urban (ebenda) erfaßte auch die soziale Unterstützung, welche sich als ein wesentlicher Bestandteil dieses Tätigkeitsmerkmals zeigte. In bezug auf die Allgemeine AZ hat sie insbesondere eine Bedeutung für weibliche Lehrer. Demgegenüber scheinen mangelhafte soziale Beziehungen im Kollegium für die AUZ eine geringere Rolle spielen. Darauf weisen die Befunde von Schuh (1962) und Urban (1985) hin; denn bei ihnen rangieren "Spannungen im Kollegium" an unteren Stellen der Störfaktoren bzw. Nachteile des Berufs.

Der *Führungsstil* der Schulleitung hat unterschiedlichen Einfluß auf die AZ. Bei Merz (1979a) lassen sich zwischen unzufriedenen und zufriedenen Lehrern keine signifikanten Unterschiede in der Beurteilung der Statements "Bevormundung durch Schulaufsichtsbehörde" und "Spannungen mit der Schulleitung" finden. Dies wird in der Befragung der österreichischen Lehrer unterstrichen. Hier werden "Spannungen mit der Schulleitung" nur von ganz wenigen Befragten (2,9%) als Nachteil des Lehrerberufs angegeben (Urban, 1985). Anders sehen die Ergebnisse bei Engelhardt (1972), Nias (1980) und insbesondere bei Blase, Dedrick & Strathe (1986) aus. Erstgenannter Autor berichtet über eine vergleichsweise niedrige allgemeine Berufszufriedenheit bei Gymnasiallehrern und führt diese unter anderem auf den Bereich "Autoritärer Führungsstil des Schulleiters" zurück. Dies konnte von Nias (ebenda) bestätigt werden. In der amerikanischen Untersuchung von Blase, Dedrick & Strathe (ebenda) wurde das Führungsverhalten der Schulleitung differenziert mit dem Leader Behavior Descriptions Questionnaire (LBDQ) von Stogdill (1963) erfaßt.

Das Verfahren mißt zwei Dimensionen des Führungsverhaltens: 1. rücksichtnehmendes, um die verschiedenen Belange der Mitarbeiter besorgtes Führungsverhalten (consideration);
2. Verhaltensweisen der Führung, durch die sie die Aufgaben der Mitarbeiter bzw. des Kollegiums betont und die Arbeit derselben strukturieren hilft (initiating structure).

Es konnte festgestellt werden, daß bei starker Ausprägung beider Führungsdimensionen die Allgemeine AZ hoch ist, während bei starker Ausprägung nur einer Führungsdimension die AZ bedeutend geringer ist.

Zwischen Führungsstil der Schulleitung und sozialen Beziehungen im Kollegium scheinen sehr enge Beziehungen zu bestehen. Darauf weisen die Korrelationsanalysen zwischen beiden Organisationsmerkmalen von Rudow (1986) und Prick (1989) hin. Je autoritärer, dogmatischer der Führungsstil ist, desto eher treten Spannungen im Kollegium auf.

Zu den *materiellen Arbeitsbedingungen* liegen Ergebnisse von Merz (1979a), Elbing & Dietrich (1982), Urban (1985) und Pieren & Schärer (1993) vor. Merz (ebenda) fand bei Volksschullehrern niedrige Zufriedenheitswerte bezüglich der schulischen Ausstattung. Bei Elbing & Dietrich (ebenda) werden die Arbeitsbedingungen überwiegend positiv eingeschätzt. "Nur" 14,3% bewerten die Arbeitsbedingungen als "schlecht" oder "sehr schlecht". Die relativ große Gruppe im Mittelbereich ("unentschieden") weist auf ein beträchtliches Ausmaß ambivalenter Bewertung materieller Arbeitsbedingungen hin. Nach Urban (ebenda) scheinen österreichische Hauptschullehrer mit der Schulausstattung einschließlich räumlicher Verhältnisse zufriedener zu sein. Bei Pieren & Schärer (1993) haben 46,5% der befragten 522 Schweizer Lehrer mangelhaftes Raummaterial (Pulte, Stühle usw.) als Belastung angegeben. Es besteht eine signifikant negative Beziehung zwischen "Raummaterial" und AZ.

Die *Lage der Schule* scheint keinen wesentlichen Einfluß auf die Zufriedenheit der Lehrer auszuüben. Es zeigt sich lediglich die Tendenz, daß Lehrer in kleineren Orten etwas zufriedener sind. Dies könnte mit dem sozialen Status des Lehrers, mit persönlichen Lehrer-Schüler-Kontakten, mit kürzeren Wegen zwischen Schule und Wohnung, mit der geringeren Anonymität usw. zusammenhängen.

Bei den *curricularen Bedingungen* scheinen Gymnasiallehrer im Vergleich mit Grundschul- und Hauptschullehrern eine geringere AZ zu zeigen. Darauf weisen die Studien von Engelhardt (1972) und Merz (1979a) hin. Grundschullehrer haben den höchsten Gesamtzufriedenheitswert. Diese Resultate lassen sich vielleicht mit dem Anspruchsniveau der betroffenen Lehrergruppen erklären. Während sich Gymnasiallehrer eher fachorientiert zeigen, heben Grund- und Hauptschullehrer mehr den pädagogischen Aspekt ihrer Tätigkeit hervor. Und je größer die Fachorientierung ist, desto stärker scheint die Berufsunzufriedenheit zu sein (vgl. Littig, 1980).

Mit steigender *Schulgröße* wird eine abnehmende AZ erwartet. Engelhardt & Lück

(1973) fanden, daß Lehrer an kleinen Schulen mit max. 12 Klassen gegenüber Lehrern aus großen Schulen zufriedener waren. Dies kann auf bessere persönliche Beziehungen zu Vorgesetzten und Kollegen in kleinen Schulen zurückgeführt werden. Es ist bekannt, daß größere Organisationen im Informationsfluß, in den hierarchischen Beziehungen, in den sozialen Kontakten usw. intransparenter sind, was sich negativ auf die AZ auswirken kann.

Zur Zufriedenheit mit der *Bezahlung* liegen im deutschsprachigen Raum weitgehend übereinstimmende Ergebnisse von Merz (1979), Elbing & Dietrich (1982) und Urban (1985) vor. Hier herrscht unter den Lehrern eine geteilte Meinung vor. Etwa ein Viertel der Befragten sind der Meinung, daß sie im Vergleich zu anderen Berufen schlecht bezahlt werden. Ca. 50% der Lehrer schätzen ihre Bezahlung als "mittelmäßig" ein. Allerdings hat die Meinung über die Bezahlung einen recht geringen Einfluß auf die AZ.

Insgesamt sind Lehrer mit ihrem *Image in der Öffentlichkeit* eher unzufrieden als zufrieden. Es trifft auf deutsche wie auf österreichische Lehrer zu (Merz, 1979a; Elbing & Dietrich, 1982; Urban, 1985). Dieses Phänomen wird mit dem Einzug demokratischer Strukturen ins Schulwesen und der damit verbundenen Zunahme der Kritisierbarkeit und der Angreifbarkeit des Lehrers erklärt. Auf die Allgemeine AZ scheint das Image jedoch einen geringen Einfluß zu haben.

Die *Karrierechancen*, speziell die beruflichen Aufstiegsmöglichkeiten, werden von Lehrern überwiegend negativ beurteilt (vgl. Elbing & Dietrich, 1982). Sie scheinen aber im geringen Zusammenhang mit der Allgemeinen AZ zu stehen.

7.3. Forschungsstand und Folgerungen

(1) Die Ausprägung der AZ ist im Lehrerberuf differenziert zu sehen. Insgesamt sind Lehrer mit ihrer Arbeitstätigkeit zufrieden. Dies betrifft gleichfalls die AZ-Facetten "Lehrer-Schüler-Interaktion" bzw. "Unterrichtstätigkeit" und "Beziehungen zu den Kollegen und zur Schulleitung". Die AZ ist im Durchschnitt geringer und wird unterschiedlich in bezug auf materielle und curriculare Bedingungen eingeschätzt. Relativ gering ist die Zufriedenheit mit der Bezahlung und dem Image sowie mit den Weiterbildungs- und Karrieremöglichkeiten. Hier fällt auf, daß die Zufriedenheit besonders bei den Tätigkeitsmerkmalen (im eigentlichen Sinne), die den Arbeitsinhalt ausmachen, höher ausgeprägt ist. Diese stehen in enger Beziehung zur Allgemeinen AZ. Demgegenüber liegt bei den eigentlichen Organisationsmerkmalen (Bezahlung, Weiterbildung, Verwaltung, Image, Karrierechancen usw.) eine geringere Zufriedenheit vor. Es zeigt sich, daß bei Lehrern intrinsische Aspekte der Arbeit einen größeren Einfluß auf die Allgemeine AZ als extrinsische haben. Dies stimmt mit Befunden überein, nach denen in höher qualifizierten Berufen intrinsische Aspekte dominant

sind, während Aspekte des Arbeitskontextes in weniger qualifizierten Berufen in ihrem Einfluß auf die AZ erheblich an Gewicht gewinnen (vgl. Fischer, 1989).

Eine entscheidende Frage besteht darin, was mit dem Gesamtmaß und den Einzelmaßen der AZ überhaupt erfaßt wird: überwiegend Persönlichkeitsmerkmale oder überwiegend Arbeitssituationsmerkmale oder Interaktionsmerkmale von Persönlichkeit und Arbeitssituation? Mir scheint, daß mit der Allgemeinen AZ eher Einstellungen der Lehrer zu ihrer pädagogischen Tätigkeit gemessen werden. Diese Meinung wird unterstützt durch Borg & Fritzsche (1988), nach denen direkte Allgemeinheitsurteile zur Zufriedenheit stärker persönlichkeitsabhängig sind als Summenscores aus spezifischen Fragen. Die hohe Allgemeine AZ könnte demnach in erster Linie ein Indikator für die positive Einstellung der Lehrer zu ihrer Arbeit besonders mit dem Schüler sein. Dafür sprechen auch die signifikanten Korrelationen der Allgemeinen AZ zu den Merkmalen des Arbeitsinhalts, die sich eben hauptsächlich auf schülerorientierte Tätigkeiten beziehen. Die Einzelmaße der AZ, die sich auf extrinsische oder Arbeitskontextmerkmale beziehen, scheinen weniger einstellungs- bzw. motivationsabhängig zu sein. Hier erfolgt eine stärkere, häufig kritische Reflexion von Organisationsmerkmalen, zumal sie oft als fern von der eigentlichen Arbeit oder gar als Störfaktoren erlebt werden.

An dieser Stelle bietet es sich an, auf den scheinbaren Widerspruch zwischen der erlebten AZ als Bestandteil des Wohlbefindens und den gleichzeitig stärker ausgeprägten Streß- und Burnouterscheinungen einzugehen (vgl. Hofer, 1986). Ich bin der Meinung, daß Allgemeine AZ, Streß oder BO voneinander relativ unabhängige Befindenszustände mit unterschiedlichen Determinanten sind. Während die AZ überwiegend einstellungs- und motivationsbedingt ist, dürften Streß oder BO weitaus stärker von Belastungsfaktoren bestimmt sein. Erlebte Belastungen haben wahrscheinlich erst dann einen bedeutsamen Einfluß auf die AZ, wenn sie hoch und anhaltend sind und somit negative Beanspruchungsfolgen hervorrufen.

(2) Die AZ weist nach unserem Konzept der psychischen Gesundheit besonders Bezüge zu den Befindensbeeinträchtigungen, zur Abwesenheit von Befindensbeeinträchtigungen und zum Wohlbefindens auf (vgl. Kapitel 2.2.). Wieweit und welche Beziehung die AZ zur gesundheitsrelevanten Handlungs- und Tätigkeitskompetenz hat, ist bislang ungeklärt. Da der Zusammenhang zwischen AZ und Leistung nicht so einfach ist, wie er häufig gesehen wird, können auch keine simplen Annahmen über die Beziehung von AZ und Handlungskompetenz gemacht werden.

(3) Persönlichkeitsrelevante Einflußfaktoren auf die AZ sind weder systematisch noch theoriegeleitet geprüft worden. Besonders sollen die Untersuchungsansätze hervorgehoben werden, die sich auf Motive, Handlungsziele und Wertorientierungen beziehen. Gemäß unserem theoretischen Konzept dürften sie bei der Herausbildung von AZ eine besondere Bedeutung aufweisen. In dem Kontext sollte auch die Analyse von Erwartungen an die Berufstätigkeit eine Rolle spielen. Darüber hinaus ist es notwen-

dig, individuelle Bewertungs-, Bewältigungs- oder Handlungsstile in der Lehrertätigkeit in ihrer Relevanz für die AZ zu analysieren.

(4) Tätigkeits- und Organisationsmerkmale, die einen Einfluß auf die AZ haben könnten, wurden weitgehend geprüft. Hierbei ist es jedoch erforderlich, die Lehrer-Schüler-Interaktion sowie den Tätigkeits- und Handlungspielraum als zentrale Einflußvariablen differenzierter zu prüfen. Ferner sollten weitere wichtige Tätigkeits- und Organisationsmerkmale, wie z.B. die Weiterbildungsmöglichkeiten, die Führung und Organisation des Schulbetriebes (Schulmanagement), detailliert untersucht werden.

(5) Es überwiegen einfache Zusammenhangsanalysen zwischen der AZ und Persönlichkeits- oder Tätigkeitsmerkmalen. Da die AZ aber komplex determiniert ist, wobei Persönlichkeits- und Tätigkeitsmerkmale miteinander agieren, sollten in Zukunft Studien durchgeführt werden, die dieser Komplexität stärker Rechnung tragen.

(6) Methodisch reicht es nicht aus, die AZ nur mit einem Item zu erfassen. Der Mehrdimensionalität der AZ kann man nur mit einer diagnostischen Methode gerecht werden, das in quantitativer Weise verschiedene AZ-Facetten erfaßt. Hierfür liegt u.a. das Verfahren von Merz (1979a) vor. Es sollte unter Berücksichtigung anderer wichtiger AZ-Facetten (siehe oben, Absatz 4) weiterentwickelt werden. Grundsätzlich ist kritisch anzumerken, daß die methodisch-empirische Forschung zur AZ im Lehrerberuf seit Ende der 70er Jahre stagniert. Zur Überwindung dieser Situation sollte sie sich mehr an einem theoretischen Modell orientieren (vgl. Fischer, 1991). Die Verbreitung relativ theoriefreier Meßmethoden in der Lehrerforschung begünstigt die Auffassung, daß AZ-Skalen über genügende "face-validity" verfügten und damit einer theoretischen Untermauerung nicht bedürfen. Gemessen an den formulierten theoretischen Sätzen und Ansprüchen an die AZ wird aber auch deutlich, daß zur Verfügung stehende Methoden ihnen keinesfalls genügen. Demzufolge ist eine Weiterentwicklung der Meßmethoden zur AZ des Lehrers nur auf der Grundlage theoretischer Konzepte möglich. Beispielsweise ist eine interessante Frage, wieweit sich nach dem Modell von Bruggemann et al. (1975) qualitative AZ-Dimensionen im Lehrerberuf bestimmen lassen.

7.4. Zusammenfassung

(1) Die AZ als wesentlicher Bestandteil des Wohlbefindens hat eine Bedeutung in bezug auf die Bewertung der Arbeitstätigkeit, den Krankenstand, die Fehlzeiten, den Berufsausstieg bzw. die Fluktuation und die Arbeitsleistung im Lehrerberuf. Ihre

Beziehung zu diesen Phänomenen ist komplex, weil sie in der Regel von mehreren Einflußfaktoren bestimmt wird.

(2) In entsprechenden Theorien wird die AZ als Einstellung zur Arbeitssituation, als Variable der Bedürfnisse und Motivation, als emotionaler Zustand oder als Persönlichkeitsvariable verstanden. Neuere theoretische Ansätze versuchen die AZ auf der Grundlage der Tätigkeitstheorie als Phänomen der Arbeitstätigkeit zu konzeptualisieren.

(3) Die AZ weist quantitative und qualitative Faktoren auf. Die Anzahl dieser Faktoren konnte bisher allerdings empirisch noch nicht exakt nachgewiesen werden.

(4) Als Persönlichkeitsmerkmale, welche die AZ beeinflussen können, kommen die Einstellungen zur Berufstätigkeit, berufliche Wertorientierungen und pädagogische Handlungsziele, die Extra- und Introversion und Variablen des Selbstbildes in Frage. Empirisch konnte bisher vor allem der Zusammenhang zwischen beruflichen Wertorientierungen und AZ belegt werden.

(5) Als AZ-beeinflussende Tätigkeits- und Organisationsmerkmale sind die Lehrer-Schüler-Interaktion, der Tätigkeits- und Handlungsspielraum, die sozialen Beziehungen, der Führungsstil der Schulleitung, materielle und curriculare Bedingungen zu beachten.

(6) Nach übereinstimmenden Untersuchungsergebnissen sind Lehrer mit ihrer Arbeitstätigkeit überwiegend zufrieden. Die Diagnostik der AZ im Lehrerberuf erfolgte dabei unterschiedlich differenziert. Sie genügt zumeist nicht den theoretischen Ansprüchen.

Kapitel 8. Prävention und Intervention: Maßnahmen gegen Fehlbelastungen bzw. negative Beanspruchungsreaktionen und -folgen

Supervision, Fortbildung und Beratung? Von außen passiert viel zuwenig. Es gibt die obligatorischen Angebote der Lehrerfortbildung. Notwendig wäre ein Erfahrungsaustausch zwischen Hochschule und Schule, mehr Kooperation zwischen Behörden, Schule und Hochschule.
(Lehrer D.M., Die Zeit, 2.4.1993).

8.1. Einführung

Belastungs- und Beanspruchungsanalysen, die ausschließlich auf den Status quo der Lehrertätigkeit gerichtet sind, bleiben weitgehend unwirksam, wenn sie nicht in Maßnahmen zur Prävention und Intervention von negativen Beanspruchungsreaktionen und -folgen sowie zur Förderung positiver Beanspruchungsreaktionen und -folgen bzw. der Gesundheit einmünden. Deshalb sollen im abschließenden Kapitel entsprechende Strategien und Methoden dargestellt werden. Es wird versucht, ausgehend von empirischen Ergebnissen zur Belastung und Beanspruchung im Lehrerberuf Möglichkeiten der Psychoprophylaxe und -hygiene darzulegen. Das Ziel all dieser Maßnahmen besteht darin, die Arbeitstätigkeit des Lehrers zu humanisieren. Dabei werden als "*human*" solche Arbeitstätigkeiten bezeichnet, *"die die psychophysische Gesundheit der Arbeitstätigen nicht schädigen, ihr psychosoziales Wohlbefinden nicht - oder allenfalls vorübergehend - beeinträchtigen, ihren Bedürfnissen und Qualifikationen entsprechen, individuelle und/oder kollektive Einflußnahme auf Arbeitsbedingungen und Arbeitssysteme ermöglichen und zur Entwicklung ihrer Persönlichkeit im Sinne der Entfaltung ihrer Potentiale und Förderung ihrer Kompetenzen beizutragen vermögen"* (Ulich, 1992, 122). Auf die Notwendigkeit der Humanisierung der Lehrertätigkeit weist auch nachdrücklich die Lehrerin K. S. hin: *"Der soziale Bereich - Sonderpädagogik, Schulpsychologen - wird sehr vernachlässigt. Und manchmal denke ich, es müßten noch viel mehr spektakuläre Fälle eintreten, damit die Politik und die Öffentlichkeit merken, daß der soziale Bereich wieder ausgebaut werden muß"* (Die Zeit, 2.4.1993).

Humanisierung des Lehrerberufs erfordert einerseits die leistungs-, gesundheits- und persönlichkeitsförderliche Gestaltung der Arbeitstätigkeit und andererseits Interventionen zur leistungs-, gesundheits- und persönlichkeitsförderlichen Verhaltensänderung des Lehrers. Die Gestaltung der Arbeitstätigkeit des Lehrers ist nicht ohne die Entwicklung der Organisation Schule möglich. Demgemäß kann, wenn die Arbeitstätigkeit des Lehrers humanisiert werden soll, die Schule als Organisation nicht unverändert bleiben. Ansätze und Methoden zur Gestaltung der Arbeitstätigkeit des Lehrers einschließlich ihrer Organisation und individuum- bzw. gruppenbezogene Ansätze und Methoden sind keinesfalls - wie es in diesem Kapitel aus didaktischen Gründen erfolgt - getrennt oder gar unabhängig voneinander zu vollziehen, sondern sie sind bei der Humanisierung der Lehrertätigkeit gleichermaßen bedeutsam und sollten in dem Sinne realisiert werden. Arbeits- und organisationsbezogene Maßnahmen reichen allein zur Humanisierung nicht aus, wenn die notwendigen individuellen Handlungsvoraussetzungen (Fähigkeiten, Motivation usw.) zur Nutzung von Arbeitsveränderungen fehlen. Individuum- und gruppenbezogene Interventionen bleiben begrenzt wirksam, wenn der Lehrer die erworbenen Handlungskompetenzen aufgrund mangelhafter Arbeitsbedingungen schwer oder nicht umsetzen kann. Kurzum: Aus- und Fortbildungsmaßnahmen für den Lehrer ersparen grundsätzlich nicht Maßnahmen der Arbeits- und Organisationsgestaltung et vice versa.

Ferner ist zu bedenken, daß Maßnahmen der Prävention und Intervention nicht nur der Humanisierung dienen, sondern auch Ausdruck zunehmender Professionalisierung der Lehrertätigkeit sind. Die Lehrertätigkeit verlangt mehr denn je nach professioneller Ausbildung und Gestaltung.

8.2. Arbeits- und organisationsbezogene Maßnahmen

8.2.1. Gestaltung von Arbeitsaufgaben

Die Bedeutung von Arbeitsaufgaben, mithin in der Lehrertätigkeit, wird durch ihren hohen Stellenwert in der Arbeitspsychologie transparent. Bei Volpert (1987, 14) heißt es z.B.: *"Der Charakter eines "Schnittpunktes" zwischen Organisation und Individuum macht die Arbeitsaufgabe zum psychologisch relevantesten Teil der vorgegebenen Arbeitsbedingungen"* (siehe auch Kapitel 2.1.).

In der Lehrertätigkeit ist eine Vielzahl von Aufgaben gegeben (siehe ausführlich Kapitel 4.) Diese unterscheiden sich etwas in Abhängigkeit von den Funktionen des Lehrers (Fachlehrer, Klassenlehrer, Schulleiter usw.). Nach den empirischen Befunden stellt diese Aufgabenvielfalt mehr eine quantitative als qualitative Arbeitsbelastung dar. Deshalb stellt sich zunächst die Frage, wie durch eine veränderte Aufgabengestaltung diese quantitative Überforderung und teilweise qualitative Unterforderung überwunden werden kann. Dafür sollen im folgenden einige *Vorschläge* unterbreitet werden:

(1) Es sind besonders jene Arbeitsaufgaben zu reduzieren, welche nicht unmittelbar mit der pädagogischen Tätigkeit zusammenhängen, relativ zeitaufwendig und z.T. anspruchslos sind. Dazu zählen vor allem *Verwaltungsaufgaben*, die einen (zu) großen

Anteil an der gesamten Lehrertätigkeit haben (siehe Kapitel 4.). Pointiert heißt dies: Aus dem "Lehrer als Verwalter" sollte wieder ein "Lehrer als Pädagoge" werden. Dies könnte erreicht werden, indem beispielsweise zur Organisation und Erfüllung vieler anfallender Organisations- und Verwaltungsarbeiten an der Schule ein dafür kompetenter (Schul-)Manager eingesetzt wird. Oder der Lehrer sollte - falls dies nicht realisierbar ist - in der Aus- und Weiterbildung auf Organisations- und Verwaltungsaufgaben besser vorbereitet werden. Eine weitere Möglichkeit ist die Verminderung von Unterrichtsstunden für Lehrer mit vielen Organisations- und Verwaltungsaufgaben.

(2) Ein Schwerpunkt der Aufgabengestaltung sollte die Veränderung curricularer Bedingungen, insbesondere von *Lehrplänen* sein. Lehrer klagen häufig über die große Fülle des Unterrichtsstoffes. Deshalb sollte überprüft werden, welche Lehrplaninhalte gestrichen werden können, ohne daß dabei ein Qualitätsverlust in Kauf genommen werden muß. Eine wesentliche Reserve dürfte hierbei in der Orientierung auf ganzheitliche Problembetrachtungen liegen, womit ein überwiegend faktenbezogener Unterricht überwunden werden kann. Zur Entlastung der Lehrer kann auch ein fächerübergreifender Unterricht beitragen.

(3) Eine weitere Möglichkeit besteht in der Veränderung der *Unterrichtsmethodik.* Der Frontalunterricht, in dem der Lehrer oft (nervlich und sprachlich) überfordert und der Schüler geistig unterfordert ist, sollte zugunsten von Gruppenarbeit im Projektunterricht reduziert werden. Fragt man Schüler nach ihren Vorstellungen von einem anderen Unterricht, so werden Meinungen geäußert, die auf ein Durchbrechen des starren Frontalunterrichts abzielen. Gewünscht werden 1. ein Aufgabenwechsel (mehr Gestaltungs- und spielerische Aufgaben), 2. Veränderungen in der Präsentationsform (Schüler möchten selbst aktiv sein und die Lernformen mitbestimmen) und 3. ein Lernortwechsel unter der Maxime "raus aus dem Klassenzimmer" (Hagstedt, 1980, 36 ff.). Solche Lern- bzw. Lehrformen dürften nicht nur die Schüler, sondern auch für die Lehrer entlastend sein und zum Wohlbefinden beitragen. Denn dabei nimmt er mehr die Rolle des schülerzentrierten Beraters als die des "lehrerhaft" Dozierenden ein. Außerdem kann dadurch der Unterricht stärker individualisiert werden.

(4) Grundsätzlich sollte dem Lehrer bei der Erfüllung der Arbeitsaufgaben mehr *Autonomie, Verantwortung und Kompetenz* zugebilligt werden. Demgemäß sind Lehrpläne und weitere curriculare Vorgaben so zu gestalten, daß er einen größeren Handlungs- und Entscheidungsspielraum bei der Auswahl und Vermittlung von Lehrinhalten, bei der inhaltlichen und zeitlichen Planung des Schuljahres, bei der Wahl von Unterrichtsmethoden usw. hat. Es ist sogar zu überlegen, ob man von der starren Stundenplan- und Fächereinteilung nicht abgehen sollte.

8.2.2. Gestaltung von Arbeitsbedingungen

8.2.2.1. Die Arbeitszeit

Unter den Arbeitsbedingungen nimmt in den Diskussionen zur Belastung der Lehrer die *Arbeitszeit* eine herausragende Stellung ein. In zahlreichen Studien konnte festgestellt werden, daß die gesamte Arbeitszeit der Lehrer im Durchschnitt weitaus größer als in vielen anderen Berufsgruppen ist (vgl. Kapitel 4.). Die Studien zeigen ferner, daß mit zunehmender Arbeitszeitverkürzung in anderen Berufen die Arbeitzeit der Lehrer relativ ansteigt. Wochenend- und Urlaubsarbeit verstärken noch diesen Trend. Die Verkürzung der Arbeitszeit des Lehrers ist also zugleich ein politisches wie wissenschaftliches Problem. In einer Zeit, in der andere Gewerkschaften für die 35-Stunden-Woche eintreten, kann eine 45-Stunden-Woche von Lehrern nicht akzeptiert werden. Demzufolge ist die Forderung zur Reduzierung der Lehrerarbeitszeit vollauf berechtigt. Diese erhält auch eine pädagogische Begründung; und zwar nimmt die Zuwendungszeit (Unterrichtsvor- und -nachbereitung) für jede Unterrichtstunde mit der wachsenden Anzahl der Pflichtstunden des Lehrers ab. Durch die hohe Pflichtstundenzahl verschlechtert sich zwangsläufig die Qualität der pädagogischen Arbeit.

Bei der Gestaltung der Arbeitszeit sollten ferner differentialpsychologische Gesichtspunkte stärker beachtet werden. Es ist beispielsweise zu überlegen, ob Junglehrer und ältere Lehrer eine Arbeitszeitverkürzung erhalten. Bekanntlich benötigen Junglehrer bedeutend mehr Zeitaufwand für die Unterrichtsvor- und -nachbereitung als Lehrer "in den besten Berufsjahren". Ältere Lehrer brauchen hingegen die frei gewordene Zeit zur Weiterbildung, in der die Aneignung modernen Wissens, moderner Lehrmethoden usw. erfolgen kann, und zur altersbedingten längeren Erholung.

Die *Unterrichtspause* muß ebenfalls Gegenstand der Arbeitsgestaltung sein. Bekanntlich ist die Erholungsfunktion von Arbeitspausen beim Lehrer eingeschränkt (siehe Kapitel 4). Deshalb sollte unter allen Umständen dem Lehrer im Verlaufe des 5- bis 6-stündigen Unterrichtsvormittags wenigstens eine größere Pause ermöglicht werden, die tatsächlich der Ruhe, Entspannung und Erholung dient. In ihr sollte er von jeglichen beruflichen Pflichten freigehalten werden.

Mit dem Ziel der Verringerung der Gesamtarbeitszeit ist ein mögliches *Sabbatjahr* in zeitlichen Abständen zu erwägen. Es sollte besonders für ältere Lehrer in Frage kommen. Die in diesem Jahr zur Verfügung stehende freie Zeit könnte für die obligatorische und persönliche Weiterbildung, für die Arbeit mit Eltern, in der Öffentlichkeit und besonders zur Regeneration genutzt werden. Auf diese Weise könnte auch einer frühzeitigen Pensionierung vorgebeugt werden.

8.2.2.2. Weitere Arbeitsbedingungen

Eine wesentliche Arbeitsbedingung des Lehrers sind die *Klassengrößen*. Wir konnten schon konstatieren, daß überhöhte Klassenfrequenzen ein häufig genannter subjektiver Belastungsfaktor darstellt (vgl. Kapitel 4.). Demgemäß sind Konsequenzen zur Verringerung der Klassengröße zu ziehen. Schon in den bildungspolitischen Vorstellungen des Deutschen Gewerkschaftsbundes vom März 1982 ist die Forderung enthalten, Klassen mit nicht mehr als 25 Schülern zu besetzen. Obwohl dieser Richtwert - bedingt durch die geburtenschwachen Jahrgänge - vorübergehend erreicht wurde, zeigt sich gegenwärtig wieder der Trend zunehmender Klassengrößen. Gegenwärtig sind die Verantwortlichen schon froh, wenn in keiner Klasse mehr als 32 Schüler sind. Dies bedeutet aber eine zunehmende psychische Belastung für den Lehrer. Dem könnte etwas entgegengewirkt werden, indem zumindest für zusätzliche Fächerangebote Mindestgruppengrößen vorgeschrieben werden.

Der *bauliche und ästhetische Zustand* von Schulen und Klassenräumen ist ebenfalls ein Problem, und dies nicht nur in den neuen Bundesländern. Damit im Zusammenhang steht die Gestaltung von Arbeitsbedingungen wie Lärm, Licht, Klima und Farbe. Gegenwärtig zeichnet sich leider vor allem auf Grund der allgemeinen Sparmaßnahmen in Bund und Ländern ab, daß solche Arbeitsbedingungen des Lehrers (und Lernbedingungen des Schülers) wenig Beachtung finden werden.

Im Rahmen des Streßmanagements in der Schule ist die *soziale Unterstützung* von Bedeutung. Aus den empirischen Untersuchungsergebnissen zu "social support" bei Lehrern kann nur die Forderung abgleitet werden, ihnen mehr und gezielt soziale Unterstützung zu geben. Denn *"es dürfte wohl wenige Berufe geben, in denen man so wenig kooperiert wie im Lehrerberuf"* (Kretschmann, 1990, 57). Die Verbesserung der Kooperation kann in verschiedenen Formen erfolgen. Grundsätzlich sollte die Schaffung sozialer Unterstützungssysteme für Lehrer integraler Bestandteil schulorganisatorischer Maßnahmen sein. Dazu zählen erstens *Selbsthilfegruppen*, die Lehrer mit ähnlichen Erfahrungen spontan, regelmäßig oder zu bestimmten Anlässen zwecks Diskussion von gemeinsamen Problemen bilden. Dies könnte auch in Form von Workshops über mehrere Tage erfolgen (vgl. z.B. Kearney & Turner, 1987). Zweitens ist die *kollegiale Supervision* durch dafür ausgebildete, erfahrene Pädagogen oder Psychologen - in der Regel durch sog. Beratungslehrer oder Schulpsychologen (vgl. Grewe, 1990) - eine wichtige Maßnahme. Dabei verstehen wir allgemein unter Supervision die Reflexion von beruflichen Problemen mit dem Ziel, die pägagogischen Handlungskompetenz besonders in schwierigen Situationen zu entwickeln. Durch gezielte, mit den Lehrern abgesprochene, gegebenenfalls videogestützte Supervision können wertvolle Rückmeldungen gegeben werden. Besonders für den Junglehrer können sie hilfreich sein. Für die kollegiale Supervision bei Lehrern haben

Rotering-Steinberg (1990) und Mutzeck (1989) Konzepte entwickelt, die auch der Bewältigung von "Streß"problemen im Berufsalltag dienen können.

Dem *Führungsstil an der Schule* kommt eine große Bedeutung zu. Ein sozial-integrativer Führungsstil sollte Supervisionen beinhalten, die nicht als autoritäre Kontrolle, sondern als echte Hilfe vom Lehrer verstanden werden. Ebenso sollten kollegiale Beratungen des Lehrers in schwierigen Situationen, d.h. Coaching, zum Selbstverständnis gehören. Es sollten ferner Lehrerkonferenzen und sog. Pädagogische Tage bedeutend stärker als bisher zur Thematisierung der Lehrerbelastung und -gesundheit genutzt werden. Viele Lehrer kritisieren die übliche Konferenzpraxis, weil sie viele Mängel aufweist (vgl. Pieper, 1986). Themen zur Belastung und Gesundheit sollten, wenn sie gut vorbereitet und gestaltet werden, eine positive Resonanz finden.

Da der Schulleiter eine Schlüsselrolle beim Krisenmanagement einnimmt, ist es empfehlenswert, ihn durch Trainingskurse besser auf die Prävention bzw. das Management von Belastungen bzw. Konflikten an der Schule vorzubereiten. Meines Wissens führt gegenwärtig nur das Institut für Schulentwicklungsforschung in Dortmund Kurse zur Weiterbildung von Schulleitern durch. In ihnen sollten auch o.g. Themen Berücksichtigung finden.

Ein weiterer Ansatz zur Vermeidung von Fehlbelastungen bei Lehrern ist die *Aus- und Weiterbildung*. Der Themenkreis Arbeit-Belastung-Gesundheit-Leistungsfähigkeit sollte schon in die Ausbildung von Lehrern integriert werden. Die Gesundheitserziehung und -aufklärung sollte sich nicht nur - wie es in der Regel der Fall ist - auf die Schüler beziehen, sondern ebenfalls auf die Tätigkeit des Lehrers. Es ist ferner zu überlegen, ob Streßmanagementkurse in die Ausbildung aufgenommen werden können. Meines Erachtens könnte man auf diese Weise dem "Praxisschock" vieler Lehrer in den ersten Berufsjahren besser vorbeugen. Streßmanagementkurse (Trainings, Workshops usw.) sollten aber auf jeden Fall fester Bestandteil der Weiterbildung werden. Während in den angelsächsischen Ländern solche Kurse in der Weiterbildung von Lehrern fest etabliert sind, spielen sie in Deutschland bislang kaum eine Rolle.

Ein anderes Präventions- bzw. Interventionsfeld ist die *schulpädagogische und schulpsychologische Beratung*. Hier sollte eine wichtige Aufgabe des Schulpsychologen, aber auch des Beratungslehrers sein, unter anderem auf solche Probleme der Kollegen einzugehen, die "Streß" (im weitesten Sinne) betreffen. Schulische Beratung sollte mehr als psychosoziale Hilfe für Lehrer verstanden werden (vgl. Sieland, 1990). Dieser Funktion kann sie aber nur gerecht werden, wenn die Gesundheitsberatung integraler Bestandteil wird. Dies setzt aber eine gezielte Ausbildung von Schulpsychologen und Beratungslehrern voraus. Die Kompetenz zur Gesundheitsberatung ist gegenwärtig bei ihnen eher gering; denn die Beratungsarbeit der Schulpsychologen und Beratungslehrer bezieht sich als Einzelfallanalyse fast ausschließlich auf Lern- und Verhaltensschwierigkeiten von Schülern. Sie sollte jedoch - mehr systembezogen - auf die Lehrer und die Schulleitung erweitert werden (vgl. Rüdiger, 1990).

8.3. Gruppen- und individuumbezogene Maßnahmen

8.3.1. Streßmanagement

8.3.1.1. Entspannungsübungen

Zur Entspannung eignen sich besonders zwei Methoden: das Autogene Training und die Progressive Muskelrelaxation nach Jacobson. Ihre Wirksamkeit ist mehrmals belegt worden. Da das Autogene Training in Deutschland populärer ist, soll hier besonders auf die Progressive Muskelrelaxation (im folgenden PMR) eingegangen werden.

Entspannungsübungen dienen als Hilfe zur Verbesserung der Verhaltenskontrolle. Sie haben das Ziel, Gefühle besser zu regulieren bzw. negative Gefühle (Angst, Ärger, Wut usw.) aufzufangen oder abzubauen. Dadurch ist eine Voraussetzung für eine sachliche Planung und Verwirklichung von Handlungsalternativen gegeben. Die Erfahrung, sich in kritischen Situationen beser kontrollieren zu können, fördert zudem das Selbstvertrauen und vermittelt Zuversicht, neue Handlungsmöglichkeiten erfolgreich zu erproben. Bei der PMR geht es darum, eine höhere Sensibilität für Zustände der seelischen und körperlichen Anspannung und Entspannung sowie damit verbundener Gefühle zu erreichen. Dies erfolgt durch An- und Entspannen der Muskeln, durch ruhiges Atmen und durch die Vorstellung angenehmer Gedanken.

In der Broschüre von Schlottke & Wahl (1983) werden ausführlich die psychologischen und physiologischen Wirkmechanismen, der Aufbau der Entspannungsinstruktionen und Hinweise zur Einübung der Entspannung thematisiert. Dazu ist eine Tonkassette verfügbar, die neben allgemeinen spezifische Instruktionen für Lehrer enthält. Die Autoren berichten über Erfahrungen mit der PMR an Lehrergruppen. Dabei gehen sie nicht nur auf Erfolge ein, sondern ebenso auf Probleme, die beim täglichen Üben auftreten können. Demzufolge stellt die Broschüre, zumal sie übungsbegleitende Protokolle enthält, eine wichtige Hilfe zur Selbsthilfe dar.

Entspannungsübungen, wie PMR oder Autogenes Training, sind eine wichtige Präventions- bzw. Interventionsmaßnahme bei negativen Beanspruchungsreaktionen und -folgen. Sie dienen der - oft nur kurzzeitigen - Entspannung in kritischen Lebens-, Berufs- oder Unterrichtssituationen. In dem Sinne sind solche Übungen effiziente Bewältigungstechniken. Ihre alleinige Anwendung reicht aber nicht aus, wenn es um die Bewältigung von Problemen und Konflikten geht, die u.a. auf realitätsunangemessene Einstellungen, Gedanken oder Gefühle zurückgehen. Aber derartige Probleme bzw. Konflikte dominieren oft im Alltag des Lehrers. Zu ihrer Bewältigung bedarf es der Anwendung von Trainings, die komplexer aufgebaut sind, unter anderem streßerzeugende Einstellungen, Gedanken und Gefühle berücksichtigen.

8.3.1.2. Das Streßinokulationstraining

Das *Streßinokulationstraining (SIT)* von Meichenbaum (1991) wurde u.a. in der Streßprävention bei Lehrern angewandt. Es ist keine Einzeltechnik, sondern ein halbstrukturiertes und flexibles Trainingsprogramm. Das SIT kombiniert Elemente des Lehrens, des Sokratischen Dialogs, der kognitiven Umstrukturierung, der Problemlösung und Entspannung, Verhaltens- und Vorstellungsübungen, Selbstbeobachtung, Selbstinstruktionen, Selbstverstärkung und umweltbezogene Strategien. Es hat folgende *Ziele* (vgl. Meichenbaum, 1991, 28 f.):

1. den Klienten (Lehrer) über den transaktionalen Charakter von Streß und Streßbewältigung zu informieren (vgl. Kapitel 3.),
2. den Klienten darin zu trainieren, dysfunktionale Gedanken, Bilder, Gefühle und Verhaltensweisen wahrzunehmen, um den Stressor umbewerten zu können,
3. mit dem Klienten Problemlösungsstrategien zu trainieren,
4. emotions- und selbstkontrollbezogene Bewältigungsstrategien einzuüben,
5. den Klienten dafür zu sensibilisieren, unadaptive Reaktionen als Hinweisreize dafür zu benutzen, sein Bewältigungsrepertoire zu aktivieren,
6. im Training Vorstellungs- und Verhaltensübungen und in der Realität eine abgestufte Streßkonfrontation durchzuführen, um das Vertrauen des Klienten in seine Bewältigungskompetenzen zu stärken,
7. dem Klienten dabei zu helfen, ausreichendes Wissen über effektive Streßbewältigung zu erwerben und seine Selbsterkenntnis und seine Bewältigungsstrategien für auftretende Stressoren zu verbessern.

Das SIT besteht aus folgenden drei *Phasen*:

1. der Informationsphase

Hier wird der Klient über das zugrundeliegende Streßkonzept informiert. Damit ist das Anliegen verbunden, ein sog. Arbeitsbündnis mit dem Klienten aufzubauen.

2. der Lern- und Übungsphase

In dieser Phase sollen die Klienten vor allem Bewältigungsstrategien lernen und einüben. Dies erfolgt zunächst in der Trainingsgruppe und dann schrittweise in der Realität.

3. der Anwendungs- und Posttrainingsphase

Sie dient der Durchführung von Zusatzsitzungen, Nachuntersuchungen und Programmen für die Rückfallprävention.

Ein Vorzug des SIT ist seine Flexibilität und Anwenderfreundlichkeit für eine große Anzahl von Zielgruppen. Es kann als Basis für die Entwicklung von Streßmanagementtrainings für spezielle Populationen, mithin für Lehrer, genutzt werden. So diente es als eine Grundlage für die Entwicklung des Angstbewältigungs- und des Belastungs-Management-Trainings (siehe unten).

Forman (1982) hat das SIT mit Gymnasiallehrern durchgeführt. Das Training bestand aus vier Teilen: Information über das Streßkonzept, Entspannungstraining, kognitive Umstrukturierung und Verhaltensübungen in der Praxis. Bei der kognitiven Umstrukturierung und besonders bei Verhaltensübungen wurde das Training auf schulbezogene Streßsituationen wie z.B. Schulschwänzen von Schülern, Schüler mit Leistungsproblemen, Zeitzwänge, Mangel an Unterrichtsmaterialien, Probleme mit dem Unterricht und mit der Schuladministration gerichtet. Mit Hilfe von Trainingshandbüchern oder sog. "Streßskripten" werden Regeln zur effektiven Bewältigung von Streßsituationen entwickelt. Ein Streßszenario beschreibt z.B. einen Schüler, der partout die Erfüllung einer Hausaufgabe verweigert. Das Skript konzentriert dabei auf automatisierte Gedanken und Gefühle, die ein "gestreßter" Lehrer in dieser Situation haben könnte, und konfrontiert sie sodann mit alternativen Gedanken und Gefühlen. Dafür ein Beispiel:

STREßERZEUGEND	STREßREDUZIEREND
Wie konnte er dies nur zu mir sagen?	*Ich möchte gern wissen, warum er das gesagt hat. Ich werde mit ihm darüber reden.*
Er bringt mich auf die Palme!	*Ich kann ruhig bleiben, wenn ich will, weil ich meine Gefühle kontrollieren kann. Ich kann mich entspannen, und dann kann ich dieses Problem besser lösen.*

In das SIT mit Lehrern können zusätzlich Rollenspiele und Vorstellungsübungen eingebaut werden. Neuere Trainingsansätze beziehen auch Supervisoren, Schuldirektoren und weitere Administratoren ein. Zu den *Effekten* des Trainings liegen Ergebnisse von Forman (1982) und Cecil & Forman (1990) vor: Im Vergleich mit einer Kontrollgruppe zeigten Lehrer, die über 6 Wochen am Training teilnahmen, signifikante Verringerungen der subjektiven Angst und angstbedingter motorischer Verhaltensweisen beim Unterrichten und eine höhere Effektivität angewandter Bewältigungsstile.

8.3.1.3. Das Angstbewältigungstraining

Jehle und Nord-Rüdiger (1991) entwickelten ein Trainingsprogramm, mit dessen Hilfe die Lehrer befähigt werden sollen, mit angstauslösenden pädagogischen Situationen besser umzugehen. Sie bezeichnen es als "*Frankfurter Lehrer-Angst-Selbst-Hilfe*" *(FLASH)*. Der Ansatz besteht in einer sog. geleiteten Selbsthilfe. Geleitet in dem Sinne, daß den Lehrern ein vorbereitetes und erprobtes Material zur Verfügung gestellt wird, das sie als kleine Gruppe in einem Seminar von etwa zehn Doppelstunden (Sitzungen) anwenden. Die Leitung obliegt nicht einem Psychologen, sondern in der Regel einem Teilnehmer. Das *Trainingsprogramm* ist wie folgt aufgebaut:

- In der ersten Sitzung erfolgen die Einführung in das Anliegen, das Kennenlernen der Trainingsteilnehmer, die erste Entspannungsübung (Methode der Progressiven Muskelrelaxation) und die erste Problemannäherung.
- In der zweiten Sitzung findet die erste Problemanalyse statt, indem individuelle Belastungssituationen schrittweise erarbeitet und analysiert werden. Dabei werden folgende Schritte beachtet:

1. Beschreibung der Belastungssituation,
2. Mutmaßungen über den belastenden Charakter der Situation,
3. Analyse der Belastungsbedingungen: subjektive Ansprüche und hindernde Umstände,
4. bisherige Veränderungs- und Bewältigungsbemühungen,
5. Kompetenz und Wirksamkeit der Bewältigungsversuche,
6. abschließende Beurteilung.

- In der dritten Sitzung wird die Problemanalyse fortgeführt und eine Standortbestimmung vollzogen. Standortbestimmung bedeutet: das bisher erarbeitete individuelle Problem kritisch aus der eigenen Perspektive zu überdenken und gegebenenfalls neu zu bewerten.
- In der vierten Sitzung wird die Standortbestimmung fortgesetzt. Hier geht es darum, zusammenfassende Bewertungen des individuellen Problems vorzunehmen. Sie beziehen sich auf Konsequenzen des Problems für berufsbezogene oder private Ansprüche, für berufliche Kompetenzen, für Bewältigungsdefizite, für das angestrebte Selbstbild usw.
- Die fünfte Sitzung beinhaltet die Vorbereitung des individuellen Handlungskonzeptes. Dabei wird von bislang angewandten Problemlösemaßnahmen ausgegangen. Es wird geprüft, welche Maßnahmen zur Problembewältigung verfügbar sind, welche erst erlernt oder beherrscht werden müssen, wo die Änderung ansetzen muß (bei den Schülern, Kollegen usw.) und ob die Maßnahme im Rahmen eines Selbsthilfetrainings überhaupt leistbar ist.

- In der sechsten und siebenten Sitzung wird das Handlungskonzept zur Problembewältigung erarbeitet. Hierbei erfolgt unter anderem die individuelle Zuordnung von Problemen, Zielen und möglicher Maßnahmen.
- In der achten Sitzung geht es um Fragen der Anwendung der individuellen Handlungskonzepte und der dabei gemachten Erfahrungen.
- Die neunte Sitzung bildet den Abschluß des Trainings. Es erfolgt eine Zusammenfassung der Berichte der Teilnehmer über die kognitive Umstrukturierung der Problemsituationen.
- Die Nachsorgesitzung findet nach ca. drei Monaten statt. In ihr werden besonders die in der Zwischenzeit gesammelten Erfahrungen des Lehrers bei Anwendung von Maßnahmen zur Problembewältigung thematisiert.

Die Entspannungsübung, erst ohne und dann mit der gleichzeitigen Vorstellung angsterzeugender Situationen, begleitet alle Sitzungen.

Ein wichtiger Bestandteil des Trainings sind Arbeitspapiere, die hauptsächlich zwischen den Sitzungen genutzt werden. Die jeweiligen Aufgaben sind als sog. Hausaufgaben für die Nach- oder/und Vorbereitung einer Sitzung wichtig.

Das FLASH-Programm ist in der Entwicklung abgeschlossen und wird derzeitig vor allem unter dem Aspekt seiner Effektivität evaluiert. Im Mittelpunkt des Trainings steht die Erarbeitung von individuellen Handlungskonzepten bzw. Maßnahmen zur Bewältigung von Problemsituationen, welche besonders Angst hervorrufen. Da detaillierte Anleitungen einschließlich Arbeitsblätter vorliegen, kann es von (trainingserfahrenen) Lehrern in Selbsthilfegruppen geleitet werden.

8.3.1.4. Das Belastungs-Management-Training

Das Belastungs-Management-Training für Lehrer (BMT-L) wurde von Rudow (1993) konzipiert. Es basiert auf den theoretischen Grundlagen, welche in den Kapiteln 2 und 3 dargestellt worden sind. Es sind vor allem das Belastungs-Beanspruchungs-Konzept und Aspekte der Theorie der psychischen Tätigkeits- und Handlungsregulation. Demgemäß geht es nicht nur um die Bewältigung von Streß oder Angst, sondern um den Umgang mit allen denjenigen psychischen Belastungen, die (potentiell oder real) negative Beanspruchungsreaktionen und -folgen hervorrufen. Dazu zählen insbesondere äußere Belastungsfaktoren der Lehrertätigkeit, aber auch innere Belastungen des Organismus (z.B. Streßreaktionen). Das BBT-L weist in Anlehnung an Kessler (1989) folgende Bausteine auf:

1. die Einführung,
2. die Progressive Muskelrelaxation nach Jacobson,
3. die Identifikation von Belastungsfaktoren in der Lehrertätigkeit,

4. die Identifikation negativer Beanspruchungsreaktionen und -folgen auf berufliche Belastungen,
5. die Anwendung kognitiver Techniken zur Bewältigung von Belastungssituationen,
6. die Veränderung berufsrelevanter Einstellungen,
7. die Entwicklung der Selbstsicherheit,
8. das systematische Lösen beruflicher Probleme,
9. der Ausgleich beruflicher Belastungen,
10. die Rückfallprävention.

Ad 1.) Die Einführung
Hier werden dem Trainingsteilnehmer zunächst theoretische Aspekte mitgeteilt. Wesentlicher Inhalt ist das Belastungs-Beanspruchungs-Bewältigungs-Modell. Dabei werden psychische Belastungen nicht dramatisiert, sondern als ein normales, der Berufstätigkeit immanentes Phänomen herausgestellt. Ebenso ist es ein Anliegen, den Teilnehmern plausibel zu machen, daß negative Beanspruchungsreaktionen (psychische Ermüdung, Monotonie, Sättigung, Streß) zwangsläufig in der Lehrertätigkeit auftreten. Problematisch wird es erst dann, wenn sich negative Beanspruchungsreaktionen in Form von Übermüdung, chronischem Streß, Burnout usw. chronifizieren. In dem Kontext werden besonders ihre Auswirkungen auf die Leistungsfähigkeit und Gesundheit problematisiert. Im Zusammenhang mit dem Auftritt negativer Beanspruchungsreaktionen und -folgen weist der Trainer besonders auf die Vermittlerrolle individueller Bewertungs- und Bewältigungsprozesse hin, um bewußt zu machen, daß "Streß" in der Berufstätigkeit kein fremdbestimmtes Schicksal ist, sondern es weitgehend an ihnen selbst liegt, wieweit sie sich dem "Streß" aussetzen - oder nicht.

In dieser Einführung erfolgt also die Vermittlung wesentlicher theoretischer Grundlagen des Trainingskonzepts. Es geht aber nicht nur um Information, sondern auch um die Motivierung der Lehrer für eine aktive Teilnahme. Sie sollen begreifen, daß das BMT-L kein Unterricht ist, bei dem sie eher passiv sind, sondern daß sie das Training aktiv mitgestalten. Hierbei wird also (im Sinne Meichenbaums) ein sog. Arbeitsbündnis zwischen Trainer und Teilnehmer angestrebt. Schließlich werden die Teilnehmer vor allem durch die Darstellung der Beziehungen zwischen negativen Beanspruchungsfolgen und deren Auswirkungen auf Leistungsfähigkeit und Gesundheit - bis hin zur vorzeitigen Pensionierung und sogar zum Herzinfarkt - für die persönliche Relevanz der Gesamtproblematik sensibilisiert. Im ersten Baustein werden also *drei Ziele* verfolgt:
1. die Information,
2. die Motivierung,
3. die Sensibilisierung.

Ad 2.) Die Progressive Muskelrelaxation

Als Entspannungsübung wird die Progressive Muskelrelaxation (PMR) vermittelt. Dabei werden neben Ablauf und Inhalt die Vorzüge dieser Entspannungsübung gegenüber dem Autogenen Training herausgestellt. Sie bestehen vor allem darin, daß es schneller erlernbar ist und seine Anwendung im Alltag nicht in dem Maße ein Ruheniveau wie das Autogene Training voraussetzt. Zudem werden durch die PMR besonders Personen angesprochen, die motorisch gleichermaßen aktiv wie sensibel sind und deshalb unter "Streß" eher zu muskulären Verspannungen neigen.

Das Erlernen der PMR begleitet alle Sitzungen des Trainings. Das Üben seiner Elemente stellt eine sog. Hausaufgabe über das gesamte BMT-L dar. In jeder Sitzung räumt der Trainer etwa 10 Minuten ein, um die Teilnehmer über ihre Erfahrungen berichten und diskutieren zu lassen.

Ad 3.) Die Identifikation von Belastungsfaktoren

Hier sollen die Teilnehmer lernen, ihre Belastungsfaktoren besser zu identifizieren. Denn im Berufsalltag sind Lehrer oft blind gegenüber einzelnen Belastungen und ihren Wirkungen. Mit dem Schlagwort "Streß" werden diese häufig mehr mystifiziert als differenziert wahrgenommen. Deshalb ist es ein wesentliches Anliegen, allgemeine und persönliche Belastungsfaktoren, welche in der Lehrertätigkeit hauptsächlich auftreten, von den Teilnehmern herausarbeiten zu lassen.

Ad 4.) Die Identifikation negativer Beanspruchungsreaktionen und -folgen auf berufliche Belastungen

Im Mittelpunkt stehen hier Streßreaktionen, die bei den definierten psychischen Belastungen auftreten. Sie sollen bewußt(er) und differenziert wahrgenommen werden. Dabei wird vor allem betont, daß sich "Streß" in Form verschiedenartiger Reaktionen und Folgen zeigen kann, das heißt als kognitive, emotionale, motorische und physiologische Reaktionen sowie im Verhalten. Exemplarisch werden solche Reaktionen und Folgen herausgearbeitet. Auf Grundlage vorgegebener Beispiele hat jeder Teilnehmer die Aufgabe, mit Hilfe des Manuals seine persönlichen Streßreaktionen genauer zu bestimmen. Nachdem dies zuerst vorwiegend reflektierend erfolgt, findet im zweiten Schritt die Selbstbeobachtung statt. Der Teilnehmer soll sich hier häufig und stark belastende Arbeitssituationen vorstellen und dabei auftretende Streßreaktionen differenziert wahrnehmen.

Ad 5.) Die Anwendung kognitiver Techniken zur Bewältigung von Belastungssituationen

Es handelt sich um solche Techniken, die beim Auftritt kurzzeitiger Belastungen vor allem im Unterricht effektiv angewandt werden können. Es ist erstens die Zuwendung und Entspannung, wobei bei Vorstellung einer belastenden Situation die Entspannung geübt wird. Zweitens findet eine Relativierung der negativen Momente einer Belastungssituation statt, indem nach positiven Bewertungsalternativen gesucht wird. Drittens wird ein möglicher Handlungsplan zur Bewältigung dieser Belastungen erwogen. Viertens werden situationsbezogene positive Selbstinstruktionen erarbeitet, die zum Abbau von Streßreaktionen beitragen können.

Ad 6.) Die Veränderung berufsrelevanter Einstellungen
Nachdem schon im ersten Baustein auf die Bedeutung der Einstellungen allgemein für das Verhalten und im besonderen für die Bewertung und Bewältigung von Belastungen hingewiesen wurde, werden hier berufsrelevante Einstellungen als Quelle von "Streß" thematisiert und problematisiert. Der Trainer gibt beispielhaft einstellungsbestimmende Kognitionen (Gedanken) vor, die Angst, Ärger, Wut, Depressivität usw. erzeugen können. In dem Kontext wird auch das streßrelevante Typ A-Verhalten thematisiert, welches durch spezifische Kognitionen gekennzeichnet ist. Es soll nun jeder Teilnehmer die Einstellungen bzw. Kognitionen herausfinden, die seine Berufstätigkeit bestimmen und für die Entstehung von "Streß" mitverantwortlich sind. Danach findet eine Diskussion "streß"relevanter Berufseinstellungen mit dem Ziel statt, über deren Veränderung stärker zu reflektieren.

Ad 7.) Die Entwicklung der Selbstsicherheit
Ausgehend von der Tatsache, daß Komponenten des Selbstbewußtseins im Zusammenhang mit Streß und Burnout steht (siehe Kapitel 5 und 6), ist das Selbstsicherheitstraining notwendiger Bestandteil des Streßmanagements. Aufbauend auf Grundprinzipien der Entwicklung der Selbstsicherheit werden - vor allem in bezug auf die Lehrer-Schüler-Interaktion - Übungen und Rollenspiele zu folgenden Elementen des Verhaltens durchgeführt:
- feste und angemessen laute Sprache
- Gestik und Mimik (z.B. Übereinstimmung von Gesagtem und Mimik)
- angemessener Augenkontakt
- Körperhaltung und Abstand
- häufiger Gebrauch des "Ich"
- die Äußerung von Bitten, Wünschen und Forderungen
- die Ablehnung von Bitten und Forderungen ("Nein"-Sagen-Können)
- Umgang mit Kritik
- Gefühle äußern

Ad 8.) Das Lösen beruflicher Probleme
Es wird davon ausgegangen, daß Belastungen Probleme sind, die es zu lösen gilt. Demgemäß werden systematische Problemlösestrategien eingeübt. Dafür werden solche Berufsprobleme ausgewählt, die wiederholt oder anhaltend auftreten. Es

werden als Beispiel solche gewählt, die für mehrere Teilnehmer typisch sind. Für die Lösung des Problems werden im Brainstorming Vorschläge von allen Teilnehmern gesammelt. Diese werden u.a. nach folgenden Fragen analysiert: 1. Wie realistisch sind sie? 2. Welche Bedeutung haben sie für die Lösung des Problems? (Es wird eine Rangreihe der Lösungvorschläge erarbeitet.) 3. Wie bzw. durch welche Schritte kann die Problemlösung in der Praxis vollzogen werden?

Ad 9.) Der Ausgleich beruflicher Belastungen
Es wird die Freizeitgestaltung thematisiert. Die zentrale Frage ist, wie durch sie berufliche Belastungen und ihre negativen Wirkungen, besonders Streß und Ermüdung, kompensiert werden können. Anhand eines Fragebogens werden zunächst die Freizeitaktivitäten analysiert. Auf dieser Grundlage nennen die Teilnehmer die Freizeitaktivitäten, welche sie gegenwärtig vernachlässigen und gern aufnehmen würden. Über ihre Realisierungsmöglichkeit wird diskutiert. Schließlich wird ein Freizeittagebuch erarbeitet, in das die angestrebten Aktivitäten eingetragen und nach verschiedenen Kriterien (Realisierungsgrad, Wohlbefinden, Aufwand usw.) eingeschätzt werden können.

Ad 10.) Die Rückfallprävention
Es ist der Baustein, welcher als Folgesitzung realisiert werden soll. Hier besteht das Hauptanliegen darin, über Probleme bzw. Schwierigkeiten zu diskutieren, die bei Umsetzung der Trainingsinhalte in der Praxis auftraten. Die Teilnehmer tauschen ihre positiven und negativen Erfahrungen aus. Auf diese Weise kann ein Fehlverhalten - besonders durch positive Beispiele anderer Teilnehmer - korrigiert werden.

Das BMT-L kann in zwei *Versionen* durchgeführt werden: (a) als Kompaktseminar über mehrere Tage (3-5 Tage), (b) als Impulsseminar über neun aufeinanderfolgende Wochen mit jeweils einer Sitzung über 90 bis 120 Minuten. Die Rückfallprävention (etwa ein Tag) sollte frühestens nach 3 Monaten und spätestens nach 6 Monaten erfolgen.

Für das Training, für die Hausaufgaben zwischen den Sitzungen und für die Umsetzung in der Praxis erhalten die Teilnehmer ein Manual, in dem die wesentlichen Trainingsinhalte enthalten sind und entsprechende Notizen gemacht werden können.

Das BMT-L ist ein *integrativer* methodischer Ansatz zur Prävention negativer Beanspruchungsreaktionen und -folgen im Lehrerberuf. Es verbindet verschiedene Einzelmethoden, die bisher mit Erfolg bei verschiedenen Zielgruppen, unter anderem bei Lehrern, angewandt wurden. Empirische Untersuchungen zur Evaluation des BMT-L, u.a. die Überprüfung der Trainingseffekte auf Wohlbefinden, Gesundheit und Verhalten, finden gegenwärtig statt.

8.3.2. Allgemeine Maßnahmen

8.3.2.1. Gesundheitszirkel

Der Gesundheitszirkel stellt eine Spezifikation des Grundgedankens des Qualitätszirkels dar, d.h. die aktive Einbeziehung und Beteiligung von Mitarbeitern - besonders aus unteren Managementebenen -, deren Bedeutung für betriebliche Informations-, Kommunikations- und Planungsprozesse zunimmt. Da Gesundheitszirkel, welche bislang ausschließlich in Betrieben entwickelt und erprobt worden sind, besonders psychosoziale Belastungen thematisieren, bieten sie sich auch zur Prävention von Streß, Burnout und Gesundheitsstörungen in der Schule an. Durch sie können Lehrer befähigt werden, ihre psychosozialen Belastungen und negativen Beanspruchungsreaktionen wie -folgen bei der Arbeit realistisch wahrzunehmen, differenziert zu artikulieren und bei deren Vorbeugung oder Bewältigung aktiv mitzuwirken.

Ziele und Inhalte der Gesundheitszirkel erscheinen mir auch für Lehrer wichtig; denn diese zeigen bei psychosozialen Belastungen zuweilen eine große, undifferenzierte Klagsamkeit. Versagensängste und (offene oder versteckte) Resignation verhindern bei ihnen nicht nur das angemessene Zur-Sprachebringen und die differenzierte Artikulation, sondern häufig auch bereits die realistische, unverzerrte Wahrnehmung von psychischen Belastungen und deren negative Folgen. "Belastung" einschließlich Streß und Burnout ist oft ein tabuisiertes Gesprächsthema, es wird vorwiegend in Form allgemeiner Klagsamkeit reflektiert (z.B. mit der Aussage: "Ich bin heute wieder unter Streß."). Dabei wird häufig die "Opfer"-Perspektive eingenommen, indem man sich seinem Schicksal ergibt, aber nicht begreift, daß man auch selbst Gestalter von Arbeits(fehl)belastungen sein kann. Zudem werden dadurch reale Belastungsprobleme in der Lehrertätigkeit mystifiziert.

Der Gesundheitszirkel ist etwa wie folgt aufgebaut :

(1) Er beginnt mit einer *Einführungsveranstaltung*, die der allgemeinen Information der Interessenten über Ziele, Inhalte usw. des Zirkels dient. Es soll damit zur freiwilligen Teilnahme motiviert werden.

(2) Das *Einführungsseminar* (ca. 2 bis 3 Tage) konfrontiert die Teilnehmer mit ihren Defiziten in der Wahrnehmung und Artikulation beruflicher Belastungen und Belastungsquellen. Dies erfolgt im Zusammenhang mit theoretischen Grundsätzen. Dabei wird besonders hervorgehoben, daß Streß und Burnout als Prozeß zu verstehen sind, auf den jeder Lehrer mit effektiven Bewältigungsstrategien selbst Einfluß nehmen kann. Ferner werden erste Entspannungstechniken (Progressive Muskelentspannung oder Autogenes Training, Atemübungen usw.) vermittelt.

(3) Die *Zirkelarbeit* i.e.S. gliedert sich in vier Phasen, welche thematische Schwerpunkte darstellen. Während es in der Orientierungsphase darum geht, zunehmend ein

neues, streß- und burnoutvorbeugendes Bewältigungsverhalten zu entwickeln und zu erproben, stehen in der sog. Projektphase das Initiieren kleiner persönlicher Projekte durch die Zirkelteilnehmer und dabei gemachte Erfahrungen im Vordergrund. Auf diese Weise entsteht zugleich ein Katalog von institutionellen und organisationalen Bedingungen der Arbeit, die wiederholt zu "Streß" führen. In der dritten Phase werden Experten (Schulleiter, Beratungslehrer, Gewerkschaftsvertreter usw.) in die Diskussion einbezogen. Die Experten haben unter anderem die Aufgabe, benannte institutionelle Probleme in der gesamten Organisation zur Sprache zu bringen sowie bei ihrer Lösung unterstützend und protektiv mitzuwirken. Schließlich sollte eine ärztliche Untersuchung der Zirkelteilnehmer stattfinden, welche besonders der Erkennung individueller Risikofaktoren (z.B. Hypertonie, Übergewicht, Cholesterinspiegel) dient.

Nach ersten positiven Erfahrungen in Betrieben (z.B. Volkswagen AG) sollten nach dem zwei- bis dreitägigen Einführungsseminar, das am besten außerhalb der Schule durchgeführt wird, etwa sechs Monate lang die Gesundheitszirkel mit max. 15 Teilnehmern stattfinden. Die zweistündigen Zirkelsitzungen finden zunächst wöchentlich, dann 14tägig statt. Der Gesundheitszirkel sollte zumindest in der ersten Zeit von einem Experten, z.B. Schulpsychologen, geleitet werden. In der letzten Phase kann er als Art Selbsthilfegruppe ohne Experten ablaufen. Die in Pilotprojekten gesammelten Erfahrungen sprechen eindeutig für die Wirksamkeit von Gesundheitszirkeln (Friczewski et al., 1989; Brandenburg, 1990). Deshalb sollte dieser Ansatz unverzüglich auf den Betrieb "Schule" übertragen werden. Weil hierbei die Lehrer zur Mitsprache und zum Mithandeln beim Lösen belastender Arbeitsprobleme angeregt werden, ist die Einführung von Gesundheitszirkeln auch als Akt der Demokratisierung der Schule anzusehen.

Workshops für Lehrer zu Streß und Burnout werden in angloamerikanischen und skandinavischen Ländern schon seit geraumer Zeit mit Erfolg durchgeführt. Dabei finden verschiedenste Varianten statt, welche theoretische Grundlagen, Entspannungsübungen, Ansätze der Rational-emotiven und Gesprächstherapie, Problemlösen, Zeitmanagement, Hypnose usw. mit unterschiedlicher Akzentuierung umfassen (vgl. Kearney & Turner, 1987; Pines & Aronson, 1988; Bamford, Grange & Jones, 1990). Von Gesundheitszirkeln mit schwedischen Lehrern berichten Larsson, Setterlind & Starrin (1990). Diese wurden von Lehrern geleitet, welche auf diese Aufgabe von einem Spezialisten vorbereitet wurden. Die Effekte sind im Vergleich der Experimental- mit einer Kontrollgruppe erfaßt worden. Die Zirkelteilnehmer unterschieden sich nach der Teilnahme wie folgt von der Kontrollgruppe: (a) geringere subjektive Belastung in der Arbeit, (b) häufigere Anwendung von emotionsbezogenen Bewältigungsstrategien (Distanzierung vom Problem, positive Neubewertung, die Wahrnehmung sozial-emotionaler Unterstützung und höhere Selbstkontrolle), (c) verbessertes Gesundheitsverhalten (Trinken, Sport, Entspannung, Rauchen), (d) weniger körperliche und emotionale Streßreaktionen, (e) bessere allgemeine Stimmung, höheres Wohlbefinden und eine höhere Arbeitsszufriedenheit, (f) das Fehlen von arbeitsbedingten psychischen Störungen, (g) eine geringere Reaktivität bei täglichen Ärgernissen und (h) eine Zunahme präventiver Aktionen gegenüber Stressoren in der Arbeit und im privaten Bereich. Dieses überzeugende Ergebnis ermutigt zur Durchführung von Gesundheitszirkeln bei Lehrern im deutschsprachigen Raum.

8.3.2.2. Verhaltenstraining

Es eignen sich zur Prävention bzw. Intervention bei negativer Beanspruchungsreaktionen und -folgen vor allem Trainings zur Entwicklung der sozialen Kompetenz. Denn die soziale Handlungskompetenz ist im Lehrerberuf eine wesentliche Bedingung erfolgreichen Handelns. Dabei soll sie sowohl als Bestandteil der Handlungskompetenz wie auch als Form der psychischen Gesundheit verstanden (siehe Kapitel 2.2.).

Unter den für Lehrer entwickelten Trainings möchte ich das *Konstanzer Trainingsmodell (KTM)* hervorheben. Es ist ein integratives Selbsthilfeprogramm, das die Verbesserung der sozialen Kompetenz bei konflikthaften Aggressionen und Störungen im Unterricht zum Hauptziel hat (vgl. Tennstädt et al., 1990). Mit ihm soll in erster Linie eine Verringerung aggressiver und störender Interaktionen im Unterricht erreicht werden. Die Verringerung derartiger Interaktionen bezieht sich auf Schüler-Schüler- und auf Lehrer-Schüler-Konflikte. Weitere, mit der Verminderung aggressiver Interaktionen einhergehende Ziele sind folgende:
- Selbstsicherheit
- Zufriedenheit mit dem eigenen Umgang mit Unterrichtskonflikten
- Verfügbarkeit eines angemessenen Wissens- und Verhaltensrepertoires
- Beherrschung von Strategien, aggressive oder störende Verhaltensweisen von Schülern und eigene Reaktionen darauf zu analysieren und ggf. zu verändern.

Um die angestrebten Hauptziele und Veränderungen zu erreichen, werden im KTM verschiedene Zwischenziele gesetzt. Das heißt: Im Verlaufe des Trainings erfolgt
- eine bewußte Auseinandersetzung des Teilnehmers mit seinen bisherigen persönlichen Reaktionen,
- eine kritische Überprüfung des eigenes Wissens,
- die Reflexion eigener Gefühle,
- eine Analyse des eigenen Kommunikationsstils in problematischen Unterrichtssituationen,
- eine Analyse des eigenen Unterrichtsstils.

Das KTM weist gegenüber vergleichbaren Trainingsverfahren zur Verbesserung der Kommunikations- und Kooperationskompetenz von Lehrern einige Vorzüge auf: Es ist (1) auf handlungstheoretischer Grundlage entwickelt worden und in der Praxis erprobt, (2) standardisiert durch umfangreiche Unterlagen zur Durchführung und Auswertung, es ist also eine echte "Hilfe zur Selbsthilfe", (3) in der Durchführbarkeit variabel auf die Probleme des einzelnen Lehrers zugeschnitten, (4) eine empirische Evaluation des Trainingserfolgs durchgeführt worden, (5) ein in der Praxis bewährtes Training. Gegenwärtig wird es besonders in den Bundesländern Baden-Württemberg und Brandenburg angewandt. Im Rahmen der Prävention bzw. Intervention negativer Beanspruchungsreaktionen und -folgen ist es jedoch überwiegend ein unspezifisches Trainingsverfahren, da es dafür nicht explizit entwickelt worden ist. Weil aber eine Hauptquelle von Streß Konflikte im Unterricht sind, können als Folge intendierter Trainingsziele auch Streßphänomene abgebaut werden.

8.3.2.3. Personenzentrierte Gesprächsgruppen

Das Konzept der personenzentrierten Gesprächsgruppen geht auf Rogers (1979) zurück, der es bei amerikanischen Lehrern mit Erfolg praktizierte. In Deutschland wurde es von Tausch & Tausch (1979b) weiterentwickelt. Sie führten die Gesprächsgruppen in der Lehrerfortbildung ein. Dabei ist es das Anliegen, die drei personenzentrierten Haltungen Echtsein (Kongruenz), Wertschätzung (Akzeptanz) und einfühlendes nichtwertendes Verstehen (Empathie) in bezug auf den Schüler und weitere Kontaktpersonen zu entwickeln. Der Lehrer soll mit personenzentrierten Haltungen in fördernder, nicht-direktiver Weise tätig werden, etwa sich um Verständlichkeit bemühen, Kleingruppenarbeit anleiten, das Zusammenleben von Schülern durch gemeinsame Aktivitäten fördern, für persönliche Gespräche zur Verfügung stehen u.ä.m.. Es treffen sich 10-15 Lehrer in der Regel 2 1/2 Tage gemeinsam mit 1-2 Psychologen. Die Gruppen sind relativ heterogen. In einem Klima zunehmender Offenheit, Sicherheit und Vertrauen können die Teilnehmer berufliche Probleme lösen, besonders die Interaktion mit dem Schüler betreffend, und sich persönlich weiterentwickeln.

Wittern & Tausch (1979) untersuchten kurz- und längerfristige Auswirkungen bei Lehrern, die an den Gesprächsgruppen teilnahmen. Nach Befragung der Lehrer und ihrer Schüler sowie der Einschätzung des Unterrichtsgeschehens ergaben sich unter anderem folgende positive Veränderungen: Längerfristig verrringern sich die psychische Belastung durch außerschulische Probleme (z.B. emotionale Schwierigkeiten, Selbstwertprobleme) und ihre negative Selbstkommunikation (z.B. Selbstentmutigung); es verbesserten sich ihr Selbstkonzept (z.B. Identität) sowie ihre zwischenmenschlichen Beziehungen. Unmittelbar nach der Gesprächsgruppe nahmen die schulischen Probleme ab (z.B. Schwierigkeiten mit Schülern, Zeitmangel) und die Beziehungen zu Kollegen verbesserten sich; die Lehrer zeigten in höherem Ausmaß einfühlendes nicht-wertendes Verstehen gegenüber ihren Schülern und wurden von diesen positiver wahrgenommen (z.B. vertrauensvollere Beziehung zum Lehrer, mehr Selbstbestimmung). 73% der Gesprächsgruppen-Lehrer haben sich längerfristig in ihrer Persönlichkeit günstig verändert; 96% der Lehrer schätzen personenzentrierte Gesprächsgruppen für ihre Arbeit in der Schule als wichtig und hilfreich ein.

Die personenzentrierten Gesprächsgruppen sind als unspezifische Maßnahme anzusehen, negativen Beanspruchungsreaktionen und -folgen in sog. Helferberufen vorzubeugen bzw. diese abzubauen. Wenn man bedenkt, daß nach Wittern & Giernalczyk (1986) nur ca. 12% der Lehrer vielfältig in fördernder, nicht-dirigierender Weise für ihre Schüler tätig sind, so wird die Wichtigkeit und Notwendigkeit der Gesprächsgruppen für diese Berufsgruppe deutlich. Es ist jedoch noch unklar, welche längerfristigen Auswirkungen die Teilnahme auf das Verhalten im Unterricht hat. Zur Erfassung langfristiger Trainingseffekte sollten Follow up-Studien durchgeführt werden. Ferner ist die Durchführbarkeit von solchen Gesprächsgruppen oft eingeschränkt, weil hochqualifizierte, professionelle Helfer dafür notwendig sind.

8.4. Zusammenfassung

Präventions- und Interventionsmaßnahmen dienen der Humanisierung der Arbeitstätigkeit des Lehrers. Sie beziehen sich (1) auf Arbeits- und Organisationsbedingungen und (2) auf das Individuum bzw. auf Gruppen. Schwerpunkte der Arbeits- und Organisationsgestaltung sollten die Aufgabenstruktur, curriculare Bedingungen, insbesondere der Lehrplan, die Unterrichtsmethodik, die Arbeitszeit, die Klassengrößen, die Einrichtung sozialer Unterstützungssysteme, die Aus- und Fortbildung sowie die schulpädagogische und -psychologische Beratung sein. In diesen Bereichen sind belastungsreduzierende Veränderungen nötig. Unter den gruppen- und individuumbezogenen Maßnahmen sind Streßmanagementmethoden (Entspannungsübungen, Streßinokulations-, Angstbewältigungs-, Belastungs-Management-Training), Gesundheitszirkel, Verhaltenstrainings zur sozialen Kompetenz (Konstanzer Trainingsmodell), zur Selbstsicherheit und personenzentrierte Gesprächsgruppen zu berücksichtigen. Die genannten Methoden, vor allem Streßmanagementtrainings, Gesundheitszirkel und Trainings zur sozialen Kompetenz, sollten stärker als bisher obligatorische Inhalte der Lehrerfortbildung werden. Es ist zu wünschen, daß die vorgeschlagenen Maßnahmen nicht nur "graue" Theorie bleiben, sondern zum Wohle der Lehrer baldmöglichst in die Tat umgesetzt werden.

Literaturverzeichnis

Abele, A. & Brehm, W. (1990). Sportliche Aktivität als gesundheitsbezogenes Handeln: Auswirkungen, Voraussetzungen und Förderungsmöglichkeiten. In Schwarzer, R., *Gesundheitspsychologie* (131-150). Göttingen: Hogrefe.

Abolin, L.M. (1987). *Psychologische Mechanismen der emotionalen Stabilität des Menschen.* Kasan: Universität. (russisch)

Adorno, Th.W. (1965). Tabus über den Lehrerberuf. *Neue Sammlung*, 5, 487-496.

Arney, L.K. (1988). Effects of personality-environment fit on job stress. *Educational & Psychological Research*, 8, 1-18.

Anderson, M.B. & Iwanicki, E.F. (1984). Teacher motivation and its relationship to burnout. Educational Administration Quarterly, 20, 109-132.

Anstötz, C. (1987). Wie "ausgebrannt" sind Geistigbehindertenpädagogen wirklich? Eine empirische Studie zum Thema Burnout. *Behindertenpädagogik*, 26, 49-58.

Antonovsky, A. (1987). *Unraveling the mastery of health.* San Francisco: Jossey-Bass.

Bandura, A. (1977). *Sozial-kognitive Lerntheorie.* Stuttgart: Klett.

Bamford, J., Grange, J. & Jones, P. (1990). An experiential stress. Management course for teachers. *Educational Psychology in Practice*, 6, 90-95.

Barker, R.G. (1968). *Ecological psychology.* Stanford: University Press.

Bartenwerfer, H.- G. (1960). Untersuchungen zum Monotonieproblem. *Zentralblatt für Arbeitswissenschaften,* 14, 231-234.

Bartenwerfer, H.- G. (1970). Psychische Beanspruchung und Ermüdung. In Mayer, A. & Herwig, B. (Hrsg.), *Betriebspsychologie.* Handbuch der Psychologie, Band 9. (168-209) Göttingen: Hogrefe.

Barth, A.- R. (1990). *Burnout bei Lehrern.* Eine empirische Untersuchung. Dissertation, Phil. Fak., Universität Erlangen-Nürnberg. (unveröff.)

Barth, A.- R. (1992). *Burnout bei Lehrern.* Göttingen: Hogrefe.

Beasley, C.R. & Myette, B.M. (1983). *On-the-job stress and burnout: Contributing factors and environmental alternatives in educational settings.* Paper presented at the meeting of the American Educational Research Association, Montreal.

Beck, A.T. (1974). The development of depression. A cognitive model. In Friedman, R.J. & Katz, M.M. (Eds.), *The psychology of depression.* New York: Wiley

Beck, C.L. & Gargiulo, R.M. (1983). Burnout in teachers of retarded and nonretarded children. *Journal of Educational Research*, 76, 169-173.

Becker, P. (1982). *Psychologie der seelischen Gesundheit.* Band 1. Göttingen: Hogrefe.

Becker, P. (1985). Bewältigungsverhalten und seelische Gesundheit. *Zeitschrift für Klinische Psychologie*, 14, 169-184.

Becker, P. (1988). Skalen für Verlaufsstudien der emotionalen Befindlichkeit. *Zeitschrift für experimentelle und angewandte Psychologie*, XXXV, 345-369.

Becker, P. (1989). *Der Trierer Persönlichkeitsfragebogen (TPF).* Handanweisung. Göttingen: Hogrefe.

Becker, P. & Minsel, B. (1986). *Psychologie der seelischen Gesundheit.* Band 2. Göttingen: Hogrefe.

Becker, G.E. & Gonschorek, G. (1989). Kultusminister schicken 55 000 Lehrer vorzeitig in Pension. Konsequenzen aus dem Heidelberger Burnout-Test (BOT). *Pädagogik*, 41, 16-23.

Belcastro, P.A. & Hays, L.C. (1984). Ergophilia ... Ergophobia ... Ergo ... Burnout?

Professional Psychology: Research and Practice, 15, 260-270.
Biener, K. (1969). *Gesundheitsprobleme im Lehrerberuf.* Basel: Karger.
Biener, K. (1988). *Streß: Epidemiologie und Prävention.* Bern: Huber.
Bild am Sonntag (BAMS) (28.6.1992). Deutsche Lehrer - die Frührentner der Nation.
Bhagat, R.S. & Allie, S.M. (1989). Organizational stress, personal life stress, and symptoms of life strains: An examination of the moderating role of sense of competence. *Journal of Vocational Behavior*, 35, 231-253.
Blase, J. J. (1982). A social-psychological grounded theory of teacher stress and burnout. *Educational Administration Quarterly*, 18, 93-113.
Blase, J. J. (1986). A qualitative analysis of sources of teacher stress: Consequences for performance. *American Educational Research Journal*, 23, 13-40.
Blase, J.J., Dedrick, C. & Strathe, M. (1986). Leadership behavior of school principals in relation to teacher stress, satisfaction, and performance. *Journal of Humanistic Education & Development*, 24, 159-171.
Bluhme, R. (1985). Empirische Studien zur Bewältigung pädagogisch schwieriger Situationen durch Lehrer polytechnischer Oberschulen. In W. Kessel, Bluhme, R. & Rudow, B. (Hrsg.), *Lehrerpersönlichkeit, Lehrertätigkeit, Lehrergesundheit* (I.) (115-123). Universität Leipzig.
Bönner, K.H. & Walenzik, M. (1982). Die Pulsfrequenz als physiologischer Parameter der Belastung von Lehrern durch den Unterricht in einer Sonderschule für Lernbehinderte. *Heilpädagogische Forschung*, 9, 375-385.
Bönsch, M. (1990). Die alltägliche Tretmühle. Arbeitsbelastung/Arbeitsplatzsituation von LehrerInnen. *Neue Deutsche Schule*, 42, 10-16.
Borg, M.G. & Falzon, J.M. (1989). Stress and job satisfaction among primary school teachers in Malta. *Educational Review*, 41, 271-279.
Borg, M.G. & Falzon, J.M. (1990). Coping actions used by Maltese primary school teachers. *Educational Research*, 32, 50-58.
Borg, I. & Fritzsche, Th. (1988). Persönlichkeitsbedingte Unterschiede bei direkten und summierten Schätzungen der Arbeitszufriedenheit. *Zeitschrift für Arbeits- und Organisationspsychologie*, 32, 34-39.
Bradburn, N. (1969). *The structure of psychological well-being*. Chicago: Aldine.
Brandenburg, U. (1990). Streßprävention durch betriebliche Gesundheitszirkel. *Personalführung*, 7, 442-449.
Brenner, S.O. (1982). Work, health and well-being for Swedish elementary school teachers. *Stress Research Reports No. 158*. Laboratory for Clinical Stress Research Stockholm.
Brenner, S.O. (1983). Eine Studie über Lehrerstreß bei schwedischen Grundschullehrern: Schlüsse und Vorschläge. In Gewerkschaft Erziehung und Wissenschaft (Hrsg.), *Arbeitszeit und Arbeitsbelastung der Lehrer* (34-41). Stuttgart: GEW.
Brenner, S.O. & Bartell, R. (1984). The teacher stress process: A cross-cultural analysis. *Journal of Occupational Behaviour*, 5, 183-195.
Brenner, S.O., Sörbom, D. & Wallius, E. (1985). The stress chain. A longitudinal confirmatory study of teacher stress, coping and social support. *Journal of Occupational Psychology*, 58, 1-13.
Bronsberg, B. & Vestlund, N. (1990). *Ausgebrannt. Die egoistische Aufopferung.* München: Wilhelm Heyne.
Brück, H. (1978). *Die Angst des Lehrers vor seinen Schülern.* Reinbek: Rowohlt.
Bruggemann, A. (1974). Zur Unterscheidung verschiedener Formen von Arbeitszufriedenheit. *Arbeit und Leistung*, 28, 281-284.
Bruggemann, A., Groskurth, P & Ulich, E. (1975). *Arbeitszufriedenheit.* Bern: Huber.

Buchka, M. & Hackenberg, J. (1987). *Das Burnout-Syndrom bei Mitarbeitern in der Behindertenhilfe*. Dortmund: Verlag Modernes Lernen.
Buhr, J. (1985). Epidemiologische Studie zum Auftritt neurotischer Tendenzen bei Lehrern (5-Jahres-Verlaufsstudie). In Kessel, W., Scheuch, K. & Rudow, B. (Hrsg.), *Lehrerpersönlichkeit, Lehrertätigkeit, Lehrergesundheit* (II) (66-69). Universität Leipzig.
Buhr, J. & Scheuch, K. (1991). Entwicklung des Gesundheitszustandes von Pädagogen eines Landkreises im Zeitraum von 1978 - 1988. In Scheuch, K. (Hrsg.), *Einflußfaktoren auf den Gesundheitszustand von Pädagogen* (21-26). Berlin: VWB.
Bulla, H.G. (1982). *Probleme der Organisationsentwicklung in der Schule*. Frankfurt: Lang.
Burisch, M. (1989). *Das Burnout-Syndrom. Theorie der inneren Erschöpfung*. Berlin: Springer.
Burke, J.R. & Greenglas, E.R. (1988). Career orientations and psychological burnout in teachers. *Psychological Reports*, 63, 107-116.
Burke, J.R. & Greenglas, E.R. (1989). It may be lonely at the top but it's less stressful: Psychological burnout in public schools. *Psychological Reports*, 64, 615-623.
Burke, J.R. & Greenglas, E.R. (1989). Sex differences in psychological burnout in teachers. *Psychological Reports*, 65, 55-63.
Büssing, A. (1991). Struktur und Dynamik von Arbeitszufriedenheit: Konzeptuelle und methodische Überlegungen zu einer Untersuchung verschiedener Formen von Arbeitszufriedenheit. In Fischer, L. (Hrsg.), *Arbeitszufriedenheit* (85-113). Stuttgart: Verlag für Angewandte Psychologie.
Calderwood, D. (1989). Some implications of role conflict and role ambiguity as stressors in a comprehensive school. *School Organisation*, 9, 311-314.
Capel, S. (1987). The incidence of and influences on stress and burnout in secondary school teachers. *British Journal of Educational Psychology*, 57, 279-288.
Cecil, M.A. & Forman, S.G. (1990). Effects of stress inoculation training and coworker support groups on teachers' stress. *Journal of School Psychology*, 28, 105-118.
Clauß, G. (1954). *Über didaktische Sprachgestaltung unter besonderer Berücksichtigung des Lehrervortrags*. Dissertation, Phil. Fak., Universität Leipzig.
Chapman, D.W. (1984). Teacher retention: The test of a model. *American Educational Research Journal*, 21, 645-658.
Cherniss, C. (1988). Observed supervisory behavior and teacher burnout in special education. *Exceptional Children*, 54, 449-454.
Chichon, D. & Koff, R. (1980). *Stress and teaching*. NASSP Bulletin, 91-104.
Coates, T.J. & Thoresen, C.(1976). Teachers anxiety: A review with recommendations. Review of Educational Research, 46, 159-184.
Cole, M. & Walker, S. (Eds.)(1989). *Teaching and stress*. Birmingham: Open University Press.
Cooper, C.L. & Marshall, J. (1980). Sources of managerial and white collar stress. In Cooper, C.L. & Marshall, J.. (Eds.), *White Collar and professional stress. (57-87)*. Chichester: Wiley.
Cox, T. (1978). *Stress*. London: Macmillan.
Cox, T. & Boot, N. (1988). Stress in schools: an organizational perspective. *Work & Stress*, 2, 353-362.
Cranach von, M & Kalbermatten, U. (1983). Zielgerichtetes Alltagshandeln in der sozialen Interaktion. In Hacker, W., Volpert, W. & Cranach, M. (Hrsg.) (59-75), *Kognitive und motivationale Aspekte der Handlung*. Berlin: DVW.
Crane, S.J. & Iwanicki, E.F. (1986). Perceived role conflict, role ambiguity, and burnout among special education teachers. *Remedial and Special Education*, 7, 24-31.
Csikszentmihalyi, M. (1985). *Das flow-Erlebnis*. Stuttgart: Klett.

Cunningham, W.G. (1983). Teacher burnout - solutions for the 1980s: A review of the literature. *Urban Review*, 15, 37-51.
Dann, H.D., Müller-Fohrbrodt, G. & Cloetta, B. (1981). Sozialisation junger Lehrer im Beruf: "Praxisschock" drei Jahre später. *Zeitschrift für Entwicklungspsychologie und Pädagogische Psychologie*, 13, 251-262.
Danz, G. (1980). *Lehrerinsein als Lebenskonzept*. Drei pensionierte Volksschullehrerinnen der Jahrgänge 1901, 1902, 1906 berichten. Weingarten: Forschungsstelle für Schulgeschichte.
DeFrank, R.S. & Stroup, C.A. (1989). Teacher stress and health: Examination of a model. *Journal of Psychosomatic Research*, 33, 99-109.
DeLongis, A., Lazarus, R.S. & Folkman, S. (1988). The impact of daily stress on health and mood: Psychological and social resources as mediators. *Journal of Personality and Social Psychology*, 54, 486-495.
DePaepe, J., French, R. & Lavay, B. (1985). Burnout symptoms experienced among special physical educators: A descriptive longitudinal study. *Adapted Physical Activity Quarterly*, 2, 189-196.
Der Spiegel (1988). Tollhaus Schule - Unterrichtsprotokolle eines Hauptschullehrers. Nr. 42, 28-49.
Der Spiegel (1993). Horrorjob Lehrer. Nervenkrieg im Klassenzimmer. Nr. 24.
Dewe, P.J. (1985). Coping with work stress: An investigation of teachers' actions. *Research in Education*, 33, 27-40.
Diederich, J. (1973). *Fördern im Kernunterricht*. Hannover: Schroedel.
Diener, E. (1984). Subjective well-being. *Psychological Bulletin*, 95, 542-575.
Diener, E., Sandvik, E. & Pavot, W. (1991). Happiness is the frequency, not the intensity, of positive versus negative affect. In Strack, F. et al. (Eds.), *Subjective well-being* (119-139). Oxford: Pergamon Press.
Diener, D. & Emmons, R.A. (1984). The independence of positive and negative affect. *Journal of Personality and Social Psychology*, 47, 1105-1117.
Die Zeit (11. Oktober 1985). Alarm im Klassenzimmer.
Die Zeit (2. April 1993). Die Realität ist kein Schulfach. Lehrer fühlen sich überfordert.
Dunckel, H. (1991). Mehrfachbelastung und psychosoziale Gesundheit. In Greif, S. et al. (Hrsg.), *Psychischer Streß am Arbeitsplatz*. (154-167). Göttingen: Hogrefe.
Dunham, J. (1976). *Stress situations and responses*. Kings Norton: Kings Norton Press.
Dunham, J. (1981). Disruptive pupils and teacher stress. *Educational Research*, 23, 205-213.
Dunham, J. (1984). *Stress in teaching*. London: Croom Helm.
Dworkin, A.G. (1987). *Teacher burnout in the public schools*. New York: State University Press.
Edelwich, J. & Brodsky, A. (1984). *Ausgebrannt. Das Burn-Out-Syndrom in den Sozialberufen*. Salzburg: AVM.
Elbing, E. & Dietrich, G. (1982). *Lehrerurteile zu Aspekten ihrer Berufssituation*. Universität Müchen: Institut für Empirische Pädagogik.
Engelhardt von, G. (1972). *Aspekte der Arbeitszufriedenheit von Lehrern verschiedener Schultypen*. Universität Köln, Institut für Sozialpsychologie. Diplomarbeit (unveröff.)
Engelhardt von, G. (1982). *Die pädagogische Arbeit des Lehrers*. Paderborn: Schöningh.
Engelhardt von, G.V. & Lück, H.E. (1973). Aspekte der Arbeitszufriedenheit von Lehrern verschiedener schulischer Bereiche. *Psychologie in Erziehung und Unterricht*, 20, 113-117.
Enzmann, D. & Kleiber, D. (1989). *Helfer-Leiden. Streß und Burnout in psychosozialen Berufen*. Heidelberg: Asanger.

Enzmann, D. & Kleiber, D. (1990). *Burnout. Eine internationale Bibliographie.* Göttingen: Hogrefe.
Erikson, D. et al. (1968). *Teacher mobility, teacher dropout and the expectation of family and friend.* Final Report. Washington, DC: US Department of Health, Education and Welfare.
Eysenck, H.-J. & Rachman, S.(1971). *Neurosen.* Berlin: DVW.
Fahrenberg, J., Walschburger, P., Förster, F., Myrtek, M. & Müller, W. (1979). *Psychophysiologische Aktivierungsforschung.* München: Minerva.
Farber, B.A. (1984). Stress and burnout in suburban teachers. *Journal of Educational Research.* 77, 325-331.
Farber, B.A. (1991). "Burnout" bei Lehrern: Annahmen, Mythen, Probleme. In Terhart, E. (Hrsg.), *Unterrichten als Beruf.* (217-230). Köln: Böhlau.
Fend, H. (1977). *Schulklima.* Weinheim: Beltz.
Festinger, L. (1954). A theory of social comparison processes. *Human Relations*, 7, 117-140.
Filipp, S.- H. (Hrsg.)(1979). *Selbstkonzept-Forschung.* Stuttgart: Klett.
Fimian, M.J. (1984). The development of an instrument to measure occupational stress in teachers: The Teacher Stress Inventory. *The British Journal of Occupational Psychology*, 57, 277-293.
Fimian, M. (1985). The development of an instrument to measure occupational stress in teachers of exceptional students. *Techniques*, 1, 270-285.
Fimian, M.J. (1986). Social support, stress, and special education teachers: Improving the work situation. *Pointer*, 31, 49-53.
Fimian, M.J. & Blanton, L.P. (1987). Stress, burnout, and role problems among teacher trainees and first-year teachers. *Journal of Occupational Behaviour*, 8, 157-165.
Fischer, L. (1989). *Strukturen der Arbeitszufriedenheit.* Göttingen: Hogrefe.
Fischer, L. (Hrsg.)(1991). *Arbeitszufriedenheit.* Beiträge zur Organisationspsychologie. Stuttgart: Verlag für Angewandte Psychologie.
Fischer, W. (1973). Der Lehrer als Patient in einer Neurologisch-Psychiatrischen Klinik. *Deutsches Gesundheitswesen*, 27, 1906-1908.
Fletcher, B. & Payne, R.L. (1982). Levels of reported stressors and strains amongst schoolteachers: some UK data. *Educational Review*, 34, 267-277.
Folkman, S., Lazarus, R.S., Gruen, J.R. & DeLongis, A. (1986). Appraisal, coping, health status, and psychological symptoms. *Journal of Personality and Social Psychology*, 50, 571-579.
Forman, S.G. (1982). Stress management for teachers: A cognitiv-behavioral program. *Journal of School Psychology*, 20, 180-187.
Frankenhäuser, M. (1969). Some aspects of research in physiological psychology. In Levi, L. (Ed.), *Emotional stress* (37-53). Basel: Karger.
Frankfurter Rundschau (11.8.1988). Wenn ein Lehrer nicht mehr "durchhält".
Freemann, A. (1987). The coping teacher. *Research in Education*, 38, 1-16.
Freier, B. (1985). *Arbeitszufriedenheit von Lehrern.* Universität Leipzig, Sektion Psychologie, Diplomarbeit. (unveröff.)
Freudenberger, H.J- & Richelson, G. (1990). *Ausgebrannt: Die Krise der Erfolgreichen - Gefahren erkennen und vermeiden.* München: Kindler.
Friczewski, F., Jenewein, R., Lieneke, A., Schiwon-Spies, L. & Westermayer, G. (1989). Betriebliche Gesundheitszirkel. Primärprävention streßbezogener Erkrankungen am Arbeitsplatz. *psychomed* 1, 140-143.
Friedman, M. & Rosenman, R.H. (1975). *Der A-Typ und der B-Typ.* Reinbek: Rowohlt.

Friesen, D., Prokop, C.M. & Sarros, J.C. (1988). Why teachers burn out. *Educational Research Quarterly*, 12, 9-19.

Frister, E., Häker, H. & Hoppe, A. (1960). *Die Arbeitszeit der Lehrer.* Eine Untersuchung anhand einer Repräsentativerhebung in Berlin. (Landesverband Berlin der GEW). In MUND Material und Nachrichtendienst, 12, 100.

Fuchs, A.K. (1981). Zur Analyse des Lehrerberufs - Ein anforderungsanalytischer Entwurf. In Berndt, J., Busch, D.W. & Schönwälder, H.G. (Hrsg.), *Belastung und Beanspruchung am Arbeitsplatz Schule (BAS).* Forschungsbericht Nr. 3 (118-246). Universität Bremen. (unveröff.)

Fuhrer, U. (1984). *Mehrfachhandeln in dynamischen Umfeldern.* Göttingen: Hogrefe.

Gehmacher, E. (1980). Die Schule im Spannungsfeld von Schülern, Eltern und Lehrern. Wien: Österreichischer Bundesverlag Jugend und Volk.

Georgas, J. & Giakoumaki, E. (1984). Psychosocial stress, symptoms, and anxiety of male and female tachers in Greece. *Journal of Human Stress*, 2, 191-197.

Gewerkschaft Erziehung und Wissenschaft (Hrsg.) (1981). *Lehrer. Beruf, Belastung, Verantwortung, Kinder.* Frankfurt: Max-Traeger-Stiftung.

Gewerkschaft Erziehung und Wissenschaft (Hrsg.) (1984). *Kürzer arbeiten.* Freiburg/Br.: Dreisam-Verlag.

Gewerkschaft Erziehung und Wissenschaft (Hrsg.) (1988). *Lehrerarbeit.* Frankfurt: GEW.

Godaert, G., Hagenaars, J., Brosschot, J., Olff, M., Ballieux, R., De Smet, M. & Heynen, C. (1990). Effects of chronic life stress and experimentally induced acute psychological stress on cardiovasculare and immunological parameters in teachers. In *Volume of 1. International Congress of Behavioral Medicine.*(Abstracts), Helsinki, 207.

Golembiewski, R.T. & Munzenrider, R. (1988). *Phases of Burnout. Developments in concepts and applications.* New York: Praeger.

Gräfner, L. & Wolf, E. (1983). Sind Pädagogen gesundheitlich gefährdet? *Zeitschrift für ärztliche Fortbildung*, 77, 939-942.

Gräßler, G. & Klose, J. (1975). *Umfang und Struktur der Arbeitszeit bei Lehrern allgemeinbildender polytechnischer Oberschulen.* Dissertation, Akademie der Pädagogischen Wissenschaften der DDR, Berlin.

Graf, O. & Rutenfranz, J. (1963). *Zur Frage der zeitlichen Belastung von Lehrkräften.* Forschungsbericht des Landes Nordrhein-Westfalen Nr. 1259. Köln, Opladen: Westdeutscher Verlag.

Grassel, H. (1974). Lehrertätigkeit-Lehrerpersönlichkeit. Zu einigen medizinischen und psychologischen Problemen des Lehrerberufs. *Deutsches Gesundheitswesen*, 29, 1328-1333.

Green, D.E. & Walkey, F.H. (1988). A confirmation of the three-factor structure of the Maslach Burnout Inventory. *Educational and Psychological Measurement*, 48, 579-585.

Greenglas, E.R., Pantony, K.L. & Burke, R.J. (1988). A gender-role perspective on role conflict, work stress and social support. *Journal of Social Behavior & Personality*, 3, 317-328.

Greenglas, E.R., Burke, R.J. & Ondrack, M. (1990). A gender-role perspective of coping and burnout. *Applied Psychology: An International Review*, 39, 5-27.

Greer, J.G. & Wethred, Ch.E. (1984). Learned helplessness: A piece of the burnout puzzle. *Exceptional Children*, 50, 524-530.

Greif, S., Bamberg, E. & N. Semmer (Hrsg.) (1991). *Psychischer Streß am Arbeitsplatz.* Göttingen: Hogrefe.

Grewe, N. (Hrsg.)(1990). *Beratungslehrer - eine neue Rolle im System.* Neuwied & Frankfurt: Luchterhand.

Grimm, M.A. (1993). Kognitive Landschaften von Lehrern. Frankfurt: Lang.

Grossmann, K.E. & Winkel, R. (1977). *Angst und Lernen*. München: Kindler.
Gubser, A. (1968). *Monotonie im Industriebetrieb*. Bern: Huber.
Guski, R. (1987). *Lärm*. Bern: Huber.
Hacker, W. (1978). *Allgemeine Arbeits- und Ingenieurpsychologie*. Berlin: DVW.
Hacker, W. (1974). Zum gegenwärtigen Stand und zu Perspektiven der Bestimmung psychischer Beanspruchung im Arbeitsprozeß. *Sozialistische Arbeitswissenschaften*, 18, 17-28.
Hacker, W. (1982). Zu Grundlagen der Tätigkeitsregulation in Lern- und Arbeitsprozessen. In H. Schröder (Hrsg.), *Psychologie der Persönlichkeit und Persönlichkeitsentwicklung* (43-62). Leipzig, Berlin. (Manuskriptdruck)
Hacker, W. (1983). Ziele - eine vergessene psychologische Schlüsselvariable? Zur antriebsregulatorischen Potenz von Tätigkeitsinhalten. *Psychologie für die Praxis*, 1, 5-26.
Hacker, W. (1986). *Arbeitspsychologie*. Bern: Huber.
Hacker, W. & Richter, P. (1984). *Psychische Fehlbeanspruchung: Psychische Ermüdung, Monotonie, Sättigung und Streß*. Berlin: Springer.
Hacker, W. & Iwanowa, A. (1984). Das Tätigkeitsbewertungssystem (TBS) - ein Hilfsmittel beim Erfassen potentiell gesundheits- und entwicklungsfördernder objektiver Tätigkeitsmerkmale. *Psychologie für die Praxis*, 2, 104-114.
Häbler, H. & Kunz, A. (1985). *Qualität der Arbeit und Verkürzung der Arbeitszeit in Schule und Hochschule*. Eine empirische Untersuchung im Auftrag der Max-Traeger-Stiftung. München: IMU-Institut.
Hagstedt, H. (1980). Naive Unterrichtstheorien von Schülern. In Hagstedt, H. & Hildebrand-Nilshon, M. (Hrsg.), *Schüler beurteilen Schule*. (27-41). Düsseldorf: Schwann.
Hall, B.W. Smitley, W.S. Villeme, M.G. & Schwartz, J. (1980). Development and validation of a teacher locus of control scale. Paper presented at the meeting of the National Council on Measurement in Education, Boston.
Halpin, Harris & Halpin (1985). Teacher stress as related to locus of control, sex and age. *Journal of Experimental Education*, 53, 136-140.
Hamann, D., Daugherty, E. & Mills, Ch. (1987). An investigation of burnout assessment and potential job related variables among public school music educators. *Psychology of Music*, 15, 128-140.
Harrison, W.D. (1983). A social competence model of burnout. In B.A. Farber (Ed.), *Stress and burnout in the human service professions* (29-39). New York: Pergamon.
Haug, R. (1982). Die Arbeitssituation von Lehrern im Norden. *DIPF: Mitteilungen und Nachrichten*, 66-83.
Headey, B. & Wearing, A. (1991). Subjective well-being: a stocks and flows framework. In Strack, F., Argyle, M. & Schwarz, N. (Eds.), *Subjective well-being* (49-71). Oxford: Pergamon Press.
Heifetz, L.J. & Bersani, H.A. (1983). Disrupting the Cybernetics of personal growth: Toward a unified theory of burnout in the human services. In Farber, B.A. (Eds.), *Stress and Burnout in the human services professions* (46-62). New York: Pergamon.
Hentig von, H. (1976). *Was ist eine humane Schule?* München: Hanser.
Hentig von, H. (1987). Eine Bildungspolitik ohne Experimentalaufträge ist tot. *Pädagogik heute*, 5, 18-24.
Herzberg, F. (1964). The motivation-hygiene concept and problems of man power. *Personnel Administration*, 27, 3-7.
Hicks, F.P. (1933). *The mental health of teachers*. New York: Cullmann & Ghertner.
Hiebert, B. (1984). *Stress and teachers: The Canadian scene*. A report to the Canadian Education Association. British Columbia: Simon Fraser University.

Hiebert, B. & Farber, I. (1984). Teacher stress: a literature survey with a few surprises. *Canadian Journal of Education*, 9, 14-27.
Hofer, M. (1986). *Sozialpsychologie erzieherischen Handelns*. Göttingen: Hogrefe.
Hoffmann, E. (1988). Zwischen Engagement und Enttäuschung oder: das Burnout-Syndrom. *Erziehung und Unterricht*, 4, 509-527.
Hofsommer, W. (1980). Lehrerängste in Anforderungssituationen. *Westermanns Pädagogische Beiträge*, 32, 14-19.
Holodynski, M & Jantzen, W. (1989). *Studien zur Tätigkeitstheorie V. Persönlicher Sinn als gesellschaftliches Problem.* Bielefeld: Universität.
Holtz, K.-L. (1987). Stress, Angst und Burn-Out im Lehrerurteil. In Haeberlin, U. & Amrein, Ch. (Hrsg.), *Forschung und Lehre für die sonderpädagogische Praxis* (218-227). Bern: Haupt Verlag.
Hoppock, R. (1935). *Job satisfaction*. New York: Wiley.
House, J.S. (1981). *Work stress and social support*. Reading, Mass.: Addison-Wesley.
Hoyos, C. Graf (1974). *Arbeitspsychologie*. Stuttgart: Kohlhammer.
Innes, J.M. & Kitto, S. (1989). Neuroticism, self-consciousness and coping strategies, and occupational stress in high school teachers. *Personality & Individual Differences*, 10, 303-312.
Jahn, H.-U. (1987). *Die Bewältigung pädagogischer Problemsituationen durch den Lehrer im Unterricht*. Dissertation, Phil. Fak., Karl-Marx-Universität Leipzig. (unveröff.)
Janke, W. & Debus, G. (1978). *Die Eigenschaftswörterliste (EWL)*. Göttingen: Hogrefe.
Janke, W., Erdmann, G. & Kallus, W. (1985). *Streßverarbeitungsfragebogen (SVF)*. Göttingen: Hogrefe.
Jantzen, W. (1987). *Allgemeine Behindertenpädagogik*. Band 1. Weinheim & Basel: Beltz.
Jehle, G. (1986). *Angst und Streß bei Lehrern verschiedener Schularten*. Wiss. Hausarbeit. Pädagogische Hochschule Heidelberg.
Jehle, P. & Nord-Rüdiger, D. (1989). Angst des Lehrers - Eine Literaturübersicht. *Zeitschrift für internationale erziehungs- und sozialwissenschaftliche Forschung*, 6, 194-217.
Jehle, P. & Nord-Rüdiger, D. (1991). *FLASH: Frankfurter Lehrer-Angst-Selbst-Hilfe: Programm zur Bearbeitung sozial-emotionaler Belastungen von Lehrern im Unterricht - Wege zur Selbsthilfe in der Gruppe.* Forschungsbericht. Frankfurt a.M.: Deutsches Institut für Internationale Pädagogische Forschung. (unveröff.)
Johnson, A.B., Gold, V. & Knepper, D. (1984). Frequency and intensity of professional burnout among teachers of the mildly handicapped. *College Student Journal*, 18, 261-266.
Kahl, T. (1987). Reduzierung der Lehrer-Arbeitsbelastung durch Teilnahme an Fortbildungsangeboten. In Schönwälder, H.-G., *Lehrerarbeit* (69-94). Freiburg/Br.: Dreisam-Verlag.
Kahn, R.L. (1978). Job burnout. Prevention and remedies. *Public Welfare*, 36, 61-63.
Kanner, A.D., Coyne, J.C., Schaefer, C. & Lazarus, R.S. (1981). Comparison of two modes of stress measurement: Daily hassles and uplifts versus major life events. *Journal of Behavioral Medicine*, 4, 1-39.
Kannheiser, W. (1983). Theorie der Tätigkeit als Grundlage eines Modells von Arbeitsstreß. *Zeitschrift für Arbeits- und Organisationspsychologie*, 27, 102-110.
Karasek, R.A. (1979). Job demands, job decision latitude, and mental strain: Implications for job redesign. *Administrative Science Quarterly*, 24, 285-308.
Karsten, A. (1928). Psychische Sättigung. *Psychologische Forschung*, 10, 142-254.
Katschnig, H. (Hrsg.) (1984). *Sozialer Streß und psychische Erkrankung*. München: Urban & Schwarzenberg.
Kazis, C. (1980). Schulmüde Lehrer. Abkehr vom Lehrerberuf. *Schweizer Lehrerzeitung* (SLZ), 34, 1209-1212.

Kearney, D. & Turner, K. (1987). Peer support and stress management for headteachers. *Educational Psychology in Practice*, 3, 20-25.

Keller, R. Pia, D. & Rufer, M. (1976). *Das Konfliktfeld Schule als Ursache zur Aufgabe des Lehrerberufs: Eine sozial-psychologische Untersuchung zur (ehemaligen) Berufssituation aus dem Schuldienst ausgetretener Primarlehrer und -lehrerinnen der Kantone Bern und Aargau*. Bern: Haupt.

Kessler, A. (1989). *Der erfolgreiche Umgang mit täglichen Belastungen - Streßbewältigungsprogramm.* München: Gerhard Röttger Verlag.

Kessel, W. (1990). Zu einigen theoretischen Problemen, empirischen Ergebnissen und Perspektiven der psychologischen Lehrerforschung. In Schröder, H. & Reschke, K. (Hrsg.), *15 Jahre Psychologie an der Alma mater Lipsiensis* (182-211). Universität Leipzig. Kessel, W., Scheuch, K. & Rudow, B. (Hrsg.)(1985). *Beiträge zur Lehrergesundheit.* Universität Leipzig. (Manuskriptdruck)

Keupp, H. (1985). Helferkrisen - Helfer in der Krise. In Keupp, H. et al. (Hrsg.), *im schatten der wende - Helferkrisen - Arbeitslosigkeit - Berufliche Sozialisation* (7-10). Tübingen: DGVT-Verlag.

Kiehl-Krau, I. (1991). *Montags in meiner Klasse. Gedichte aus der Schule*. Braunfels: Selbstverlag.

Kinnunen, U. (1989). *Teacher stress over a school year*. Jyväskylä: University of Jyväskylä.

Kinnunen, U. (1988). Teacher stress during an autumn term in Finland: Four types of stress processes. *Work & Stress,* 2, 333-340.

Kischkel, K.- H. (1984). *Zur Arbeitssituation von Lehrern.* Frankfurt/M.: Lang.

Klaus, A., Tiebald, S. & Wagner, M. (1980). Wenn ich an die Schule denke, verkrampft sich in mir alles. Drei Lehrer berichten über ihr Unbehagen, ihre Ängste, ihre Gefühle. *Westermanns Pädagogische Beiträge,* 32, 4-7.

Kleiber, D. & Enzmann, D. (1986). *Helfer-Leiden: Überlegungen zum Burnout in helfenden Berufen.* In G. Feuser & W. Jantzen (Hrsg.), *Jahrbuch für Psychopathologie und Psychotherapie.* Köln: Pahl-Rugenstein.

Knight-Wegenstein-AG (1973). *Die Arbeitszeit der Lehrer in der Bundesrepublik Deutschland.* Zürich: Antor.

Knothe, M., Scheuch, K., Misterek, M., Meyer, G. & Thümmler, D. (1991). Einflußfaktoren auf die psychophysische Beanspruchung von Lehrern im Unterricht. In Scheuch, K. (Hrsg.), *Einflußfaktoren auf den Gesundheitszustand von Pädagogen* (34-44). Berlin: VWB.

Kobasa, S.C. (1979). Stressful life events and health: An inquiry into hardiness. *Journal for Personality and Social Psychology*, 37, 1-11.

Köppel, K. (1983). Untersuchung zur psychohygienischen Situation der Wiener Pflichtschullehrer. *Schulhefte*, 3, 8-17.

Kohnen, R. & Barth, A.-R. (1990). Burnout bei Grund- und Hauptschullehrern - ein gesundheitliches Risiko? Lehrerjournal. *Grundschulmagazin,* 10, 41-44.

Koleva, N.W. (1985). Einige Ergebnisse einer sozialhygienischen Untersuchung von Lehrern in der VR Bulgarien. In Kessel, W., Scheuch, K. & Rudow, B. (Hrsg.), *Lehrerpersönlichkeit, Lehrertätigkeit, Lehrergesundheit* (II)(61-65). Universität Leipzig.

Krampen, G. (1982). *Differentialpsychologie der Kontrollüberzeugungen.* Göttingen: Hogrefe.

Krampen, G. & Schwab, P. (1980). Erziehungsziele und Berufszufriedenheit von Grundschul-, Hauptschul- und Gymnasiallehrern. *Psychologie in Erziehung und Unterricht*, 27, 174-177.

Krause, N. & Stryker, S. (1984). Stress and well-being: The buffering role of locus of control beliefs. *Social Science & Medicine*, 18, 783-790.

Kretschmann, R. (1990). Stress im Lehrerberuf. Was sind seine Ursachen? Was kann getan werden? *Paed. extra & Demokratische Erziehung*, 3, 56-60.

Kremer, L. & Hofmann, J.E. (1985). Teachers' professional identity and burn-out. *Research in Education*, 34, 89-95.

Krieger, R. et al. (1976). Erlebte Belastung des Lehrers durch verhaltensauffällige Schüler. *Zeitschrift für Entwicklungspsychologie und Pädagogische Psychologie*, 8, 245-251.

Künzel, R. & Schulte, D. (1986). "Burn-out" und Praxisschock Klinischer Psychologen. *Zeitschrift für Klinische Psychologie*, XV, 303-320.

Kunin, T. (1955). The construction of a new type of attitude measure. *Personnel Psychology*, 8, 65-77.

Kunzendorff, E. & Spangenberg, B. (1983). Zur Arbeitszufriedenheit als einer psychosozialen Vermittlungsgröße zwischen Arbeitssituation und Gesundheitsstörungen, insbesondere Herz-Kreislauf-Krankheiten. In Kunzendorff, E. & Werling, H. (Hrsg.), *Herz-Kreislauf-Krankheiten, soziale Bedingungen und Persönlichkeit* (74-83). Berlin: Verlag Volk und Gesundheit.

Kyriacou, C. (1980a). Coping actions and occupational stress among schoolteachers. *Research in Education*, 24, 57-61.

Kyriacou, C. (1980b). Stress, health and schoolteachers: A comparison with other professions. *Cambridge Journal of Education*, 10, 154-158.

Kyriacou, C. (1981). Social support and occupational stress among schoolteachers. *Educational Studies*, 7, 55-60.

Kyriacou, C. (1987). Teacher stress and burnout: an international review. *Educational Research*, 29, 146-152.

Kyriacou, C. & Sutcliffe, J. (1978a). A model of teacher stress. *Educational Studies*, 4, 1-6.

Kyriacou, C. & Sutcliffe, J. (1978b). Teacher stress: Prevalence, sources, and symptoms. *British Journal of Educational Psychology*, 48, 159-167.

Kyriacou, C. & Sutcliffe, J. (1980). Teacher stress and satisfaction. *Educational Research*, 21, 89-96.

Kyriacou, C. & Pratt, J. (1985). Teacher stress and psychoneurotic symptoms. *British Journal of Educational Psychology*, 55, 61-64.

Larsson, G., Setterlind, S. & Starrin, B. (1990). Routinization of stress control programms in organizations: A study of swedish teachers. In *Volume of the 1. International Congress of Behavioral Medicine (Abstracts)* in Helsinki, 112.

Laughlin, A. (1984). Teacher stress in a Australian setting: The role of biographical mediators. *Educational Studies*, 10, 7-22.

Lazarus, R.S. (1966). *Psychological stress and the coping process*. New York: McGraw Hill.

Lazarus, R. S. & Launier, R. (1981). Streßbezogene Transaktionen zwischen Person und Umwelt. In Nitsch, J. (Hrsg.), *Streß*, (213-260). Bern: Huber.

Lazarus, R.S. & Folkman, S. (1984). *Stress, appraisal, and coping*. New York: Springer.

Le Monde (16. April 1992). Les accrocs du metier.

Leontjew, A.A. (1982). *Tätigkeit, Bewußtsein, Persönlichkeit*. Berlin: Volk und Wissen.

Leuschner, G. (1976). Zum Einfluß von Schulleitungs- und sozialen Bedingungen auf das Belastungserleben im Lehrerberuf. *Wiss. Zeitschrift der Univ. Rostock*, 25, 635-639.

Leuschner, G. (1979). Belastungsbedingungen im Lehrerberuf. *Zeitschrift für gesamte Hygiene*, 25, 18-21.

Leuschner, G. (1985). *Psychologische Aspekte zur Genese, Rehabilitation und Prävention der Berufsunfähigkeit von Pädagogen*. Dissertation (B), Phil. Fak., Universität Rostock. (unveröff.)

Liebert, R.M. & Morris, L.W. (1967). Cognitive and emotional components of test anxiety. *Psychological Reports,* 20, 975-978.

Littig, K.-E. (1980). Berufszufriedenheit von Lehrern. Forschungsergebnisse und Forschungsschwerpunkte. *Zeitschrift für Empirische Pädagogik*, 4, 225-243.

Locke, E.A. (1976). The nature and causes of job satisfaction. In Dunnette, M.D. (Ed.), *Handbook of industrial and organization psychology* (1297-1350). Chicago: Rand McNally.

Long, B.C. & Gessaroli, M.E. (1989). The relationsship between teacher stress and perceived coping effectiveness: Gender and marital differences. *The Alberta Journal of Educational Research*, XXXV, 308-324.

Lukesch, H. (1986). Diagnostizierbarkeit von Prüfungsangst. *Psychologie in Erziehung und Unterricht*, 33, 126-132.

Mäkinen, R. (1982). Teachers' work, well-being and health. *Jyväskylän Studies in Education, Psychology and Social Research*, 46. Jyväskylä.

Mäkinen, R. & Kinnunen, U. (1986). Teacher stress over a school year. *Scandinavian Journal of Education Research*, 30, 55-70.

Malanowski, J.R. & Wood, P.H. (1984). Burnout and self-actualization in public school teachers. *Journal of Psychology,* 117, 23-26.

Martin, E., Ackermann, U., Udris, I. & Oegerli, K. (1980). *Monotonie in der Industrie.* Bern: Huber.

Maslach, C. & Jackson, S. (1981). The measurement of experienced burnout. *Journal of occupational Behaviour*, 2, 99-113.

Maslow, A. (1973). *Psychologie des Seins.* München: Pfeiffer.

Mazur, P.J. & Lynch, M.D. (1989). Differential impact of administrative, organizational, and personality factors on teacher burnout. *Teaching & Teacher Education*, 5, 337-353.

McGrath, J.E. (Ed.)(1970). *Social psychological factors in stress.* New York: Holt, Rinehart & Winston.

McIntyre, T.C. (1983). The effect of class size on perceptions of burnout by special education teachers. *Mental Retardation and Learning Disability Bulletin*, 11, 142-145.

Medical Tribune (19.Mai 1989). Lehrer: Von Streß keine Spur.

Meichenbaum, D. (1991). *Intervention bei Streß*. Bern: Huber.

Meier, S.T. (1983). Toward a theory of burnout. *Human Relations*, 36, 899-910.

Melder, W. (1979). Lärm im Klassenzimmer. *Kampf dem Lärm 26*, 84-86.

Mergner, U. (1989). Zur sozialen Konstitution psychischer Belastung durch Arbeit. *Zeitschrift für Arbeits- und Organisationspsychologie*, 33, 64-72.

Merz, J. (1979a). *Berufszufriedenheit von Lehrern.* Beltz: Weinheim.

Merz, J. (1979b). Wo drückt der Schuh am meisten? Empirische Befunde zur subjektiven Berufsbelastung von Lehrern. *Bayerische Schule*, 32, 13-16.

Merz, J. & A. Weid (1981). Berufliche Wertorientierungen und Allgemeine Berufszufriedenheit von Lehrern. *Psychologie in Erziehung und Unterricht*, 28, 214-221.

Meyer, E. (Hrsg.) (1991). *Burnout und Stress. Paxismodelle zur Bewältigung*. Hohengehren: Schneider.

Miller, R. (1989). *Sich in der Schule wohlfühlen. Wege für Lehrerinnen und Lehrer zur Entlastung im Schulalltag.* Weinheim: Beltz.

Milstein, M.M., Golaszewski, T.J. & Duquette, R.D. (1984). Organizationally based stress: What bothers teachers. *Journal of Educational Research*, 77, 293-297.

Mohr, G. (1991). Fünf Subkonstrukte psychischer Befindensbeeinträchtigungen bei Industriearbeitern: Auswahl und Entwicklung. In Greif, S. et al. (Hrsg.), *Psychischer Streß am Arbeitsplatz* (91-119). Göttingen: Hogrefe.

Moracco, J.C., Danford, D. & D-Arienzo, R.. (1982). The factorial validity of the Teacher Occupational Stress Faktor Questionnaire. *Educational & Psychological Measurement*, 42, 275-283.
Mykletun, R.J. (1984). Teacher stress: Perceived and objective sources, and quality of life. *Scandinavian Journal of Educational Research*, 28, 17-45.
Müller, H.A. (1981). *Das Selbstbewußtsein des Lehrers.* Bonn: Bouvier.
Müller, Ch. (Hrsg.)(1973). *Lexikon der Psychiatrie*. Berlin: Springer.
Müller-Fohrbrodt, G., Cloetta, B. & Dann, H.-D. (1978). *Der Praxisschock bei jungen Lehrern.* Stuttgart: Kohlhammer.
Müller-Limmroth, W. (1980). *Arbeitszeit-Arbeitsbelastung im Lehrerberuf.* Frankfurt/M.:GEW.
Munipow, W.M., Iwanowa, E.M., Leonowa, A.B. & Sintschenko, W.P. (1980). *Aktuelle Probleme der Arbeitspsychologie, Ingenieurpsychologie und Ergonomie*. Moskau: Universität. (russisch)
Mutzeck, W. (1989). Kollegiale Supervision. *Forum Pädagogik*, 2(4), 178-182.
Needle, R.H., Griffin, T. & Svendson, R. (1981). Occupational stress: coping and health problems of teachers. *Journal of School Health*, 50, 37-39.
Nengelken, G. & Ulich, E. (1965). Über einige Aspekte der zeitlichen Beanspruchung und der Einstellung von Lehrkräften an höheren Schulen. *Neue deutsche Schule*, 24, 302-308.
Neuberger, G. (1974). *Theorien der Arbeitszufriedenheit*. Stuttgart: Kohlhammer.
Nieminen, S. (1984). *Teachers' perception of mental health, its relationship to their mental health and to changes thereof.* Research Report 27, Department of Teacher Education, University of Helsinki.
Nowack, K.M., Gibbons, J.M. & Hanson, A.L. (1985). Factors affecting burnout and job performance of resident assistants. *Journal of College Student Personnel,* 25, 137-142.
Nuding, A. (1984). Lehrerangst im Schulalltag. *Psychologie in Erziehung und Unterricht*, 31, 292-297.
Nummela, R.M. (1982). The number of teacher adaptations can predict burnout. *Education,* 103, 79-81.
Offner, M. (1928). *Die geistige Ermüdung. Eine umfassende Darstellung des Wesens der geistigen Ermüdung, der Methoden der Ermüdungsforschung und ihrer Ergebnisse speziell für den Unterricht.* Berlin: Reuther & Reichard.
Olbrich, E. (1982). Die Entwicklung der Persönlichkeit im menschlichen Lebenslauf. In Oerter, R., Montada, L. et al. (Hrsg.), *Entwicklungspsychologie. Ein Lehrbuch.* (91-123). München: Urban & Schwarzenberg.
Olson, J. & Matuskey, P.V. (1982). Causes of burnout in SLD teachers. *Journal of Learning Disabilities*, 15, 97-99.
Orpen, C. & King, G. (1987). Job stress, personality and individual strain. *Psychological Research Journal,* 11, 33-44.
Osterloh, M. (1983). *Handlungsspielräume und Informationsverarbeitung.* Bern: Huber.
Otto, R. (1986). *Teachers under stress.* Melbourne: Hill of Content.
Palmore, E. (1969). Predicting longevity: A follow-up controlling for age. *Gerontology*, 9, 31-47.
Parkay, F.W., Greendwood, G., Olejnik, S. & Proller, N. (1988). A study of the relation-ships among teacher efficacy, locus of control, and stress. *Journal of Research & Development in Education*, 21, 13-22.
Pawlow, I.P. (1953). *Gesammelte Werke.* Berlin: Akademie-Verlag.
Peez, H. (1983). Angst als Begleiter im Lehrerleben. *Bayerische Schule,* 36, 15-18.

Perrez, M. (1992). Prävention, Gesundheits- und Entfaltungsförderung: Systematik und allgemeine Aspekte. In Perrez, M. & Baumann, U. (Hrsg.), *Lehrbuch Klinische Psychologie* (80-98). Bern: Huber.

Pettegrew, L.S. & Wolf, G.E. (1982). Validating measures of teacher stress. *American Educational Research Journal*, 19, 373-396.

Phillipps, M. (1932). Some problems of adjustment in the early years of a teacher's life. *British Journal of Educational Psychology,* 2, 237-256.

Pieper, A. (1986). *Verbesserung der Zusammenarbeit im Lehrerkollegium als Aufgabe einer systembezogenen schulpsychologischen Beratung*. Frankfurt: Lang.

Pierce, M.B. & Molloy, G.N. (1990). Psychological and biographical differences between secondary school teachers experiencing high and low levels of burnout. *British Journal of Educational Psychology*. 60, 37-51.

Pieren, F. & Schärer, A. (1992). *Lehrer- und Lehrerinnenbelastungen*. Eine Untersuchung an Erst- und Viertklasslehrkräften. Lizentiatsarbeit an der Universität Fribourg.

Pines, A.M. (1983). On burnout and the buffering effects of social support. In B.A. Farber (Ed.), *Stress and burnout in the human service professions* (155-174). New York: Pergamon.

Pines, A.M. & Aronson, E. (1988). *Career Burnout*. New York: Free Press.

Pines, A.M., Aronson, E. & Kafry, D. (1983, 1991). *Ausgebrannt. Vom Überdruß zur Selbstentfaltung*. Stuttgart: Klett-Cotta.

Plath, H.-E. & Richter, P. (1978). Der BMS (I)-Erfassungsbogen - Ein Verfahren zur skalierten Erfassung erlebter Beanspruchungsfolgen. *Probleme und Ergebnisse der Psychologie,* 65, 45-85.

Pratt, J. (1978). Perceived stress among teachers: the effects of age and background of children taught. *Educational Review*, 30, 3-14.

Prick, L.G.M. (1989). Satisfaction and stress among teachers. In Huberman, M. (Ed.), *Research on teachers' professional lives. International Journal of Educational Research,* 13, 363-378.

Punch, .F. & Tuettemann, E. (1990). Correlates of psychological distress among secondary school teachers. *British Educational Research Journal*, 16, 369-382.

Puritz, U. (1980). Ich pfeife aus dem letzten Loch, aber ich pfeife. Schreiben aus dem Schulstreß. *Ästhetik und Kommunikation*, 39, 31-40.

Putzhammer, H. (1988). Zur gesellschaftlichen Formbestimmtheit von Lehrerarbeit. In Gewerkschaft Erziehung und Wissenschaft (Hrsg.), *Lehrerarbeit* (42-47). Frankfurt: GEW.

Reinecker, H. (Hrsg.) (1990). *Lehrbuch der Klinischen Psychologie.* Göttingen: Hogrefe.

Renvoize, E.B. (1986). Stress and the schoolteacher. *Stress Medicine*, 2, 107-111.

Rhodewalt, F., Hays, R.B., Chemers, M.M. & Wysocki, J. (1984). Type A behavior, perceived stress, and illness: A person-situation analysis. *Personality & Social Psychology Bulletin*, 10, 149-159.

Rheinberg, F. & Minsel, B. (1986). Psychologie des Erziehers. In Weidenmann, B. u.a.(Eds.), *Pädagogische Psychologie* (277-350). München: Urban & Schwarzenberg.

Rheinischer Merkur (1993). Krankmacher Schule. Die sieben Plagen der Pädagogen. Nr. 42 (15.10.93).

Rogers, C.R. (1979). *Encountergruppen.* München: Kindler.

Rohmert, W. (1984). Das Belastungs-Beanspruchungs-Konzept. *Zeitschrift für Arbeitswissenschaften,* 38 (10NF), 193-200.

Rotering-Steinberg, S. (1990). Kollegiale Praxisberatung/Supervision als präventives Angebot für Beratungslehrerinnen und Beratungslehrer. In Grewe, N. (Hrsg.), *Beratungslehrer - eine neue Rolle im System* (346-350). Neuwied & Frankfurt: Luchterhand.

Rotter, J.B. (1966). Generalized expectancies for internal versus external control of reinforcement. *Psychological Monographie*, 609, 1-28.
Rosenthal, R. & Jacobson, L. (1971). *Pygmalion im Unterricht*. Weinheim: Beltz.
Rosenstiel von, L. (1992). *Grundlagen der Organisationspsychologie*. Stuttgart: Schäffer-Poeschel.
Rüdiger, W. (1990). Evaluation in der Gesundheitspsychologie. In Schwarzer, R. (Hrsg.), *Gesundheitspsychologie* (475-488). Göttingen: Hogrefe.
Rudow, B. (1980). *Psychophysiologische Untersuchungen zum Streßproblem.* Dissertation, Nat.-mat. Fak., Technische Universität Dresden. (unveröff.)
Rudow, B. (1986). *Konzepte, Probleme und Ergebnisse psychologischer Belastungs- und Beanspruchungsforschung - dargestellt am Beispiel der Lehrertätigkeit und Lehrergesundheit.* Dissertation (B), Nat.-math. Fak., Universität Leipzig. (unveröff.)
Rudow, B. (1988). Stand, Ergebnisse und Perspektiven der psychologischen Forschung zur Arbeitszufriedenheit - dargestellt am Beispiel der Lehrertätigkeit. *Zeitschrift für gesamte Hygiene,* 34, 330-333.
Rudow, B. (1990a). Konzepte zur Belastungs- und Beanspruchungsanalyse im Lehrerberuf. *Zeitschrift für Pädagogische Psychologie*, 4, 1-12.
Rudow, B. (1990b). Empirische Untersuchungen zur Belastung und Beanspruchung im Lehrerberuf. *Zeitschrift für Pädagogische Psychologie*, 4, 75-85.
Rudow, B. (1992). Zur psychologischen Tätigkeitsanalyse im Lehrerberuf - Konzeption, Probleme und Ergebnisse. *Zeitschrift für Arbeits- und Organisationspsychologie*, 36, 137-143.
Rudow, B. (1993). *Belastungs-Management-Training für Lehrer (BMT-L).* Manuskript (unveröff.).
Rudow, B. (1994). Eine Konzeption zur Belastungs-Beanspruchungs-Erholungs-Sequenz unter Berücksichtigung der Beziehung von Burnout und Sportaktivität. In Wieland-Eckelmann, R. et al. (Eds.), Belastung und Erholung. München: PVU. (im Druck)
Rudow, B. & Scheuch, K. (1982). Konzepte und Begriffe in der psychologischen Streßforschung - eine kritische Betrachtung aus tätigkeitstheoretischer Sicht. *Nederlands Tijdschrift voor de Psychologie*, 37, 361-382.
Rudow, B. & Scheuch, K. (1986). Zur Psychoprophylaxe und Psychohygiene im Lehrer- und Erzieherberuf - theoretische Grundlagen und methodische Ansätze. *Fortschrittsberichte und Studien.* Berlin: Akademie der Päd. Wissenschaften der DDR.
Rudow, B. & Buhr, J. (1986). Beziehungen zwischen Tätigkeitsmerkmalen, personalen Eigenschaften und dem Belastungserleben sowie neurotisch-funktionellen Störungen bei Lehrern. In Schröder, H. & Reschke, K. (Hrsg.), *Beiträge zur Theorie und Praxis der Medizinischen Psychologie*, 3 (43-54). Universität Leipzig.
Rumpf, H. (1967). *40 Schultage. Tagebuch eines Studienrates.* Braunschweig: Westermann.
Russell, D.W., Altmaier, E. & van Velzen, D. (1987). Job-related stress, social support, and burnout among classroom teachers. *Journal of Applied Psychology*, 72, 269-274.
Saldern von, M. (1992). *Klassengröße als Forschungsgegenstand - Geschichte, Theorie und pädagogische Implikation.* Habil.schrift. Universität Koblenz-Landau. Fachbereich Erziehungswissenschaften. (unveröff.)
Saldern von, M. & Katz, P. (1990). Die Bedeutung der Klassenfrequenz im Urteil der Lehrer. *Pädagogik zeitgemäß*, Heft 8, Pädagogisches Zentrum des Landes Rheinland-Pfalz (Hrsg.), Bad Kreuznach.
Saupe, R. & Möller, H. (1981). *Psychomentale Belastungen im Lehrerberuf.* Ergebnisse einer Studie in Berlin-West. GEW, Landesverband Berlin.

Seeger, F. & Bromme, R. (1979). Zur Untersuchung der Lehrertätigkeit im Rahmen der kognitiven Psychologie. In Ueckert, H. & Rhenius, D. (Hrsg.), *Komplexe menschliche Informationsverarbeitung*. Bern: Huber.

Selye, H. (1981). Geschichte und Grundzüge des Streßkonzepts. In J.R. Nitsch (Hrsg.), *Streß* (163-187). Bern: Huber.

Seibel, H.D. & Lühring, H. (1984). *Arbeit und psychische Gesundheit*. Göttingen: Hogrefe.

Seidman, S. & Zager, J. (1987). The Teacher Burnout Scale. *Educational Research Quarterly*, 11, 26-33.

Sembill, D. (1992). *Problemlösefähigkeit, Handlungskompetenz und emotionale Befindlichkeit*. Göttingen: Hogrefe.

Semmer, N. (1984). *Streßbezogene Tätigkeitsanalyse*. Weinheim: Beltz.

Shakespeare, W. (1962). *Hamlet*. Berlin: Aufbau-Verlag.

Sieland, B. (1990). Beratung als Ermutigung. In Grewe, N. (Hrsg.), *Beratungslehrer - eine neue Rolle im System* (55-67). Neuwied & Frankfurt: Luchterhand.

Six, B. & Eckes, A. (1991). Der Zusammenhang von Arbeitszufriedenheit und Arbeitsleistung - Resultat einer metaanalytischen Studie. In Fischer, L. (Hrsg.), *Arbeitszufriedenheit* (21-45). Stuttgart: Verlag für Angewandte Psychologie.

Soh, K (1986). Locus of control as a moderator of teacher stress in Singapore. *Journal of Social Psychology*, 126, 257-258.

Solman, R. & Feld, M. (1989). Occupational stress: Perceptions of teachers in catholic schools. *Journal of Educational Administration*, 27, 55-68.

Sparks, D. (1979). Teacher burnout: A teacher center tackless the issue. *Today's Education*, 68, 37-39.

Sprung, L. & Sprung, H. (1984). *Grundlagen der Methodologie und Methodik in der Psychologie*. Berlin: DVW.

Stogdill, R.M. (1963). *Manual for the Leader Behavior Description Questionnaire-Form XII: An experimental revision.* Columbus: The Ohio State University.

Strelau, J. (1983). *Temperament - personality - activity*. London: Academic Press.

Schäfer, E. (1990). *Analyse der Arbeitszeiten von Lehrerinnen und Lehrern an Gymnasialabteilungen Bremer Sek. II-Zentren*. Schriftliche Hausarbeit für das Lehramt an öffentlichen Schulen. Universität Bremen. (unveröff.)

Scheuch, K. (1991). *Einflußfaktoren auf den Gesundheitszustand von Pädagogen*. Berlin: VWB.

Scheuch, K., Schreinicke, G., Leipnitz, B. & Rudow, B. (1978). Psychophysiologische Untersuchungen zur Beanspruchung von Lehrern. *Deutsches Gesundheitswesen*, 33, 2252-2256.

Scheuch, K., Navakatikjan, A.O., Tomaschevskaja, L.I., Karpenko, A.V., Michael, K., Rudow, B., Schreinicke, G. & Hüber, B. (1982). Neurotische Tendenzen und während eines Schuljahres auftretende Herz-Kreislauf-Veränderungen bei Lehrern. *Zeitschrift für ärztliche Fortbildung*, 76, 610-615.

Scheuch, K., Rudow, B. & Schreinicke, G. (1982). Zur Einordnung des Streß in ein Belastungs-Beanspruchungs-Konzept unter psychophysiologischen Gesichtspunkten. *Zeitschrift für gesamte Hygiene*, 28, 449-453.

Scheuch, K., Rudow, B. & Kessel, W. (1984). Stand, Probleme und Aufgaben medizinisch-psychologischer und pädagogischer Forschung zur Lehrergesundheit. *Deutsches Gesundheitswesen*, 39, 505-508.

Schlottke, P. & Wahl, D. (1983). *Streß und Entspannung im Unterricht*. Trainingshilfen für Lehrer. München: Hueber.

Schmidtke, H. (1965). *Die Ermüdung*. Bern: Huber.

Schönpflug, W. (1979). Regulation und Fehlregulation im Verhalten. I. Verhaltensstruktur, Effizienz und Belastung - theoretische Grundlagen eines Untersuchungsprogramms. *Psychologische Beiträge*, 21, 174-202.

Schönpflug, W. (1985). Psychische Belastungen am Arbeitsplatz des Lehrers. In Kessel, W., Rudow, B. & Scheuch, K. (Hrsg.), *Lehrerpersönlichkeit, Lehrertätigkeit, Lehrergesundheit (II)* (17-26). Universität Leipzig.

Schönpflug, W. (1987). Beanspruchung und Belastung bei der Arbeit - Konzepte und Theorien. In Kleinbeck, U. & Rutenfranz, J. (Hrsg.), *Arbeitspsychologie* (130-184). Göttingen: Hogrefe.

Schönwälder, H.-G. (1983a). *Lehrerarbeit - Arbeit ohne Theorie*. Heidelberg: Carl Winter Universitätsverlag.

Schönwälder, H.- G. (1983b). Arbeitsbelastung und Arbeitszeit des Lehrers. In Gewerkschaft Erziehung und Wissenschaft (Hrsg.), *Arbeitszeit und Arbeitsbelastung* der Lehrer (4-33). Stuttgart: GEW.

Schönwälder, H.-G. (Hrsg.)(1987). *Lehrerarbeit. Eine vergessene Dimension der Pädagogik.* Freiburg/Br.: Dreisam-Verlag.

Schönwälder, H.-G. (1989). Belastungen im Lehrerberuf. *Pädagogik*, 41, 11-14.

Schönwälder, H.-G. (1990). Rationalität im Lehrerberuf. In Strittmatter, P. (Hrsg.), *Zur Lernforschung: Befunde - Analysen - Perspektiven.* (77-98). Weinheim: Deutscher Studienverlag.

Schonfeld, I.S. (1990). Coping with job-related stress: The case of teachers. Journal of *Occupational Psychology*, 63, 141-149.

Schröder, H. (1983). Zur Pathopsychologie der Lehrerpersönlichkeit. In Akademie der Pädagogischen Wissenschaften der DDR (Hrsg.), *Beiträge zur Lehrergesundheit* (55-63). Berlin: APW.

Schubert, R. (1983). *Feldstudie zur Phänomenologie von psychopathogen relevanten Belastungssituationen.* Diplomarbeit, Sektion Psychologie, Universität Leipzig.

Schuh, E. (1962). *Der Volksschullehrer*. Hannover: Schroedel.

Schwab, R.L. & Iwanicki, E.F. (1982). Who are our burned out teachers? *Educational Research Quarterly*, 7, 3-16.

Schwarzer, R. & Leppin, A. (1990). Sozialer Rückhalt, Krankheit und Gesundheitsverhalten. In Schwarzer, R., *Gesundheitspsychologie* (395-428). Göttingen: Hogrefe.

Tausch, R. (1962). Merkmalsbeziehungen und psychologische Vorgänge in der Sprachkommunikation des Unterrichts. *Zeitschrift für experimentelle und angewandte Psychologie*, 9, 474-508.

Tausch, R. & Tausch, A. (1979a). *Erziehungspsychologie.* Göttingen: Hogrefe.

Tausch, R. & Tausch, A. (1979b). *Gesprächspsychotherapie*. Göttingen: Hogrefe.

Tausch, R. (1982). Wie kann ich als Lehrer echter, einfühlsamer und wärmesorgender werden? Eine Bedingung für das bedeutungsvolle Lernen der Schüler. *Zeitschrift für Sozialpsychologie und Gruppendynamik*, 1, 17-40.

Tennstädt, K.-C., Krause, F., Humpert, W. & Dann, H.-D. (1990). *Das Konstanzer Trainingsmodell (KTM).* Bern: Huber.

Terhart, E. (1984). Psychologische Theorien des Lehrerhandelns. *Die Deutsche Schule*, 76, 1-16.

Thomae, H. (1968). *Das Individuum und seine Welt.* Göttingen: Hogrefe.

The Times (17.2.1989). Stress spawns an epidemic of mental illness.

Tomaszewski, T. (1981). Struktur, Funktion und Steuerungsmechanismen menschlicher Tätigkeit. In Tomaszewski, T. (Hrsg.), *Zur Psychologie der Tätigkeit* (11-33). Berlin: DVW.

Udris, I. (1990). Organisationale und personale Ressourcen der Salutogenese. Gesund bleiben trotz oder wegen Belastung? *Zeitschrift für gesamte Hygiene*, 36, 453-455.

Ullrich, A. (1987). *Krebsstation. Belastungen der Helfer*. Frankfurt: Lang.

Ulich, D. et al. (1985). *Psychologie der Krisenbewältigung. Eine Längsschnittuntersuchung mit arbeitslosen Lehrern.* Weinheim: Beltz.

Ulich, D. (1987). Emotionale Veränderungen im Erwachsenenalter - ein krisentheoretischer Ansatz. *Zeitschrift für personenzentrierte Psychologie und Psychotherapie*, 6, 463-477.

Ulich, E. (1984). *Psychologie der Arbeit*. In Management Enzyklopädie, Band 7 (914-929). Landsberg: Moderne Industrie.

Ulich, E. (1992). *Arbeitspsychologie*. Stuttgart: Schäffer-Poeschel. (2. Aufl.)

Urban, W. (1985). *Berufszufriedenheit und Berufsbelastung bei österreichischen Hauptschullehrern.* Forschungsbericht, Pädagogische Akademie Wien. (unveröff.)

Urban, W. (1992). Untersuchungen zur Prognostizierbarkeit der Berufszufriedenheit und Berufsbelastung bei österreichischen Hauptschullehrern. Empirische Pädagogik, 6, 131-148.

Ursin, H., Mykletun, R., Tonder, O., Vaernes, R., Relling, G. & Murison, R. (1984). Psychological stress-factors and concentrations of immunglobulins and complement components in humans. *Scandinavian Journal of Psychology*, 25, 340-347.

Vasiljuk, F. E. (1984). *Psychologie des Erlebens.* Moskau: Universität. (russisch)

Verband Bildung und Erziehung (Hrsg.) (1992). *Schule und Stress. Bildung zwischen Leistungsdruck und Müßiggang - Wie kann die Bildungspolitik das Schulklima verbessern?* Dokumentation einer Tagung am 12.9.91 in Kassel. Bonn: VBE.

Vjatkin, B.A. (1981). *Die Regulation als psychischer Streß in sportlichen Wettkämpfen.* Moskau: Körperkultur und Sport. (russisch)

Vogel, H., Scheuch, K., Naumann, W. & Koch, R. (1988). Einflußfaktoren auf den Gesundheitszustand von Pädagogen. *Zeitschrift für gesamte Hygiene*, 34, 642-643.

Vogel, H. & Scheuch, K. (1991). Subjektiver Gesundheitszustand von Pädagogen. In Scheuch, K. (Hrsg.), *Einflußfaktoren auf den Gesundheitszustand von Pädagogen* (17-20). Berlin: VWB.

Volpert, W. (1983). Das Modell der hierarchisch-sequentiellen Handlungsorganisation. In W. Hacker et al. (Hrsg.), *Kognitive und motivationale Aspekte der Handlung* (38-58). Berlin: DVW.

Volpert, W. (1987). Psychische Regulation von Arbeitstätigkeiten. In U. Kleinbeck & J. Rutenfranz (Hrsg.), *Arbeitspsychologie* (1-42). Enzyklopädie der Psychologie, Themenbereich D, Serie III, Band 1. Göttingen: Hogrefe.

Warr, P.B. & Wall, T.D. (1975). *Work and well-being.* Harmondsworth: Penguin.

Weber, A. (1972). *Verbales Verhalten im Unterricht.* Essen.

Weber, W. (1989). Alkohol am Arbeitsplatz. In Deutsche Hauptstelle gegen die Suchtgefahren (Hrsg.), *Alkoholprobleme am Arbeitsplatz.* Erfahrungen, Konzepte, Hilfen (352-356). Hoheneck: Hamm.

Weidenmann, B. (1978). *Lehrerangst.* Ein Versuch, Emotionen aus der Tätigkeit zu begreifen. München: Ehrenwirth.

Weidenmann, B. (1984). Psychische Belastung von Lehrern - ein kritischer Überblick über neuere empirische Arbeiten. In Ingenkamp, K. (Hrsg.), *Sozial-emotionales Verhalten in Lehr-Lern-Situationen* (140-153). Landau: EWH.

Weiner, B. (1977). *Theorien der Motivation.* Stuttgart: Kohlhammer.

Weiskopf, P.E. (1980). Burnout among teachers of exceptional children. *Exceptional Children,* 47, 18-23.

WHO, Regionalbüro für Europa (Hrsg.) (1985). *Einzelziele für "Gesundheit 2000"*. Kopenhagen: WHO

Weyer, G. & Hodapp, V. (1978). Eine deutsche Version der "Work Environment Scale" (WES) - Erste Anwendungserfahrungen bei Lehrern und Vergleich mit den "Subjektiven Belastungs- und Unzufriedenheitsskalen im beruflichen Bereich. *Diagnostica*, 24, 318-328.

Wilkinson, R. (1988). Teacher stress and coping strategies: a study of Eastlake Comprehensive. *School Organization*, 8, 185-195.

Williams, C.A. (1989). Empathy and burnout in male and female helping professionals. *Research in Nursing & Health*, 12, 169-178.

Wilson, D. & Mutero, C. (1989). Personality concomitants of teacher stress in Zimbabwe. *Personality & Individual Differences*, 10, 1195-1198.

Wilson, D., Mutero, C., Doolabh, A. & Herzstein, M. (1990). Type A behavior and self-reported stress among Zimbabwean teachers. *Journal of Social Psychology*, 130, 115-116.

Wimmer, P. (1984). Fehlzeiten: Eine kritische Diskussion von Konzepten, Meßverfahren und Ursachenanalysen. *Zeitschrift für Arbeits- und Organisationspsychologie*, 28, 164-173.

Wittgens, H. (1979). Lehrer (Berufsgruppe 87).*Arbeitsmedizin, Sozialmedizin, Präventivmedizin*, 7 (Sonderbeilage).

Wittern, J.O. & Tausch, A. (1979). Auswirkungen personenzentrierter Gesprächsgruppen auf die Person von Lehrern, ihr Erleben und Verhalten im Unterricht. *Psychologie in Erziehung und Unterricht*, 26, 330-340.

Wittern, J.O. & Giernalczyk, T. (1986). Beeinträchtigungen von Lehrern und Schülern. Zusammenhänge und einige Bewältigungsmöglichkeiten. *Bericht über die 7. Bundeskonferenz für Schulpsychologie und Bildungsberatung*, Trier 1985. (137-145).

Wittern, O. & Tausch, A. (1980). Persönliche Beeinträchtigungen von Lehrern in ihrem beruflichen und privaten Leben. *Psychologie in Erziehung und Unterricht*, 27, 321-326.

Wulk, J. (1988). *Qualitative und quantitative Aspekte der psychischen und physischen Belastung von Lehrern. Eine arbeitspsychologische Untersuchung an Lehrern beruflicher Schulen.* Frankfurt: Lang.

Wunder, D. (1988). Lehrerarbeit im Wandel. In Gewerkschaft Erziehung und Wissenschaft (Hrsg.), *Lehrerarbeit* (5-11). Frankfurt: GEW.

Sachwortverzeichnis

Anzeigen

W. J. Perrig / W. Wippich / P. Perrig-Chiello

Unbewußte Informationsverarbeitung

1993, 269 Seiten, 19 Abbildungen, 14 Tabellen,
kartoniert Fr. 42.80 / DM 44.80 / öS 350.—
(ISBN 3-456-82278-2)

Das «Unbewußte» hat die Menschen schon immer fasziniert. Die Psychoanalyse liefert uns kunstvolle Erklärungen, die zum Allgemeingut geworden sind. Mittlerweile gibt es in der modernen Psychologie der menschlichen Informationsverarbeitung vielfältige und experimentell erhärtete Erkenntnisse über unbewußte Vorgänge: Minutiös zeigen Kognitionspsychologen auf, wie menschliches Erleben und Verhalten von unbewußten Mechanismen und Strukturen beeinflußt und gesteuert wird. Die drei Autoren arbeiten selbst in diesem Bereich. Faszinierende Forschungsergebnisse zur Wahrnehmung, zum Gedächtnis, Vorstellen, Denken und Entscheiden werden auch aus der Perspektive der klinischen Psychologie, der Entwicklungs- und Sozialpsychologie berichtet und in größerem Zusammenhang dargestellt.

I. Strauch / B. Meier

Den Träumen auf der Spur

Ergebnisse der experimentellen Traumforschung

1992, 229 Seiten, 39 Abbildungen, kartoniert
Fr. 38.— / DM 39.80 / öS 311.— (ISBN 3-456-82127-1)

Die Autorinnen vermitteln die Grundlagen der experimentellen Traumforschung und präsentieren Ergebnisse eigener Untersuchungen. Sie haben zahlreiche Träume im Schlaflabor gesammelt. Behandelt werden vielfältige Aspekte der Physiologie und Psychologie des Träumens.
Das Buch richtet sich an alle, die sich dafür interessieren, was wir über Träume wissen – und mit welchen Methoden man künftig wohl noch mehr darüber erfahren wird.

Verlag Hans Huber
Bern Göttingen Toronto Seattle

Wulf-Uwe Meyer / Achim Schützwohl / Rainer Reisenzein

Einführung in die Emotionspsychologie

Band 1

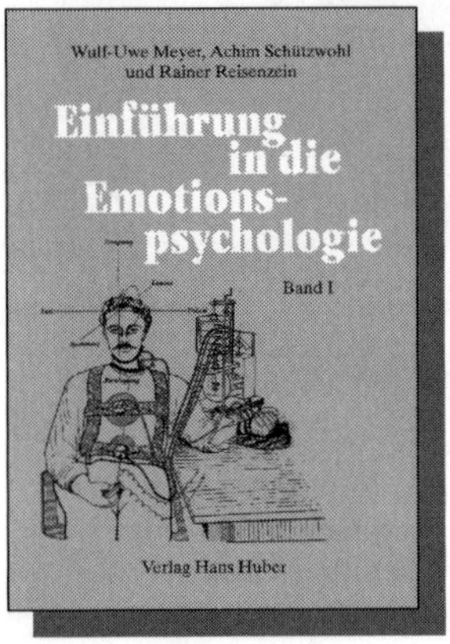

1993, 222 Seiten, 14 Abbildungen, 9 Tabellen, kartoniert
Fr. 38.— / DM 39.80 / öS 311.— (ISBN 3-456-82410-6)

Das Buch bietet – erstmals in deutscher Sprache – eine theoriezentrierte Einführung in die Emotionspsychologie. Im vorliegenden ersten Band werden drei Emotionstheorien behandelt: (1) die klassisch-behavioristische, (2) die kognitiv-physiologische sowie (3) die attributionale Theorie der Emotionen. In jedem Kapitel werden historische Bezüge hergestellt, indem Vorläufer der behandelten Theorien und verwandte zeitgenössische Formulierungen und Forschungsergebnisse beschrieben werden. Die Anordnung der Kapitel zeichnet darüber hinaus grob die historische Entwicklung der Emotionspsychologie nach. Die drei Kapitel illustrieren grundlegende Ansätze der Emotionsforschung.
In einem zweiten Band sollen evolutionsbiologisch orientierte neuere kognitive sowie dimensionale Theorien der Emotion dargestellt werden.

Werner Herkner

Lehrbuch Sozialpsychologie

5., korrigierte und stark erweiterte Auflage der «Einführung in die Sozialpsychologie».
560 Seiten, 180 Abbildungen, 90 Tabellen, gebunden Fr. 76.— / DM 79.— / öS 616.—
(ISBN 3-456-81989-7)

Aus der bewährten «Einführung in die Sozialpsychologie» ist nun ein breiter angelegtes Lehrbuch entstanden. Es informiert ausführlich über folgende Themenkreise: Sozialisierung und soziales Lernen, Freiheit, Kontrolle; Sprache, Wissen und Kommunikation; Meinungen und Einstellungen; interpersonelle Wahrnehmung und Selbstwahrnehmung; Interaktionsformen (einschließlich Aggression und Altruismus), Gruppenstrukturen und -prozesse. Größtes Gewicht wurde auf eine möglichst voraussetzungslose und leicht verständliche Darstellung gelegt.

Verlag Hans Huber
Bern Göttingen Toronto Seattle